翻訳の賞事典

日外アソシエーツ

A Reference Guide to Awards and Prizes for Translation

Compiled by
Nichigai Associates, Inc.

©2019 by Nichigai Associates, Inc.
Printed in Japan

本書はディジタルデータでご利用いただくことができます。詳細はお問い合わせください。

●編集担当● 木村 月子

刊行にあたって

　2015年創設の「日本翻訳大賞」が、クラウドファンディングにより立ち上げられて話題となったのは記憶に新しい。既存の賞でも回を追うごとに移り変わりがあり、2004年から始まった全国の書店員が選ぶ「本屋大賞」では、2012年の第9回より翻訳小説部門が創設されている。本書はそういった翻訳に関する主要な賞の概要、受賞情報を収録した事典である。「野間文芸翻訳賞」「渋沢・クローデル賞」といった文芸・学術分野だけでなく「いたばし国際絵本翻訳大賞」「翻訳ミステリー大賞」「小西財団漫画翻訳賞」「小田島雄志・翻訳戯曲賞」といった様々なジャンルの翻訳に関する47賞を収録している。関連賞を含めて賞ごとにその概要や歴代受賞者、受賞作品などを創設から一覧することができ、巻末の受賞者名索引・受賞作品名索引・原著者名索引を利用すれば、人物・団体・作品の受賞歴を通覧することも可能である。

　小社では、賞の概要や受賞者について調べたいときのツールとして、分野ごとに歴代の受賞情報をまとめた「音楽の賞事典」(2010)、「ビジネス・技術・産業の賞事典」(2012)、「漫画・アニメの賞事典」(2012)、「環境・エネルギーの賞事典」(2013)、「女性の賞事典」(2014)、「小説の賞事典」(2015)、「ノンフィクション・評論・学芸の賞事典」(2015)、「詩歌・俳句の賞事典」(2015)、「郷土・地域文化の賞事典」(2017)、「絵画・版画の賞事典」「図書館・出版文化の賞事典」(2018)などを刊行している。本書と併せてご利用いただければ幸いである。

2019年10月

日外アソシエーツ

凡　例

1．本書の内容
　　本書は翻訳に関する47賞の受賞情報を収録した事典である。

2．収録範囲
　1）翻訳に関する賞を 2019 年 10 月末現在で収録した。
　2）特定の時期に翻訳関連の部門が設けられていたり、賞の一部に翻訳関連部門が存在する場合は、該当する年・部門を収録した。

3．賞名見出し
　1）賞名の表記は原則正式名称を採用した。
　2）賞名見出しの排列は五十音順とした。その際、濁音・半濁音は清音とみなし、ヂ→シ、ヅ→スとした。促音・拗音は直音とみなし、長音（音引き）は無視した。

4．記載内容
　1）概　要
　　　賞の概要として、賞の由来・趣旨／主催者／選考委員／選考方法／選考基準／締切・発表／賞・賞金／公式ホームページURLを記載した。記述内容は原則として最新回のものによった。

　2）受賞記録
　　　歴代受賞記録を受賞年（回）ごとにまとめ、部門・席次／受賞者名（受賞時の所属、肩書き等）／受賞作品または受賞理由の順に記載した。
　　　主催者からの回答が得られず、他の方法によっても調査しきれなかった場合は "＊" 印を付した。

5．受賞者名索引
 1）受賞者名から本文での記載頁を引けるようにした。
 2）排列は、受賞者の姓の読みの五十音順、同一姓のもとでは名の読みの五十音順とした。姓名区切りのない人物は全体を姓とみなして排列した。アルファベットで始まるものはABC順とし、五十音の後においた。なお、濁音・半濁音は清音とみなし、ヂ→シ、ヅ→スとした。促音・拗音は直音とみなし、長音（音引き）は無視した。

6．受賞作品名索引
 1）受賞作品名から本文での記載頁を引けるようにした。
 2）排列は、作品名の読みの五十音順とした。アルファベットで始まるものはABC順とし、五十音の後においた。なお、濁音・半濁音は清音とみなし、ヂ→シ、ヅ→スとした。促音・拗音は直音とみなし、長音（音引き）は無視した。

7．原著者名索引
 1）受賞作品の原著者名から本文での記載頁を引けるようにした。原著者名はできる限り本文に補記した。
 2）排列は、原著者の姓の読みの五十音順、同一姓のもとでは名の読みの五十音順とした。姓名区切りのない人物は全体を姓とみなして排列した。アルファベットで始まるものはABC順とし、五十音の後においた。なお、濁音・半濁音は清音とみなし、ヂ→シ、ヅ→スとした。促音・拗音は直音とみなし、長音（音引き）は無視した。

目　　　次

- *01* 会田由賞（会田由翻訳賞） ……………………………………… 3
- *02* いたばし国際絵本翻訳大賞 ……………………………………… 4
- *03* IBBYオナーリスト〔翻訳作品〕 ………………………………… 7
- *04* イマジネール大賞〔翻訳作品〕 ………………………………… 9
- *05* 英国推理作家協会賞（CWA Daggers） ………………………… 15
- *06* APPA出版賞 ……………………………………………………… 18
- *07* AAMT長尾賞 ……………………………………………………… 36
- *08* 絵本にっぽん賞〔特別賞（翻訳絵本）〕 ………………………… 41
- *09* 旺文社児童文学翻訳賞 …………………………………………… 43
- *10* 小田島雄志・翻訳戯曲賞 ………………………………………… 44
- *11* 外国絵本翻訳コンクール ………………………………………… 47
- *12* ガイマン賞 ………………………………………………………… 54
- *13* かけはし文学賞 …………………………………………………… 65
- *14* カナダ首相出版賞（カナダ出版賞）〔翻訳部門〕 ……………… 66
- *15* カナダ総督文学賞 ………………………………………………… 69
- *16* クローデル賞 ……………………………………………………… 82
- *17* 小西財団日仏翻訳文学賞 ………………………………………… 83
- *18* 小西財団漫画翻訳賞 ……………………………………………… 91
- *19* 産経児童出版文化賞〔翻訳作品賞〕 …………………………… 92
- *20* JLPP翻訳コンクール …………………………………………… 96
- *21* JBBY賞〔翻訳作品の部門〕 …………………………………… 98
- *22* しずおか世界翻訳コンクール …………………………………… 99

目　次

23　渋沢・クローデル賞 …………………………………… 106
24　須賀敦子翻訳賞 ………………………………………… 121
25　世界文学賞 ……………………………………………… 122
26　全米図書賞（National Book Awards）〔翻訳部門〕…… 123
27　DHC翻訳新人賞 ………………………………………… 126
28　戸川秋骨賞〔翻訳〕……………………………………… 129
29　日本絵本賞〔翻訳絵本賞〕……………………………… 130
30　日本シェークスピア賞〔学術賞（スタンリー・ウェルズ賞）〕… 133
31　日本翻訳出版文化賞（塚越敏理事長）………………… 134
32　日本翻訳大賞 …………………………………………… 151
33　日本翻訳文化賞 ………………………………………… 153
34　日本翻訳文化賞（平松幹夫，人見鉄三郎会長）……… 164
35　野間文芸翻訳賞 ………………………………………… 175
36　BABEL国際翻訳大賞 …………………………………… 179
37　ピーコ・デッラ・ミランドラ賞 ……………………… 187
38　ビジネス書大賞 ………………………………………… 189
39　翻訳特別功労賞 ………………………………………… 194
40　翻訳ミステリー大賞 …………………………………… 197
41　本屋大賞〔翻訳小説部門〕……………………………… 200
42　正岡子規国際俳句賞 …………………………………… 203
43　マンガ翻訳コンテスト「Manga Translation Battle」… 206
44　メディシス賞〔外国小説部門〕………………………… 208
45　湯浅芳子賞〔翻訳・脚色部門〕………………………… 215
46　読売文学賞〔研究・翻訳部門〕………………………… 219
47　レッシング・ドイツ連邦共和国翻訳賞 ……………… 226

　　受賞者名索引 …………………………………………… 229
　　受賞作品名索引 ………………………………………… 269
　　原著者名索引 …………………………………………… 313

翻訳の賞事典

01　会田由賞（会田由翻訳賞）

セルバンテスの「ドン＝キホーテ」他数多くの翻訳に功績のあった故会田由氏を記念して，昭和50年に創設された。優れたスペイン語訳及び和訳の訳者に贈られる。平成8年を最後に授賞を停止。平成22（2010）年度より「会田由翻訳賞」。

【主催者】日本スペイン協会
【選考委員】会田由翻訳賞選考委員会（委員長：鼓直）
【選考方法】公募
【締切・発表】〔資格〕現存の翻訳者。〔対象〕文学・社会・経済・法律他の分野でのスペイン語訳及び和訳で，出版，発表された作品の訳者

<受賞者>

第1回（昭51年）	荒井 正道（東京外国語大学名誉教授） "ベッケル「抒情小曲集」，ヒメーソス「石と空」"
第2回（昭55年）	長南 実（清泉女子大学講師） "ラス・カサス「インディアス史」，ガルシア・ロルカ「マリアナ・ピネーダ」"
第3回（昭56年）	鼓 直（法政大学教授） "ガルシア・マルケス「百年の孤独」，ボルヘス「創造者」"
第4回（昭57年）	江崎 桂子（日本翻訳協会理事） "日本とスペインの演劇・児童文学，サンテエス・シルバ「汚れなき悪戯」，木下順二「夕鶴」"
第5回（昭58年）	高見 英一（法政大学教授） "ガルシア・マルケス「落葉」，バルガス・リョサ「パンタレオン大尉と女達」"

第6回（昭60年）	神吉 敬三（上智大学教授）	
	"スペイン美術史・哲学, オルテガ「芸術論」, ドルス「バロック論」"	
第7回（昭63年）	桑名 一博（東京外国語大学教授）	
	"アラルコン「死神の友達」, ケベード「大悪党」"	
第8回（平3年）	木村 栄一（神戸市外国語大学教授）	
	"中南米文学, イサベル・アジェンデ「精霊たちの家」, バルガス・リョサ「緑の家」"	
第9回（平4年）	吉田 秀太郎（大阪外国語大学教授）	
	"随筆・小説, ロア・バストス「汝・人の子よ」, ガブレラ・インファンテ「平和のときも, 戦いのときも」"	
第10回（平6年）	内田 吉彦（フェリス女学院教授）	
	"小説, ガルシア・ロルカ「イエルマ」, アストリアス「大統領閣下」"	
第11回（平8年）	東谷 穎人（神戸市外国語大学教授）	
	"スペイン近現代文学の意欲的な紹介が評価"	
第12回（平20年）	染田 秀藤（大阪大学大学院教授）	
	"「インカの反乱」などの翻訳"	
（平22年度）	野谷 文昭（東京大学人文社会系研究科教授）	

02　いたばし国際絵本翻訳大賞

　東京都板橋区が1994（平成6）年より実施している, 英語とイタリア語の絵本の翻訳作品を募集するコンテスト。同区は1993（平成5）年より毎年イタリア・ボローニャ児童図書展出展図書の一部の寄贈を受けており, 海外の絵本を通じ外国の文化に触れ, 国際理解を育むことを目的と

して創設した。

【選考委員】(第26回)英語部門〔審査員〕三辺律子(英米文学翻訳家),〔副審査員〕ないとうふみこ(英米文学翻訳家):イタリア語部門〔審査員〕関口英子(翻訳家),〔副審査員〕赤塚きょう子(翻訳家)

【締切・発表】〔応募資格〕(1)ジャンル・言語を問わず,翻訳作品を出版物として発表したことがない。(2)当コンテストで過去に最優秀翻訳大賞を受賞している場合,別部門への応募は可。(3)国内に課題絵本送付先住所があること。(4)共訳作品も応募可。(5)同一部門に2作品以上応募することはできない。

【締切・発表】参加申込受付期間:8月下旬より10月末まで<先着順・定員あり>,作品応募締切:11月末,結果発表:翌年2月下旬 ※詳細はいたばしボローニャ子ども絵本館ホームページ参照

【賞・賞金】最優秀翻訳大賞(各部門1名)…賞金15万円,優秀賞(各部門1名)…賞金10万円,特別賞(各部門3名以内)…賞金2万円

【E-mail】http://www.city.itabashi.tokyo.jp/(板橋区公式ホームページ)

<受賞者>

第14回(2007/平19年)
　◇英語部門　　　　岩崎 たまゑ
　◇イタリア語部門　鈴木 敦子

第15回(2008/平20年)
　◇英語部門　　　　小林 葵
　◇イタリア語部門　田中 桂子

第16回(2009/平21年)
　◇英語部門　　　　古橋 香子
　◇イタリア語部門　戸田 理香

第17回（2010/平22年）
　　◇英語部門　　　寺岡 由紀
　　◇イタリア語部門　嘉戸 法子

第18回（2011/平23年）
　　◇英語部門　　　小林 晶子
　　◇イタリア語部門　佐藤 範佳

第19回（2012/平24年）
　　◇英語部門　　　伊東 晶子
　　◇イタリア語部門　仲 亮子

第20回（2013/平25年）
　　◇英語部門　　　小島 明子
　　◇イタリア語部門　山根 和子

第21回（2014/平26年）
　　◇英語部門　　　あらい あつこ
　　◇イタリア語部門　小川 文

第22回（2015/平27年）
　　◇英語部門　　　住吉 千夏子
　　◇イタリア語部門　中野 順子

第23回（2016/平28年）
　　◇英語部門　　　中田 有紀
　　◇イタリア語部門　宮川 絵理子

第24回（2017/平29年）
　　◇英語部門　　　青山 真知子
　　◇イタリア語部門　星 文

第25回（2018/平30年）
　　◇英語部門　　　小八重 祥子

◇イタリア語部門　なおじろう

03　IBBYオナーリスト〔翻訳作品〕

　国際児童図書評議会（IBBY）は，昭和31（1956）年より，国際アンデルセン賞と平行して，オナーリストを発表。昭和53（1978）年からは翻訳作品部門が加わり，現在では文学，絵本，翻訳の3部門。隔年開催。加盟各支部から外国に紹介したい児童書を集め，リストにまとめて発信。

【主催者】IBBY（国際児童図書評議会）
【選考委員】（2018年）さくまゆみこ，代田知子，土居安子，野上暁，広松由希子
【選考方法】社団法人日本国際児童図書評議会（JBBY）が，もっとも優れた作品であり，世界の国々で出版されるのにふさわしい作品を各部門1冊ずつ選んで，IBBYに推薦する。翻訳作品の部門では，翻訳者のそれまでの業績すべてを考慮する
【締切・発表】過去3年のうちに日本で発行された子どもの本
【URL】https://jbby.org/

<受賞者>

1980年	瀬田　貞二
	「指輪物語」（トールキン）〔評論社〕
1982年	高橋　健二
	「ケストナー少年少女文学全集」〔岩波書店〕
1984年	渡辺　茂男
	「銀のうでのオットー」（パイル）〔偕成社〕
1986年	猪熊　葉子
	「運命の騎士」（サトクリフ）〔岩波書店〕

03 IBBYオナーリスト〔翻訳作品〕

1988年	上田 真而子	
	「あの年の春は早くきた」(ネストリンガー)〔岩波書店〕	
1990年	中村 妙子	
	「狩りをするエイラ」(アウル)〔評論社〕	
1992年	内田 莉沙子	
	「ロシアの昔話」〔福音館書店〕	
1994年	清水 眞砂子	
	「ゲド戦記」(ル・グウィン)〔岩波書店〕	
1996年	掛川 恭子	
	「運命の馬ダークリング」(ペイトン)〔岩波書店〕	
1998年	脇 明子	
	「ヒルクレストの娘たち」(ハリス)〔岩波書店〕	
2000年	坂井 晴彦	
	「アラビアン・ナイト」〔福音館書店〕	
2002年	さくま ゆみこ	
	「マディソン通りの少女たち」(ウッドソン)〔ポプラ社〕	
2004年	松岡 享子	
	「ラモーナと新しい家族」(クリアリー)〔学習研究社〕	
2006年	菱木 晃子	
	「マイがいた夏」(ヴォール)〔徳間書店〕	
2008年	千葉 茂樹	
	「おりの中のひみつ」(ウィリス)〔あすなろ書房〕	
2010年	こだま ともこ	

	「ダイドーと父ちゃん」(エイキン)〔冨山房〕
2012年	斎藤 倫子
	「シカゴよりとんでもない町」(ペック)〔東京創元社〕
2014年	神宮 輝夫
	「ランサム・サーガ」シリーズの改訳(ランサム)〔岩波書店〕
2016年	原田 勝
	「ハーレムの闘う本屋」(ネルソン)〔あすなろ書房〕
2018年	母袋 夏生
	「お静かに、父が昼寝しております―ユダヤの民話」〔岩波書店〕

04 イマジネール大賞〔翻訳作品〕

フランスのSF・ファンタジージャンルを対象とした文学賞。1974〜91年までは、フランスSF大賞(Grand Prix de la Science-Fiction Française)の名称で行っていた。90年、フランスのSF文学賞で外国作品も対象としていたアポロ賞(Prix Apollo)が消滅したことにより、アポロ賞が担っていた役目を補うため、また対象を近接分野であるファンタジー(fantasy)や幻想(fantastique)作品にまで広げるため、92年にイマジネール大賞に改称、外国作品や翻訳作品を対象とした部門を新たに設置し再スタートした。

【選考委員】(2016年) Joëlle Wintrebert, Jean-Luc Rivera, Pascal Patoz, Bruno Para, Jean-Claude Dunyach, François Angelier, Sandrine Brugot-Maillard, Olivier Legendre, Jean-Claude Vantroyen

【選考方法】選考委員による選考。委員は,各部門1〜3作品を推薦,候補リストを作成する。最終候補リストは,投票後に公表される。最終審議はパリで実施

【締切・発表】〔対象〕前年の1月1日〜12月31日に出版された作品。デジタル版や自費出版は対象外

【締切・発表】第1回投票(候補作推薦)は1月上旬にEメールで行われる。2010年以降は,5〜6月にサン・マロで行われる本と映画の国際フェスティバルEtonnants Voyageursの公式式典で授賞を行っている

【賞・賞金】賞状。助成を受けず,出版社からも独立している名誉賞である

【URL】http://gpi.noosfere.org/

<受賞者>

1992年

 ◇翻訳   Berthon, Patrick〔仏訳〕

      "La Face des eaux"(ロバート・シルヴァーバーグ(Robert Silverberg)著)〈Robert Laffont〉(原題:The Face of the Waters)

1993年

 ◇翻訳   Haas, Dominique〔仏訳〕

      "Les Livres Magiques de Xanth"(série)(ピアズ・アンソニイ(Piers Anthony)著)〈Pocket〉(原題:Xanth / 邦題:魔法の国ザンス)

1994年

 ◇翻訳   Collon, Hélène〔仏訳〕

      "L'Homme des jeux"(イアン・バンクス(Iain M. Banks)著)〈Robert Laffont〉(原題:The Player of Games / 邦題:ゲーム・プレイ

04 イマジネール大賞〔翻訳作品〕

ヤー）

1995年
　◇翻訳
　　Brèque, Jean-Daniel〔仏訳〕
　　　"Âmes perdues"（ポピー・Z.ブライト（Poppy Z. Brite）著）〈Albin Michel〉（原題：Lost Souls）および"Les larmes d'Icare"（ダン・シモンズ（Dan Simmons）著）〈Denoël〉（原題：Phases of gravity／邦題：重力から逃れて）

1996年
　◇翻訳
　　Hilling, Simone〔仏訳〕
　　　"La chute des fils"（アン・マキャフリイ（Ann McCaffrey）著）〈Pocket〉（原題：First Fall）

1997年
　◇翻訳
　　Abadia, Guy〔仏訳〕
　　　"Endymion"（ダン・シモンズ（Dan Simmon）著）〈Robert Laffont〉（原題：Endymion／邦題：エンディミオン）

1998年
　◇翻訳
　　Couton, Patrick〔仏訳〕
　　　"Les Annales du Disque-Monde"（テリー・プラチェット（Terry Pratchett）著）〈L'Atalante〉（原題：Discworld）

1999年
　◇翻訳
　　Serval, Nathalie〔仏訳〕
　　　"L'Enfant arc-en-ciel"（ジョナサン・キャロル（Jonathan Carroll）著）〈Denoël〉（原題：A child across the sky／邦題：空に浮かぶ子供）

2000年
　◇翻訳　　　Pagel, Michel〔仏訳〕
　　　　　　　"La paix éternelle"（ジョー・ホールドマン（Joe Haldeman）著）〈Pocket〉（原題：Forever Peace／邦題：終わりなき平和）および "L'intercepteur de cauchemars"（グレアム・ジョイス（Graham Joyce）著）（原題：The Tooth Fairy）

2001年
　◇翻訳　　　Pugi, Jean-Pierre〔仏訳〕
　　　　　　　"Jack Faust"（マイクル・スワンウィック（Michael Swanwick）著）〈Payot〉（原題：Jack Faust）

2002年
　◇翻訳　　　Duval, Claire〔仏訳〕
　　　　　　　"Jésus Vidéo"（アンドレアス・エシュバッハ（Andreas Eschbach）著）〈L'Atalante〉（原題：Jesus video／邦題：イエスのビデオ）

2003年
　◇翻訳　　　Durastanti, Pierre-Paul〔仏訳〕
　　　　　　　"L'I.A. et son double"（スコット・ウエスターフェルド（Scott Westerfeld）著）〈Flammarion〉（原題：Evolution's Darling）

2004年
　◇ジャック・シャンボン賞（翻訳）
　　　　　　　Mariot, Brigitte〔仏訳〕
　　　　　　　"Le rhinocéros qui citait Nietzsche"（ピーター・S.ビーグル（Peter S.Beagle）著）〈Gallimard〉（原題：The Rhinoceros who Quoted

04 イマジネール大賞〔翻訳作品〕

Nietzsche and Other Odd Acquaintances）

2005年

　◇ジャック・シャンボン賞（翻訳）

　　　Mège, Nathalie〔仏訳〕

　　　　"Perdido Street Station"（チャイナ・ミエヴィル（China Miéville）著）〈Fleuve Noir〉（原題：Perdido Street Station／邦題：ペルディード・ストリート・ステーション）

2006年

　◇ジャック・シャンボン賞（翻訳）

　　　Marcel, Patrick〔仏訳〕

　　　　"Le livre de Cendres"（tétralogie）（メアリー・ジェントル（Mary Gentle）著）〈Denoël〉（原題：Ash：A Secret History）

2007年

　◇ジャック・シャンボン賞（翻訳）

　　　Fazi, Mélanie〔仏訳〕

　　　　"Lignes de vie"（グレアム・ジョイス（Graham Joyce）著）〈Bragelonne〉（原題：The Facts of Life）

2008年

　◇ジャック・シャンボン賞（翻訳）

　　　Brèque, Jean-Daniel〔仏訳〕

　　　　"Le Quatuor de Jérusalem"（エドワード・ホイットモア（Edward Whittemore）著）〈Laffont, Ailleurs & Demain〉（原題：Jerusalem Quartet）

翻訳の賞事典　13

04 イマジネール大賞〔翻訳作品〕

2009年

　◇ジャック・シャンボン賞（翻訳）

　　　　Charrier, Michelle〔仏訳〕

　　　　"La Jeune détective et autres histoires étranges"（ケリー・リンク（Kelly Link）著）〈Denoël〉（原題：Stranger Things Happen / Magic for Beginners / 邦題：スペシャリストの帽子）

2010年（対象：2008年7月～09年6月）

　◇ジャック・シャンボン賞（翻訳）

　　　　Goullet, Gilles〔仏訳〕

　　　　"Vision aveugle"（ピーター・ワッツ（Peter Watts）著）〈Fleuve Noir〉（原題：Blindsight / 邦題：ブラインドサイト）

2010年（対象：2009年7月～12月）

　◇ジャック・シャンボン賞（翻訳）

　　　　Miller, Sylvie〔仏訳〕

　　　　"Interférences"（Yoss著）〈Rivière Blanche〉

2011年

　◇ジャック・シャンボン賞（翻訳）

　　　　Mège, Nathalie〔仏訳〕

　　　　"Le Don"（パトリック・オリアリー（Patrick O'Leary）著）〈Mnémos〉（原題：The Gift）

2012年

　◇ジャック・シャンボン賞（翻訳）

　　　　Dusoulier, Patrick〔仏訳〕

　　　　"Les Enfers virtuels"（イアン・バンクス（Iain M. Banks）著）〈Laffont〉（原題：Surface

Detail）および "La Route de Haut-Safran"（ジャスパー・フォード（Jasper Fforde）著）〈Fleuve Noir〉（原題：The Road to High Saffron）

2013年

　◇ジャック・シャンボン賞（翻訳）

　　　　Doke, Sara〔仏訳〕

　　　　"La Fille automate"（パオロ・バチガルピ（Paolo Bacigalupi）著）〈Au diable vauvert〉（原題：The Windup Girl／邦題：ねじまき少女）

2014年

　◇ジャック・シャンボン賞（翻訳）

　　　　Sigaud, Bernard〔仏訳〕

　　　　"Complications"（ニーナ・アラン（Nina Allan）著）（recueil）〈Tristram〉（原題：The Silver Wind）

2015年

　◇ジャック・シャンボン賞（翻訳）

　　　　Surgers, Marie〔仏訳〕

　　　　"Intrabasses"（ジェフ・ヌーン（Jeff Noon）著）〈La Volte〉（原題：Needle in the Groove）

05　英国推理作家協会賞（CWA Daggers）

1953年に創設されたイギリスの優れたミステリー文学に贈られる賞。ミステリーの普及と推理作家の地位の向上などを目的とする英国推理作家協会（会員は作家）が年次大会期間に受賞者を決定する。翻訳小説は2006

05 英国推理作家協会賞（CWA Daggers）

年に分割され創設、インターナショナル・ダガー（International Dagger）が贈られる。他に、ゴールド・ダガー（Gold Dagger）を長編小説およびノンフィクション作品に、短編小説に短編ダガー（Short Story Dagger）、作家の業績を讃えて贈られるダイヤモンド・ダガー（Diamond Dagger）、CWAの設立者の一人であるジョン・クリーシー（John Creasey）の名を冠し、新人に贈られるジョン・クリーシー（ニュー・ブラッド）ダガー（旧・ジョン・クリーシー記念賞）、スリラー小説に贈られるイアン・フレミング・スティール・ダガー（Ian Fleming Steel Dagger）などが設けられている。なお、ゴールド・ダガーは、創設年から59年までは「クロスド・レッド・ヘリング賞」の名で、2006〜08年は、その期間にスポンサーであった銀行のダンカン・ローリー（Duncan Lawrie）の名を冠し「ダンカン・ローリー・ダガー」として授賞された。

【主催者】英国推理作家協会（CWA：Crime Writer's Association）
【締切・発表】（2015年）ゴールド・ダガーほか：ロングリストの発表6月15日、ショートリストの発表6月30日,9月にロンドンで行われる授賞式で受賞者の発表
【賞・賞金】短剣（ダガー）と賞金
【URL】http://www.thecwa.co.uk/

<受賞者>

2006年	フレッド・ヴァルガス《Fred Vargas》 "The Three Evangelists"
2007年	フレッド・ヴァルガス《Fred Vargas》 "Wash this Blood Clean from my Hand"
2008年	ドミニク・マノッティ《Dominique Manotti》 "Lorraine Connection"
2009年	フレッド・ヴァルガス《Fred Vargas》

05　英国推理作家協会賞（CWA Daggers）

　　　　　　　　"The Chalk Circle Man"
2010年　　ヨハン・テオリン《Johan Theorin》
　　　　　「冬の灯台が語るとき」"The Darkest Room"
2011年　　アンデシュ・ルースルンド, ベリエ・ヘルストレム
　　　　　《Börge Hellström》
　　　　　「三秒間の死角」"Three Seconds"
2012年　　アンドレア・カミッレーリ《Andrea Camilleri》
　　　　　"The Potter's Field"
2013年　　フレッド・ヴァルガス《Fred Vargas》
　　　　　"Ghost Riders of Ordebec"
　　　　　ピエール・ルメートル《Pierre Lemaitre》
　　　　　「その女アレックス」"Alex"
2014年　　アルトゥーロ・ペレス=レベルテ〔著〕《Arturo Perez-Reverte》, フランク・ウィン《Frank Wynne》〔訳〕
　　　　　"The Siege"
2015年　　ピエール・ルメートル《Pierre Lemaitre》
　　　　　"Camille"
2016年　　ピエール・ルメートル《Pierre Lemaitre》
　　　　　"The Great Swindle"
2017年　　レイフ・G.W.ペーション《Leif G W Persson》
　　　　　"The Dying Detective"
2018年　　Mankell, Henning
　　　　　"After the Fire"
2019年　　デヴィ・アフロン《Dov Alfon》
　　　　　"A Long Night in Paris"

06　APPA出版賞

アジア・太平洋地域の諸国間における翻訳出版・共同出版の優れた成果に対して，その出版社を表彰するために創設。各出版社の国際交流の意欲を高めることを目的とする。

【主催者】アジア・太平洋出版連合（APPA）
【選考方法】公募
【締切・発表】〔対象〕(1) 日本書籍出版協会加盟の出版社が発行した書籍。(2) APPA加盟国において発行された出版物の翻訳出版物あるいは，APPA加盟国の出版社との間の共同出版物。対象分野としては，学術・専門書，児童図書，文学・一般書のいずれか。(3) 使用言語は問わない。
〔応募規定〕1社からの応募作品の点数には上限を設けない

＜受賞者＞

第1回（平7年）

　　◇学術書部門

　　　●金賞　　　柏書房（日本）
　　　　　　　　　「抗日戦争図誌（全3巻）」（原出版社・香港）
　　　●銀賞　　　HANBIT知的財産研究所（韓国）
　　　　　　　　　「注釈特許法」（原出版社・日本の青林書院）

　　◇児童書部門

　　　●金賞　　　河出書房新社（日本）
　　　　　　　　　「雨をまちながら」（原出版社・インド）
　　　●銀賞　　　アジアパック・ブックス（シンガポール）
　　　　　　　　　「100 Chinese Gods」（原出版社・中国）

　　◇一般書部門

　　　●金賞　　　生活読書新知三連書店（中国）
　　　　　　　　　「王女の詩、散文、絵画」（原出版社・タイ）
　　　●銀賞　　　東方出版

「インド音楽序説」(原出版社・インド)

　◇佳作　　　フェデラル・パブリケーションズ(シンガポール),
　　　　　　　シノリンガ(中国)
　　　　　　　「Times 新中国語辞典」(共同出版物)

第2回 (平8年)
　◇学術書部門
　　●金賞　　大修館書店(日本),浙江人民出版社(中国)
　　　　　　　「日中文化交流史叢書(全10巻)」
　　●銀賞　　Hanul Publishing Co.(韓国)
　　　　　　　「人権の歴史」(原出版社・日本の岩波書店)
　◇児童書部門
　　●金賞　　Korea Freobel(韓国)
　　　　　　　「リトル・ツインズ・シリーズ(全12巻)」(原出版社・日本のフレーベル館)
　　●銀賞　　Amarin Printing and Publishing(タイ)
　　　　　　　「はじめてのおつかい」(原出版社・日本の福音館書店)
　◇一般書部門
　　●金賞　　晶文社(日本)
　　　　　　　「最後の授業」(原出版社・トルコ)
　　●銀賞　　Lassana Publishers(スリランカ)
　　　　　　　「Palmistry Revolution—的中手相術」(原出版社・日本の橘出版)
　◇特別賞　　舵社(日本)
　　　　　　　「中国ふしぎ話(全8巻)」(原出版社・中国)

第3回 (平9年)
　◇学術書部門
　　●金賞　　陝西人民出版社(中国)

- 銀賞　　　　　「世界珠算辞典」
　　　　　　　芸耕（韓国）
　　　　　　　「敦煌―シルクロードの仏教美術」（原出版社・
　　　　　　　日本）
◇児童書部門
- 金賞　　　　　ドゥーサンドンガ出版社（韓国）
　　　　　　　「大亀ガウディの海」（原出版社・日本）
- 銀賞　　　　　あかね書房（日本）
　　　　　　　「アン・ゲデスの1・2・3」（原出版社・ニュー
　　　　　　　ジーランド）
◇一般書部門
- 金賞　　　　　ロンリー・プラネット出版社（オーストラリア）
　　　　　　　「美しき日本の残像」（原出版社・日本）
- 銀賞　　　　　百花文芸出版社（中国）
　　　　　　　「十勝山之恋」（原出版社・日本）
◇奨励賞　　　　舵社（日本）
　　　　　　　「白蛇伝」（原出版社・中国）

第4回（平11年）
　◇児童書部門
- 金賞　　　　　江蘇科学技術出版社（中国）
　　　　　　　「21世紀児童英語大観園」（原出版社・小学館）
- 銀賞　　　　　Asiapac Books Pte Ltd,（シンガポール）
　　　　　　　「100 Buddhas in Chinese Buddhism」（原出版
　　　　　　　社・中国）
　◇一般書部門
- 金賞　　　　　安徽文芸出版社（中国）
　　　　　　　「井上靖文集」（原出版社・新潮社）
- 銀賞　　　　　大修館書店

「オーストラリア・アボリジニの伝説―ドリームタイム」（原出版社・オーストラリア）

◇学術・専門書部門
- 金賞　　　東京大学出版会
「中国科学技術史（上・下）」（中国語から日本語への翻訳）
- 銀賞　　　Nanam Publishing House（韓国）
「忠誠と反逆」（原出版社・筑摩書房）

◇佳作　　　農山漁村文化協会
「中国大豆栽培史」（中国語から日本語への翻訳）

第5回（平12年）

◇一般書・文芸書部門
- 金賞　　　マシャル・ブックス（パキスタン）
「Child of All Nations」（英語からウルドゥー語への翻訳）
- 銀賞　　　重慶出版社（中国）
「Last Walk in Naryshkin Park」（英語から中国語への翻訳）

◇学術書部門
- 金賞　　　大修館書店（日本）
「中国神話・伝説大辞典」（中国語から日本語への翻訳）
- 銀賞　　　中国人民大学出版局（中国）
「Codes of Life」（原出版社・サンマーク出版）

◇児童書部門
- 金賞　　　少年児童出版社（中国）
「Juvenile Detective Series」（原出版社・ポプラ社）
- 銀賞　　　ベターブックス（韓国）

「Josh,My Best Friend」（英語から韓国語への翻訳）
- ◇佳作　　　山東文芸出版社（中国）
「五体不満足」（乙武洋匡著, 原出版社・講談社）

第6回（平13年）
- ◇一般書・文芸書部門
  - ● 金賞　　遼寧美術出版社
    「Showrooms Display」（日本語から中国語への翻訳）
  - ● 銀賞　　Bookhouse出版社
    「...So,Survive Like Me！」（日本語から韓国語への翻訳）
  - ● 銅賞　　上海遠東出版社
    「La Cuisine Provencale」（日本語から中国語への翻訳）
- ◇学術書部門
  - ● 金賞　　遼寧科学技術出版社（中国）
    「Integration of Architecture Detail」（日本語から中国語への翻訳）
  - ● 銀賞　　Dongwa科学出版社（韓国）
    「Dermatology」（日本語から韓国語への翻訳）
  - ● 銅賞　　明石書店
    「インドネシア農村社会の変容」（英語から日本語への翻訳）
- ◇児童書部門
  - ● 金賞　　セーラー出版
    「ソリちゃんのチュソク」（韓国語から日本語への翻訳）
  - ● 銀賞　　Jinlin美術出版社

「Pocket Monsters Paper Folding」(日本語から中国語への翻訳)
- ●銅賞　　ピタンバール出版社(インド)
「Koriyan Lok Kathayian」(韓国語からヒンディー語への翻訳)
◇佳作　　＊
「Countermeasure of Foam Economy」(日本語から中国語への翻訳)

第7回(平14年)
◇児童書部門
- ●金賞　　KOREA DEWEY社(韓国)
「The Donkey's Cute Bags」(日本語から韓国語への翻訳)
- ●銀賞　　Jiansu少年児童出版社(中国)
「Wonderful Animal World,Colorful Animal World」(英語から中国語への翻訳)
- ●銅賞　　Liaohai出版社(中国)
「BongBong's Comic English」(韓国語から中国語への翻訳)

◇学術書部門
- ●金賞　　Maeil健康新聞社(韓国)
「Korean-Chinese-English Oriental Medicine Dictionary」(中国語から韓国語への翻訳)
- ●銀賞　　Books-hill出版社(韓国)
「Engineering Statics」(英語から韓国語への翻訳)
- ●銅賞　　文化出版局
「敦煌石窟(全10巻)」(中国語から日本語への翻訳)

◇一般書・文芸書部門
- ●金賞　　　　　Rex書店（フィリピン）
　　　　　　　　　「Mask,the Other Face of Humanity」（インドネシアとの共同出版）
- ●銀賞　　　　　大修館書店
　　　　　　　　　「三国志の世界」（中国語から日本語への翻訳）
- ●銅賞　　　　　Guangxi科学技術出版社（中国）
　　　　　　　　　「Manual Games in Forest」（日本語から中国語への翻訳）

◇佳作　　　　　　Bumwoo出版社（韓国）
　　　　　　　　　「The Art of Dunhuang」（中国語から韓国語への翻訳）

第8回（平15年）
◇一般書部門
- ●金賞　　　　　上海翻訳出版社（中国）
　　　　　　　　　「A Grand Japanese-Chinese Dictionary」（日本語から中国語への翻訳）
- ●銀賞　　　　　Galim出版社（韓国）
　　　　　　　　　「All about Planning」（日本語から韓国語への翻訳）
- ●銅賞　　　　　Book's Hill出版社（韓国）
　　　　　　　　　「The Chinese art of employing men and driving men to work」（中国語から韓国語への翻訳）

◇学術・専門書部門
- ●金賞　　　　　Sung An Dang（韓国）
　　　　　　　　　「How Program works（Program Wa Naze Ugokunoka）」（日本語から韓国語への翻訳）
- ●銀賞　　　　　Oxford & IBH出版社（インド）
　　　　　　　　　「Silk Weaving」（中国語から英語への翻訳）

- ●銅賞 　　Book's Hill出版社（韓国）
 　　　　　「A Statistical analysis in life」（日本語から韓国語への翻訳）
◇児童書部門
- ●金賞　　New Buds Publishing House（中国）
 　　　　　「Little Goblins」（日本語から中国語への翻訳）
- ●銀賞　　Praew Puern Dek（タイ）
 　　　　　「Messages from a strangers」（日本語からタイ語への翻訳）
- ●銅賞　　Moonhak-Kwa-Jisung-Sa（韓国）
 　　　　　「My Place in Space」（英語から韓国語への翻訳）
◇佳作　　明石書店（日本）
 　　　　　「モンゴル現代史」（英語から日本語への翻訳）

第9回（平16年）
 ◇一般書部門
- ●金賞　　Lux Media（韓国）
 　　　　　「ここまでわかった」（日本語から韓国語への翻訳）
- ●銀賞　　主婦の友社
 　　　　　「嘘つき男と泣き虫女」（英語（豪州）から日本語への翻訳）
- ●銅賞　　河北教育出版社（中国）
 　　　　　「The Best of Will Power」（日本語から中国語への翻訳）
 ◇学術・専門書部門
- ●金賞　　遼寧科学技術出版社（中国）
 　　　　　「Atlas of Peculiar Cases of Oesophagus Diseases」（日本語から中国語への翻訳）
- ●銀賞　　清文閣（韓国）

「Ecological Enginneering」(中国語から韓国語への翻訳)
- ●銅賞　　Goomi-Seogwan (韓国)
「The opening of an ultra long-span bridge」(日本語から韓国語への翻訳)

◇児童書部門
- ●金賞　　東方出版, Bumwoosa (韓国)
「ハラボジのタンベトン」(共同出版)
- ●銀賞　　Dolbegae Kids (韓国)
「A king and his fried egg」(日本語から韓国語への翻訳)
- ●銅賞　　天津教育出版社 (中国)
「Harmony：Poems for the Earth」(日本語から中国語への翻訳)

◇佳作　　Rex Book Store (フィリピン), Penerbitan Titian Ilmu Bandung (インドネシア)
「Whizkids Computer Literacy Program」(共同出版)

第10回 (平17年)
◇一般書部門
- ●金賞　　西日本法規出版
「韓流 人が動く MKタクシー青木定雄の成功哲学」(韓国語から日本語への翻訳)
- ●銀賞　　東方出版
「梨の花が白く散っていた夜に」(韓国語から日本語への翻訳)
- ●銅賞　　Bliss出版社 (タイ)
「死国」(坂東眞砂子著, 原出版社・角川書店)

◇学術・専門書部門

- ●金賞 　　　京都大学学術出版会
　　　　　　　「Ecological Destruction, Health and Development： Advancing Asian Paradigms」（オーストラリアの出版社との共同出版）
- ●銀賞 　　　明石書店
　　　　　　　「脱グローバル化」（英語（バングラデシュ，インド，タイ）から日本語への翻訳）
- ●銅賞 　　　農山漁村文化協会
　　　　　　　「中国近郊農村の発展戦略」（中国語から日本語への翻訳）

◇児童書部門
- ●金賞 　　　Sakyejul出版社（韓国）
　　　　　　　「Hiroshima」（原出版社・福音館書店）
- ●銀賞 　　　Daehan出版社（韓国）
　　　　　　　「おじいさんは106歳」（原出版社・ポプラ社）
- ●銅賞 　　　少年児童出版社（中国）
　　　　　　　「花のにおう町」（原出版社・岩崎書店）

◇佳作 　　　　Munhakdongne（韓国）
　　　　　　　「The Sign of the Seahorse」（英語（豪州）から韓国語への翻訳）

第11回（平18年）

◇一般書部門
- ●金賞 　　　Hyeonamsa Publishing Co., Ltd.（韓国）
　　　　　　　「Sanhae Gyeong」（中国語から韓国語への翻訳）
- ●銀賞 　　　河出書房新社（日本）
　　　　　　　「恋する二人」（韓国語から日本語への翻訳）
- ●銅賞 　　　Nanmeebooks Publications（タイ）
　　　　　　　「万延元年のフットボール」（日本語からタイ語への翻訳）

◇学術・専門書部門
- ● 金賞　　China Architecture & Building Press（中国）
　　　　　「韓国居住地域におけるデザインと展望」（韓国語から中国語への翻訳）
- ● 銀賞　　Book's-Hill Publishers Co., Inc（韓国）
　　　　　「ナノテクノロジーとは何か？」（日本語から韓国語への翻訳）
- ● 銅賞　　Liaoning Science & Technology Publishing House（中国）
　　　　　「乳腺外科の要点と盲点」（日本語から中国語への翻訳）

◇児童書部門
- ● 金賞　　ネット武蔵野（日本）
　　　　　「ひとりぼっちの白い子ラクダ」（モンゴル語から日本語への翻訳）
- ● 銀賞　　フレーベル館（日本）
　　　　　「かあさんまだかな」（韓国語から日本語への翻訳）
- ● 銅賞　　Darim Publishing Co.（韓国）
　　　　　「海の男」（中国語から韓国語への翻訳）

◇佳作　　　Yayasan Obor Indonesia（インドネシア）, Abinav Publications（インド）
　　　　　「ジャカルタ・クーデターの分析」（共同出版）

第12回（平19年）
◇一般書部門
- ● 金賞　　The People's Publishing House（中国）
　　　　　「一位韓国出版家的中国之旅」（韓国語から中国語への翻訳）
- ● 銀賞　　Water Power Press（中国）

「地中海巡游」(英語・シンガポール語から中国語への翻訳)
- ●銅賞　　　Munhakdongne Publishing Corp.(韓国)

　　「高瀬川」(平野啓一郎著,日本語から韓国語への翻訳)

◇学術・専門書部門
- ●金賞　　　Dahal media(韓国)

　　「中国仏教の石窟寺院」(中国語から韓国語への翻訳)
- ●銀賞　　　商務印書館(中国)

　　「風土」(和辻哲郎著,日本語から中国語への翻訳)
- ●銅賞　　　ワールドフォトプレス(日本)

　　「草家」(韓国語から日本語への翻訳)

◇児童書部門
- ●金賞　　　Munhakdongne Publishing Corp.(韓国)

　　「しゅくだい」(いもとようこ著,日本語から韓国語への翻訳)
- ●銀賞　　　Encyclopedia of China Publishing House(中国)

　　「算数の解き方77」(韓国語から中国語への翻訳)
- ●銅賞　　　Nanmeebooks Publications(タイ)

　　「無人島からの脱出」(韓国語からタイ語への翻訳)

◇佳作　　　China Water Power Press(中国), World Scientific(シンガポール)

　　「Resource-oriented Water Management (2ndedition)」(共同出版)

◇特別賞　　Medicine(Vietnam)

　　「Medical Herbs and Materials in Vietnam」

第13回（平20年）

◇一般書部門

- 金賞　　東方出版（日本）
　　　　「新疆シルクロード 李学亮写真集」（中国語から日本語への翻訳）
- 銀賞　　National Book Foundation（パキスタン）
　　　　「Frontier Facets」（ペルシア語から英語への翻訳）
- 銅賞　　平凡社（日本）
　　　　「韓国歴史地図」（韓国語から日本語への翻訳）

◇学術・専門書部門

- 金賞　　Hanul Publishing Group（韓国）
　　　　「アジア新世紀（全8巻）」（原出版社・岩波書店）
- 銀賞　　平凡社（日本）
　　　　「韓国文化シンボル事典」（韓国語から日本語への翻訳）
- 銅賞　　Book's-Hill Publishers（韓国）
　　　　「図解 新エネルギーのすべて」（原出版社・工業調査会）

◇児童書部門

- 金賞　　フレーベル館（日本）
　　　　「べんきょうなんてやるもんか！」（韓国語から日本語への翻訳）
- 銀賞　　I-seum（韓国）
　　　　「4こうねんのぼく」（原出版社・草炎社）
- 銅賞　　Nanmeebooks Publications（タイ）
　　　　「Why？ Environment」（韓国語からタイ語への翻訳）

◇特別賞　　法政大学出版局（日本）

「韓国の藁と草の文化」

第14回（平21年）
- ◇一般書部門
  - ●金賞　　　　DAEGA Publishing Co.（韓国）
    「Chinese Culture Series」（中国語から韓国語への翻訳）
  - ●銀賞　　　　Greenbee Publishing Company（韓国）
    「Opening the Edo Body 江戸の身体を開く」（原出版社・作品社）
  - ●銅賞　　　　WisdomHouse Publishing Co., Ltd.（韓国）
    「My Name is Eric」（英語（シンガポール）から韓国語への翻訳）
- ◇学術・専門書部門
  - ●金賞　　　　東方出版（日本）
    「韓国服飾文化事典」（韓国語から日本語への翻訳）
  - ●銀賞　　　　オーム社（日本）
    「中国野生ラン図鑑」（中国語から日本語への翻訳）
  - ●銅賞　　　　ISEAS Publishing（シンガポール）
    「Bangka Tin and Mentok Pepper」（インドネシア語から英語への翻訳）
- ◇児童書部門
  - ●金賞　　　　フレーベル館（日本）
    「きょうりゅうめいろ」（英語（豪州）から日本語への翻訳）
  - ●銀賞　　　　Children&Juvenile Pulishing House（中国）
    「Begin Smart series（Volume 1）」（原出版社・福音館書店）

- 銅賞　　　　　Anhui Children's Publishing House（中国）

　　　　　　　「WMy Favorite Science and Adventure Comic Books」（韓国語から中国語への翻訳）

◇ナ・チュンホ名誉会長賞

　　　　　　　Nanmeebooks Publications Co., Ltd.（タイ）

　　　　　　　「My First World Culture Map」（韓国語からタイ語への翻訳）

◇奨励賞　　　Munkhiin Useg Group（モンゴル）

　　　　　　　「Mongolia David Pianezze」

第15回（平22年）

◇一般書部門

- 金賞　　　　　Editions Didier Millet Pte. Ltd.（シンガポール），Hong Kong Unversity Press（中国）

　　　　　　　「Singapore A Biography」（共同出版）

- 銀賞　　　　　Nanmeebooks Publications（タイ）

　　　　　　　「Great Names」（中国語からタイ語への翻訳）

- 銅賞　　　　　Reader's Digest Limited.（タイ）

　　　　　　　「The 1000 Science Questions Answered」（英語（豪州）からタイ語への翻訳）

◇学術・専門書部門

- 金賞　　　　　Institute of Southeast Asian Studies（シンガポール），Silkworm Books（タイ）

　　　　　　　「Through the Eyes of King： The Travels of King Chulalongkorn to Malaya」（共同出版）

- 銀賞　　　　　京都大学学術出版会（日本），シンガポール国立大学出版部（NUS Pressシンガポール）

　　　　　　　「Asian Port Cities, 1600-1800： Local and Foreign Cultural Interactions」（共同出版）

- 銅賞　　　　　Higher Education Press（中国）

「Number Theory 1： Fermat's Dream and Class Field Theory（岩波講座現代数学の基礎 18 数論 1 Fermatの夢）」（原出版社・岩波書店）

◇児童書部門
- 金賞　　Sakyejul Publisher（韓国）

　　　　「Tales from outer suburbia」（英語（豪州）から韓国語への翻訳）
- 銀賞　　Nanmeebooks Publications（タイ）

　　　　「Grandpa and I（ぼくとおじいちゃん）」（原出版社・くもん出版）
- 銅賞　　Yearimdang（韓国）

　　　　「Too precious water to waste」（原出版社・学研マーケティング）

◇ナ・チュンホ名誉会長賞

　　　　Nanam Publishing House（韓国）

　　　　「A Dream of Red Mansions」（中国語から韓国語への翻訳）

◇奨励賞　Foreign Language Teaching and Research Press（中国）

　　　　「New Century Chinese-Japanese Dictionary」（原出版社・三省堂）

第16回（平23年）

◇一般書部門
- 金賞　　みすず書房（日本），Sichuan Education Publishing House（中国），Hangil Publishing House（韓国）

　　　　「東アジア人文書100」（共同出版 東アジア出版人会議編）
- 銀賞　　Anhui Literature & Art Publishing House（中国）

　　　　「Job Stress Management」

- ●銅賞　　　　　Nation International Edutainment PC（タイ）
　　　　　　　　「Feng Shui for Homebuyers-Exterior」
◇学術・専門書部門
- ●金賞　　　　　China Architecture & Building Press（中国）
　　　　　　　　「21st Century Houses： 150 of the World's Best」
- ●銀賞　　　　　御茶の水書房（日本）
　　　　　　　　「韓国の西洋思想受容史―哲学的オーケストラの実現のために」（原出版社・THE OPEN BOOKS Co.（韓国），李光来原著，高坂史朗訳，柳生真訳）
- ●銅賞　　　　　Greenbee Publishing Company（韓国）
　　　　　　　　「The Life and Place」
◇児童書部門
- ●金賞　　　　　Hunan People's Publishing House（中国）
　　　　　　　　「The Gift of Life」
- ●銀賞　　　　　岩崎書店（日本）
　　　　　　　　「十長生をたずねて」（原出版社Changbi Publishers, Inc.（韓国），チェ・ヒャンラン著，おおたけ きよみ訳）
- ●銅賞　　　　　Nanmeebook Publications Co., Ltd.（タイ）
　　　　　　　　「Daily Life English by Cartoon」
◇ソクギ名誉会長賞
　　　　　　　　Woongjin Think Big Co., Ltd., Korea（韓国）
　　　　　　　　「The History of Chinese Myth」

第17回（平24年）
　◇一般書部門
- ●金賞　　　　　平凡社（日本），SDX joint Publishing Ltd（中国）

「魯迅の言葉」（共同出版）
- ●銀賞　　Horizon Media Ltd.（中国）

  「Tokyo Shonen Konchu Zukan（東京少年昆虫図鑑）」（原出版社・新潮社　泉麻人著）
- ●銅賞　　The Korea Economic Daily and Business Publications, Inc.（韓国）

  「Xi Jinping, Biography（習近平の正体）」（原出版社・小学館）

◇学術・専門書部門
- ●金賞　　Hangilsa（韓国）

  「The Epic of Janggar」（モンゴル語から韓国語への翻訳出版）
- ●銀賞　　Shanghai Translation Publishing House（中国）

  「Heike Monogatari平家物語」（原出版社・岩波書店）
- ●銅賞　　Institute of Southeast Asian Studies（シンガポール）, Manohar Publishers and Distributor（インド）

  「Early Interactions Between South and Southeast Asia： Reflections on Cross-Cultural Exchange」（共同出版）

◇児童書部門
- ●金賞　　童心社（日本）, YILIN Press（中国）, SAKYEJUL PUBLISHING LTD.（韓国）

  「京劇が消えた日Infatuated with Peking Opera」（日中韓の共同出版）
- ●銀賞　　岩崎書店（日本）

  「とんぼ」（原出版社・Changbi Publishers, Inc. 韓国）
- ●銅賞　　Nanmeebook Publications Co., Ltd.（タイ）

「Umeko」(原出版社・小学館)

07　AAMT長尾賞

アジア太平洋機械翻訳協会（AAMT）初代会長の長尾真博士による「平成17 (2005) 年 日本国際賞」受賞を記念し，また，博士が同協会へ賞の賞金の一部をAAMTの活動に資するために寄付したことを受けAAMT長尾賞が設立された。機械翻訳システムの実用化の促進および実用化のための研究開発に貢献した個人あるいはグループを表彰する。

【主催者】アジア太平洋機械翻訳協会（AAMT）
【選考委員】AAMT長尾賞選考委員会（AAMT会長が複数名の選考委員を任命，そのうち1名が委員長を務める）
【選考方法】全てのAAMT会員は，受賞候補者名をAAMT長尾賞選考委員会に提出することが可。ただし，少なくとも1名の他の AAMT 会員による推薦を必要とする

<受賞者>

第1回（平18年）　　沖電気工業株式会社 研究開発本部 機械翻訳研究グループ
　　　　　　　　　　"エポックメイキングとなる機械翻訳システムやサービスの開発運用"
　　　　　　　　　日本電気株式会社 NECメディア情報研究所
　　　　　　　　　　"携帯端末用自動通訳システムの実用化技術に関する研究・開発"

第2回（平19年）　　株式会社国際電気通信基礎技術研究所 音声言語コミュニケーション研究所
　　　　　　　　　　"統計と用例とに基づくコーパスベース翻訳技術の研究・開発ならびに携帯電話を用いた多言語音声翻訳サービスの事業化"

第3回(平20年)	シャープ株式会社 情報通信事業本部 要素技術開発センター 機械翻訳チーム
	"翻訳メモリとハイブリッド翻訳方式を中核としたテキスト翻訳ならびに音声翻訳システムなどの各種形態の機械翻訳技術の実用化"
	日本電気株式会社 および 株式会社高電社
	"携帯電話向け多言語自動翻訳サービスの事業化"
第4回(平21年)	東芝ソリューション株式会社, 株式会社東芝
	"ユーザー辞書の自動抽出から辞書の自動選択までの優れた技術開発により機械翻訳の実用度を大きく押し上げる功績が顕著なため"
	AAMT インターネットワーキンググループ
	"AAMT会員ならびに機械翻訳ユーザに最新の機械翻訳システム/サービス一覧を長年にわたり提供し続け, 機械翻訳ソフト/サービスの普及に努め, 機械翻訳の発展/啓蒙に寄与した功績が顕著なため"
第5回(平22年)	「みんなの翻訳」構築・運用グループ
	"「みんなの翻訳」の利用者コミュニティを立ち上げ, 翻訳家の無報酬の翻訳活動を支援し, 対訳コーパスの蓄積に大きく寄与すると共に, 利用者の機械翻訳の理解と普及に貢献した功績が顕著なため"
第6回(平23年)	AAMT 共有化・標準化ワーキンググループ
	"翻訳支援のためのシンプルでオープンな辞書仕様UTXを開発, 公開し, 機械翻訳精度の向上ばかりでなく, 辞書のinteroperabilityおよび翻訳支援へも有効な手段を広く提供している。今後, ローカライゼーション, オープンソース, 教

育, 行政, 医療, 法律などのさまざまな分野で活用が期待されるとともに, 国際標準となる素地を備えている点で高く評価できる"

第7回（平24年）　株式会社富士通研究所 機械翻訳システム研究開発グループ

"コーパスベースの言語資源構築技術の研究と開発, および機械翻訳システムの実用化技術に関する研究と開発における長年にわたる実績が高く評価できる"

第8回（平25年）　相良 美織（株式会社バオバブ代表取締役社長）

"対訳コーパスを使う翻訳支援技術の下,「クラウドソーシング翻訳」のためのプラットフォームを構築し, その上に外国人留学生を中心とした翻訳コミュニティを形成し, 廉価な人手翻訳を提供するビジネスを立ち上げ, ネット通販会社, IT関連会社, 大学などで利用実績を上げていることが認められることから, 機械翻訳技術を活かしたインターネット時代の新たなMTビジネスを切り開いた点で長尾賞にふさわしい"

第9回（平26年）　（独）情報通信研究機構 ユニバーサルコミュニケーション研究所多言語翻訳研究室, 内山 将夫, 隅田 英一郎

"語順変換と訳語選択との独立実行による統計翻訳技術の研究実用化ならびに複数企業への技術移転による高性能機械翻訳システムのサービス実現による功績が顕著なためである。これは, 長尾賞の設立趣旨である,「高性能の機械翻訳システムを商品化した」, あるいは「機械翻訳システムを使った新しいサービスを開始した」という観点を鑑み, 長尾賞にふさわしいと認めるものである"

第10回（平27年）	株式会社ATR-Trek 業務用途音声翻訳システム開発プロジェクト，パウル・ミヒャエル，鈴木 昌広，袋谷 丈夫
	"世界に展開しているグローバル企業において，複数言語の社内用語の扱いや機密保持の仕組みを解決して，そこに音声翻訳技術を活用して，異言語間コミュニケーションを工場内で実現するという実績が高く評価できるということで，産業応用に向けたB-to-Bのための新たな音声翻訳モデルを具体化した功績が顕著である"
第11回（平28年）	株式会社みらい翻訳
	"機械翻訳の基本技術となっているRBMTやSMTなどを統合して，翻訳精度や速度に見合った自動翻訳サービスを提供する初めての機械翻訳プラットフォームを開発して，B2Bビジネスを実現した点が長尾賞にふさわしい。SNS向けの自動翻訳市場への今後の展開も大いに期待できることを補足する"
第12回（平29年）	八楽（やらく）株式会社
	"機械翻訳オンラインCATツール「ヤラクゼン」を開発し，翻訳の専業者でない一般の企業人が英文メールや社内ドキュメント，各種マニュアルなどを扱う際に有用となるツールを提供した。大企業を含む100社以上に数万人に上る利用者登録があり，同ツール提供による機械翻訳サービスの利用実績はビジネスでの有用性を示すものであり，機械翻訳の実用化を更に発展させる点で長尾賞にふさわしい"
第13回（平30年）	凸版印刷株式会社情報コミュニケーション事業本部ソーシャルイノベーションセンター情報インフラ本部コンテンツ企画部

"企業連携により多様な自動翻訳の事業化を進め,商業接客音声翻訳サービスを現場店舗に大規模に展開している実績,さらに日本郵便向け音声翻訳システムを全国2万の郵便局に設置している実績,そして自治体音声翻訳の常設を目指した取り組みが高く評価できる。このような社会にインパクトを与える多様な事業展開は機械翻訳システムの実用化促進という点で長尾賞の趣旨に合致するものであり,長尾賞の受賞にふさわしい"

日中・中日機械翻訳実用化プロジェクト（京都大学・黒橋禎夫、科学技術振興機構・中澤敏明）

"科学技術論文翻訳ためにコーパス・辞書の開発構築を進め,大規模日英中専門用語辞書を公開するとともに,最先端の機械翻訳技術であるニューラル機械翻訳をいちはやく独自に開発し,国際ワークショップ開催を通してその有効性を広く知らしめた功績は顕著である。その成果を一般に公開し,日中間の科学技術交流の促進に供していることから,機械翻訳システムを使った新しい社会サービス実現という点で長尾賞の趣旨に合致するものであり,長尾賞の受賞にふさわしい"

第14回（令1年）	ソースネクスト株式会社

"ソースネクスト株式会社は携帯型音声翻訳端末であるポケトークを開発,販売し,機械翻訳技術の普及に大きく貢献した。本端末は翻訳精度のみならず端末のデザインも注意深く設計されており,幅広い年齢層に対して使いやすいUIを提供している。そのため,これまで機械翻訳に触れたことのない人にまで機械翻訳を利用する機会を提供したことは特筆に値する。

さらに、コンシューマ向け販売後のフィードバックからの月2回のアップデートを実施。ハード、ソフトの実装のトライ・アンド・エラーで素早く改良していく姿勢で、2018年9月に発売された通訳機「ポケトークW」は短期間に20万台の売り上げを達成した。利用者、適用領域を増やしながら、雨後の筍のように製品の生まれている音声翻訳専用機市場で市場の97％を支配するという快挙を成し遂げた。また本端末は駅・空港・タクシー・観光地など様々なシーンでの導入が進んでおり、増え続けるインバウンド需要への対策としての役割も大きい。機械翻訳というものの認知度とコンシューマーへの受容性を高めたことは長尾賞にふさわしい"

08　絵本にっぽん賞〔特別賞（翻訳絵本）〕

絵本は幼児・児童にとって、豊かな情操をはぐくむ文化財として欠くことのできないものという考え方に基づき、絵本芸術の普及、絵本読書の振興、作家・画家の育成などをめざして制定された。他に絵本にっぽん大賞（1点）、絵本にっぽん賞（3点以内）から構成。

【主催者】読売新聞社、全国学校図書館協議会
【選考委員】（第15回）木崎さと子（作家）、富山秀男（京都国立近代美術館）、松樹路人（画家）、松本猛（いわさきちひろ絵本美術館）、岩田斉（全国学校図書館協議会）、原野弥見（読売新聞社）
【選考方法】公募
【締切・発表】〔対象〕過去1年間（前年9月から当該年8月まで）日本において、日本人を対象に出版された絵本。〔選考〕(1)絵、文、印刷、製本そのほか絵本全体に流れる制作態度、および出版・書誌的事項などにわ

08 絵本にっぽん賞〔特別賞(翻訳絵本)〕

たって総合的に検討する。(2)園・学校の実践データも加味して最終決定をする

【締切・発表】(第15回)平成4年12月上旬表彰

【賞・賞金】絵本にっぽん賞特別賞(翻訳絵本)(3点以内),作家,画家,翻訳者にそれぞれ賞状,副賞,記念品。出版社に賞状,副賞を贈る

<受賞者>

第9回(昭61年)
　◇特別賞　　　シビル・ウェタシンヘ〔作〕,猪熊 葉子〔訳〕
　　　　　　　「かさどろぼう」(福武書店)
　　　　　　　C.V.オールズバーグ〔絵・文〕,村上 春樹〔訳〕
　　　　　　　「西風号の遭難」(河出書房新社)

第11回(昭63年)
　◇特別賞　　　ハーウィン・オラム〔文〕,きたむら さとし〔絵・訳〕
　　　　　　　「ぼくはおこった」(佑学社)

第13回(平2年)
　◇絵本にっぽん賞特別賞
　　　　　　　ジャン・ジオノ〔原作〕,フレデリック・バック〔絵〕,寺岡 襄〔訳〕
　　　　　　　「木を植えた男」(あすなろ書房)

第14回(平3年)
　◇絵本にっぽん賞特別賞
　　　　　　　マイケル・ローゼン〔再話〕,ヘレン・オクセンバリー〔絵〕,山口 文生〔訳〕
　　　　　　　「きょうはみんなでクマがりだ」(評論社)

第15回(平4年)
　◇絵本にっぽん賞特別賞

アン・ジョナス〔作〕, 角野 栄子〔訳〕
「あたらしいおふとん」(あかね書房)
デヴィッド・ウィーズナー〔作〕, 当麻 ゆか〔訳〕
「かようびのよる」(福武書店)

09 旺文社児童文学翻訳賞

すぐれた児童文学作品の振興と，奨励のために「旺文社児童文学賞」とともに，昭和53年に設定した賞である。第4回の授賞をもって中止。

【主催者】旺文社
【選考委員】安藤美紀夫，猪熊葉子，高橋健二，辻昶，山室静
【締切・発表】児童を対象にした小説,童話戯曲,ノンフィクション,詩,童謡などの翻訳作品で,毎年1月から,12月の1年間に発表された作品が対象
【締切・発表】新聞雑誌の6月～7月号に発表
【賞・賞金】賞牌と賞金30万円

<受賞者>

第1回（昭53年）　清水 正和〔訳〕
　　　　　　　　「神秘の島」(ジュール・ベルヌ著)〔福音館書店〕
第2回（昭54年）　大久保 貞子〔訳〕
　　　　　　　　「忘れ川をこえた子どもたち」(マリア・グリーペ著)〔冨山房〕
第3回（昭55年）　該当作なし
第4回（昭56年）　かんざき いわお〔訳〕
　　　　　　　　「さよなら,おじいちゃん…ぼくはそっといった」(ドネリー著)〔さ・え・ら書房〕
　　　　　　　　沢登 君恵〔訳〕

「金色の影」(ガーフィールド&ブリッシェン著)
〔ぬぷん児童図書出版〕

10　小田島雄志・翻訳戯曲賞

日本における翻訳劇の振興を目的として，翻訳家・英文学者の小田島雄志が平成20年に創設。第10回までは，その年に上演された翻訳戯曲のうち特に優れた翻訳者を，英語から1名，それ以外の言語から1名の計2名，小田島雄志個人が選出して表彰した。第11回以降は，翻訳者に加えて上演成果も対象とし，その年に上演された翻訳戯曲のうち特に優れた翻訳者・上演団体1～2件を，「小田島雄志・翻訳戯曲賞」実行委員会が選出して表彰する。

【主催者】「小田島雄志・翻訳戯曲賞」実行委員会
【選考委員】酒井誠，新野守弘，水谷内助義，山口宏子，小田島恒志
【締切・発表】〔対象〕その年の1～12月に上演された翻訳戯曲の翻訳者及び上演団体
【締切・発表】（第11回）平成30年12月13日に発表。平成31年1月8日，あうるすぽっとにて贈呈式を開催
【賞・賞金】副賞：10万円
【URL】https://sites.google.com/view/odashimaaward/
【連絡先】〒170-0013 東京都豊島区東池袋4-5-2 ライズアリーナビル3階 あうるすぽっと内「小田島雄志・翻訳戯曲賞」実行委員会事務局
【TEL】03-5391-0751
【FAX】03-5391-0752
【E-mail】honyakugikyoku@gmail.com

＜受賞者＞

第1回（平20年）　　薛 珠麗（演出家・翻訳家）

「バーム・イン・ギリヤド」
佐藤 康（翻訳家）
「瀕死の王」（ウジェーヌ・イヨネスコ作）

第2回（平21年）	新野 守広（翻訳家・立教大学教授）	

「火の顔」（マリウス・フォン・マイエンブルク作），「崩れたバランス」（ファルク・リヒター作）

広田 敦郎（翻訳家）
「コースト・オブ・ユートピア ユートピアの岸へ」（トム・ストッパード作）

第3回（平22年） 平川 大作（翻訳家・大手前大学准教授）
「モジョ ミキボー」（オーウェン・マカファーティ作）

小川 絵梨子（演出家・翻訳家）
「今は亡きヘンリー・モス」（サム・シェパード作）

第4回（平23年） 髙橋 知伽江（劇作家・翻訳家）
「秘密はうたう A Song at Twilight」「出番を待ちながら」（ノエル・カワード作）

須藤 鈴（翻訳家）
「ケーキマン」（ロバート・J.メリット作）

◇特別賞　富永 由美（翻訳家・演出家・俳優）
「悪魔たち」（ラーシュ・ノレーン作）

第5回（平24年） 阿藤 智恵（劇作家・演出家・翻訳家）
「シュペリオール・ドーナツ」（トレーシー・レッツ作）

林 立騎（ドイツ語翻訳者・演劇研究者）
「光のない。」「光のないⅡ」「雲。家。」（エルフ

　　　　　　　　　リーデ・イェリネク著）

第6回（平25年）　中村 まり子（女優・演出家・翻訳家・劇作家）
　　　　　　　　「まくべっと」
　　　　　　　　谷 賢一（作家・演出家・翻訳家）
　　　　　　　　「最後の精神分析－フロイトVSルイス－」（マーク・セント・ジャーメイン作）

第7回（平26年）　藤井 慎太郎（早稲田大学文学学術院教授）
　　　　　　　　「炎 アンサンディ」（ワジディ・ムワワド作）
　　　　　　　　木内 宏昌（脚本家，翻訳家，演出家）
　　　　　　　　「Tribes トライブス」（ニーナ・レイン作），「おそるべき親たち」（ジャン・コクトー）

第8回（平27年）　浦辺 千鶴（翻訳家）
　　　　　　　　「星ノ数ホド」（ニック・ペイン作），「月の獣」（リチャード・カリノスキー作）
　　　　　　　　松鵜 功記（大学非常勤講師，ドイツ語圏文学研究者，翻訳家）
　　　　　　　　「20000ページ」（ルーカス・ベアフース作）

第9回（平28年）　洪 明花（女優，司会・ナレーション，通・翻訳）
　　　　　　　　「代代孫孫2016」（パク・クニョン作），「トンマッコルへようこそ」（チャン・ジン作）
　　　　　　　　秋月 準也（大学院生，ロシア文学・演劇研究者，翻訳家）
　　　　　　　　「ゾーヤ・ペーリツのアパート」（ミハイル・ブルガーコフ作）

第10回（平29年）　水谷 八也（早稲田大学文化構想学部（文芸ジャーナリズム論系）教授）
　　　　　　　　「怒りをこめてふり返れ」（ジョン・オズボーン作）

|第11回（平30年）|小山 ゆうな（演出家）
「チック」（ヴォルフガング・ヘルンドルフ作）
田ノ口 誠悟（フランス演劇研究者）
さいたまネクスト・シアター∅（ゼロ）世界最前線の演劇1［ベルギー］「ジハード ―Djihad―」
KAAT神奈川芸術劇場, 世田谷パブリックシアター
「バリートーク」（エンダ・ウォルシュ作）
◇特別賞　Kawai Project（代表・河合祥一郎）
"2014年の「から騒ぎ」に始まるシェイクスピアを中心とする積極的な翻訳・上演活動に対して。2018年の上演作品は「ウィルを待ちながら」「お気に召すまま」"

11　外国絵本翻訳コンクール

　山形県が県生涯学習センターと県立図書館とを一体的に整備した「遊学館」を平成2年度にオープン。県立図書館の児童図書コーナーに外国の絵本原書を3000冊揃えていることから, 外国絵本翻訳コンクールを創設。外国の絵本の読書活動を促進することにより生涯学習を支援し, かつ, 国際理解と文化交流に寄与すること, 優れた外国絵本の翻訳をとおして子供達に夢と希望を与えることを目的とする。平成12年度（第10回）をもって終了。

【主催者】山形県生涯学習センター, 山形県立図書館
【選考委員】掛川恭子（翻訳家）, 金山等（英米文学研究家, 岩手県立大学教授）, 神宮輝夫（児童文学研究家, 白百合女子大学教授）, 吉田新一（児童文学研究家, 日本女子大学教授）
【選考方法】公募
【締切・発表】〔対象〕課題2作品（英文の未翻訳絵本）の日本語訳。〔資

格〕年齢,性別,職業及び国籍は不問。ただし,翻訳作品を出版物として発表したことのある者は除く。1人につきどちらか1点とする

【締切・発表】(第10回)締切は平成13年2月(当日消印有効),表彰式は平成13年3月

【賞・賞金】最優秀賞:賞金30万円(各1名),優秀賞:賞金10万円(各2名),佳作:記念品(各若干名)

【URL】http://www.yugakukan.or.jp/

【連絡先】〒990-0041 山形県山形市緑町1-2-36「遊学館」内 外国絵本翻訳コンクール係

【TEL】023-625-6411(山形県生涯学習センター)

【FAX】023-625-6415(山形県生涯学習センター)

<受賞者>

第1回(平3年度)

　◇最優秀賞
　　● 課題「HENRIETTA'S FIRST WINTER」
　　　　　船渡 佳子
　　● 課題「Nothing Sticks like a Shadow」
　　　　　レヴィン 幸子

　◇優秀賞
　　● 課題「HENRIETTA'S FIRST WINTER」
　　　　　守上 三奈子
　　　　　黒田 育美
　　● 課題「Nothing Sticks like a Shadow」
　　　　　広瀬 美智子
　　　　　金子 寛子

　◇佳作
　　● 課題「HENRIETTA'S FIRST WINTER」
　　　　　山本 裕子

渡部 智子

北川 直子

菊地 京子

- 課題「Nothing Sticks like a Shadow」

  岩本 美智子

  村田 祐子

第2回（平4年度）

　◇最優秀賞

- 課題「CATCH THAT HAT」

  橋本 美穂

- 課題「THE LINE UP BOOK」

  高浜 富美子

　◇優秀賞

- 課題「CATCH THAT HAT」

  村山 利恵子

  桜井 真砂美

- 課題「THE LINE UP BOOK」

  徳永 紀美子

  江国 真美

　◇佳作

- 課題「CATCH THAT HAT」

  大塚 珠奈

  大八木 敦彦

  滝沢 寛子

  山本 千恵

  渡部 智子

- 課題「THE LINE UP BOOK」

  青木 幸子

斎藤 智恵

下城 弘子

松波 史子

第3回（平5年度）

◇最優秀賞
- 課題「Little Moon」

    永野 ゆう子
- 課題「Don't Forget to Write」

    清原 三保子

◇優秀賞
- 課題「Little Moon」

    武石 詩雅子

    川澄 真生
- 課題「Don't Forget to Write」

    小野田 淑子

    オーシロ 笑美

第4回（平6年度）

◇最優秀賞
- 課題「A Squash and a Squeeze」

    永窪 玲子
- 課題「Amanda's Butterfly」

    大塚 玲子
- 課題「Two of Everything」

    関 美冬

◇優秀賞
- 課題「A Squash and a Squeeze」

    小野田 淑

11 外国絵本翻訳コンクール

　　　　　　　五木田 紳
　●課題「A Squash and a Squeeze」
　　　　　　　壺井 雅子
　　　　　　　前沢 明枝
　●課題「Two of Everything」
　　　　　　　黒沢 優子

第5回（平7年度）
　◇最優秀賞
　　●課題「Like Butter on Pancakes」
　　　　　　　若松 由子
　　●課題「Grandfather's Pencil and the Room Stories」
　　　　　　　川澄 真生
　　●課題「Salt Hands」
　　　　　　　板井 澄枝
　◇優秀賞
　　●課題「Like Butter on Pancakes」
　　　　　　　大塚 珠奈
　　　　　　　小寺 実香
　　●課題「Grandfather's Pencil and the Room Stories」
　　　　　　　黒沢 優子
　　　　　　　山内 千恵子
　　●課題「Salt Hands」
　　　　　　　神田 由布子

第6回（平8年度）
　◇最優秀賞
　　●課題「Suddenly」
　　　　　　　オーシロ 笑美
　　●課題「A Drop of Rain」

桑山 由美
◇優秀賞
- 課題「Suddenly」
  古関 幹子
  妹尾 有里
- 課題「A Drop of Rain」
  川澄 真生
  平野 聖子

第7回（平9年度）
◇最優秀賞
- 課題「Moonbathing」
  東村 京子
- 課題「The Perfect Present」
  妹尾 有里

◇優秀賞
- 課題「Moonbathing」
  猿丸 史枝
  大橋 匡子
- 課題「The Perfect Present」
  山本 桂子
  藤本 明子

第8回（平10年度）
◇課題「Pushkin Meets the Bundle」
- 最優秀賞　　山元 育代
  「プーシュキンのうちにあかちゃんがやってくる」
- 優秀賞　　古関 幹子
  「プーシュキン」

◇課題「When I Was Little Like You」
- 最優秀賞　該当作なし
- 優秀賞　　神田 由布子
　　　　　　「おばあちゃんがちいさかったころ」
　　　　　　藤原 やすこ
　　　　　　「おばあちゃんがこどものころ」
　　　　　　桑原 久美子
　　　　　　「おばあちゃんがちいさかったころ」
　　　　　　妹尾 有里
　　　　　　「おばあちゃんがちいさかったころ」
　　　　　　篠 智子
　　　　　　「おばあちゃんがちいさかったころは」
　　　　　　下田 麻紀
　　　　　　「おばあちゃんがちいさかったころはね」
　　　　　　堤 美佳子
　　　　　　「おばあちゃんがちいさかったころはね..」
　　　　　　奥村 祥子
　　　　　　「おばあちゃんがこどもだったとき」

第9回（平11年度）

◇課題「Smudge」
- 最優秀賞　平間 久美子
　　　　　　「スマッジ」
- 優秀賞　　高柳 優子
　　　　　　「スマッジ」
　　　　　　村上 由哥
　　　　　　「スマッジ」

◇課題「PUDDLES」
- 最優秀賞　大坪 寛子

「みずたまり」
- 優秀賞　峯田 敏幸
「ピシャン、ポシャン、パシャーン」
吉崎 泰世
「みずたまりにジャンプ」

第10回（平12年度）
◇課題「Stripe」
- 最優秀賞　生方 頼子
「シマシマのぼうけん」
- 優秀賞　越前 美幸
「しましま」
内藤 小絵
「しましまのぼうけん」

◇課題「HOME Before DARK」
- 最優秀賞　山本 桂子
「かえらなくっちゃ」
- 優秀賞　宮野 節子
「くらくなるまえにかえらなきゃ」
五味 真紀
「ひがくれるまでに」

12　ガイマン賞

"ガイマン"とは"海外マンガ，外国マンガ"の略で，アメリカン・コミックスやバンド・デシネ，マンファなど諸々をひっくるめた外国のマンガ全般の新しい呼び方（最初に外国で出版され，その後，紙の書籍・電子書籍を問わず日本で邦訳され，販売されているマンガを指し，外国人作家が日本の出版社から出版したオリジナル作品は含まない）。ガイマン

を多くの方に知ってもらうことを目指し,平成24(2012)年に創設された。開催期間中は,主催となっている3つのマンガ図書館にて,ノミネートされた作品が開架展示され読み放題となる。

【主催者】京都国際マンガミュージアム,米沢嘉博記念図書館,北九州市漫画ミュージアム

【選考方法】読者投票形式で決定。ガイマン賞2018では,識者がガイマンのガイド役となりそれぞれ3つの作品を推薦し「ガイマンセレクション」とする

【締切・発表】前年の9月1日〜その年の8月31日に出版されたガイマンを対象

【締切・発表】1位より順位をつけて発表。また,映画・漫画評論家、翻訳家の小野耕世氏がその年のノミネート作品のなかから選定した作品に授与される「小野耕世特別賞」が設けられている

【URL】https://gaiman.jp/index.html

<受賞者>

2011年度
- ◇第1位　パコ・ロカ〔作〕,小野 耕世,高木 菜々〔訳〕「皺(しわ)」〔小学館集英社プロダクション〕
- ◇第2位　マーク・ミラー〔作〕,スティーブ・マクニーブン〔画〕,石川 裕人,御代 しおり〔訳〕「シビル・ウォー」〔ヴィレッジブックス〕
- ◇第3位　ニコラ・ド・クレシー〔作〕,原 正人〔訳〕「天空のビバンドム」〔飛鳥新社〕
- ◇第4位　アレハンドロ・ホドロフスキー〔作〕,メビウス〔画〕,原 正人〔訳〕「L'INCAL アンカル」〔小学館集英社プロダクション〕
- ◇第5位　エマニュエル・ギベール〔作〕,野田 謙介〔訳〕

「アランの戦争 アラン・イングラム・コープの回想録」〔国書刊行会〕

◇第6位　ポール・ディニ〔作〕, ブルース・ティム〔画〕, 秋友 克也, 石川 裕人〔訳〕

「バットマン：マッドラブ／ハーレイ＆アイビー」〔小学館集英社プロダクション〕

ヴィンシュルス〔作〕, 原 正人〔訳〕

「ピノキオ」〔小学館集英社プロダクション〕

◇第7位　ショーン・タン〔作〕, 小林 美幸〔訳〕

「アライバル」〔河出書房新社〕

アリソン・ベクダル〔作〕, 椎名 ゆかり〔訳〕

「ファン・ホーム 〜ある家族の悲喜劇〜」〔小学館集英社プロダクション〕

フランク・ミラー〔作〕, デビッド・マツケリー〔画〕, 秋友 克也〔訳〕

「デアデビル：ボーン・アゲイン」〔ヴィレッジブックス〕

ブライアン・アザレロ〔作〕, リー・ベルメホ〔画〕, 高木 亮〔訳〕

「ジョーカー」〔小学館集英社プロダクション〕

マーク・ミラー〔作〕, ロミータ, ジョン Jr.〔画〕, 光岡 三ツ子〔訳〕

「キック・アス」〔小学館集英社プロダクション〕

2012年度

◇第1位　ブノワ・ペータース〔作〕, フランソワ・スクイテン〔画〕, 古永 真一, 原 正人〔訳〕

「闇の国々」〔小学館集英社プロダクション〕

◇第2位　マーク・ミラー〔作〕, デイブ・ジョンソン〔画〕, キリアン・プランケット〔画〕, 高木 亮〔訳〕

「スーパーマン：レッド・サン」〔小学館集英社プロダクション〕

◇第3位　エマニュエル・ルパージュ〔作〕, 大西 愛子〔訳〕
「ムチャチョ ある少年の革命」〔飛鳥新社〕

◇第4位　グラント・モリソン〔作〕, フランク・クワイトリー〔画〕, 堺 三保〔訳〕
「WE3 ウィースリー」〔小学館集英社プロダクション〕

◇第5位　メビウス, アレハンドロ・ホドロフスキー, ロマン・ユゴー, アルチュール・ド・パンス〔他作〕, 原 正人〔訳〕
「ユーロマンガ vol. 7」〔飛鳥新社〕

◇第6位　ロバート・カークマン〔作〕, 風間 賢二〔訳〕
「ウォーキング・デッド 1」〔飛鳥新社〕

ジェフリー・ブラウン〔作〕, 富永 晶子〔訳〕
「ダース・ヴェイダーとルーク（4才）」〔辰巳出版〕

アレハンドロ・ホドロフスキー〔作〕, ファン・ヒメネス〔画〕, 原 正人〔訳〕
「メタ・バロンの一族 上」〔小学館集英社プロダクション〕

◇第9位　ジェフ・ジョーンズ〔作〕, アンディ・キューバート〔画〕, 秋友 克也〔訳〕
「フラッシュ・ポイント」〔ヴィレッジブックス〕

マルク＝アントワーヌ・マチュー〔作〕, 原 正人〔訳〕
「3秒」〔河出書房新社〕

エンキ・ビラル〔作〕, 大西 愛子〔訳〕
「MONSTER モンスター 完全版」〔飛鳥新社〕

クレイグ・トンプソン〔作〕, 風間 賢二〔訳〕

「Habibi I」〔ティー・オーエンタテインメント〕

2013年度
 ◇第1位 バスティアン・ヴィヴェス〔作〕, 原 正人〔訳〕

  「塩素の味」〔小学館集英社プロダクション〕(フランス/ベルギー)

 ◇第2位 ジョー・ケリー〔作〕, ケン・ニイムラ〔画〕, 柳 亭英〔訳〕

  「I KILL GIANTS」〔小学館〕(アメリカ)

 ◇第3位 ダニエル・アールグレン〔作〕, ハル吉〔訳〕

  「ニートメタル」〔峠の地蔵出版〕(スウェーデン)

  チャールズ・バーンズ〔作〕, 椎名 ゆかり〔訳〕

  「ブラック・ホール」〔小学館集英社プロダクション〕(アメリカ)

  ジェフ・ローブ〔作〕, ティム・セイル〔画〕, 中沢 俊介〔訳〕

  「スーパーマン：フォー・オールシーズン」〔小学館集英社プロダクション〕(アメリカ)

 ◇第6位 フレデリック・ペータース〔作〕, 原 正人〔訳〕

  「青い薬」〔青土社〕(フランス/ベルギー)

 ◇第7位 スコット・スナイダー〔作〕, グレッグ・カプロ〔他画〕, 高木 亮〔訳〕

  「バットマン：梟の法廷 / 梟の街 / 梟の夜」〔小学館集英社プロダクション〕(アメリカ)

 ◇第8位 ガース・エニス〔作〕, 海法 紀光〔訳〕

  「HITMAN1」〔エンターブレイン〕(アメリカ)

 ◇第9位 セルジオ・トッピ〔作〕, 古永 真一〔訳〕

  「シェヘラザード —千夜一夜物語—」〔小学館集英社プロダクション〕(フランス/ベルギー)

◇第10位 　ジェフリー・ブラウン〔作〕, 富永 晶子〔訳〕
「ダース・ヴェイダーとプリンセス・レイア」〔辰巳出版〕(アメリカ)

ダニエル・クロウズ〔作〕, 中沢 俊介〔訳〕
「ザ・デスレイ」〔PRESSPOP INC〕(アメリカ)

ブノワ・ペータース〔作〕, フランソワ・スクイテン〔画〕, 古永 真一, 原 正人, 関澄 かおる〔訳〕
「闇の国々：II／III」〔小学館集英社プロダクション〕(フランス/ベルギー)

2014年度

◇第1位　マット・フラクション〔作〕, デイビッド・エイジャ, ハビエル・プリード, アラン・デイビス〔画〕, 中沢 俊介〔訳〕
「ホークアイ：マイ・ライフ・アズ・ア・ウェポン」〔小学館集英社プロダクション〕(アメリカ)

◇小野耕世特別賞　ウィンザー・マッケイ〔著〕, 小野 耕世〔訳〕
「リトル・ニモ 1905-1914」〔小学館集英社プロダクション〕(アメリカ)

◇第2位　ラット〔作〕, 左右田 直規, 稗田 奈津江〔訳〕
「カンポンボーイ」〔東京外国語大学出版会〕(マレーシア)

◇第3位　マリー・ポムピュイ, ファビアン・ヴェルマン〔作〕, ケラスコエット〔画〕, 原 正人〔訳〕
「かわいい闇」〔河出書房新社〕(フランス/ベルギー)

◇第4位　ガース・エニス〔作〕, 海法 紀光〔訳〕
「ヒットマン2」〔KADOKAWA/エンターブレイン〕(アメリカ)

◇第5位 　ジャド・ウィニック〔作〕, ダグ・マーンキ, ポール・リー, シェーン・デイビス, エリック・バトル〔画〕, 高木 亮〔訳〕

「バットマン: アンダー・ザ・レッドフード」〔小学館集英社プロダクション〕(アメリカ)

◇第6位 　ジェームズ・ハーヴィー〔作〕, 竹内 はんな〔訳〕

「完全成形術 マスタープラスティー」〔Black Hook Press〕(イギリス)

◇第7位 　マイク・ベンソン, アダム・グラス〔作〕, カルロ・バルベリー, ショーン・クリスタル〔画〕, 高木 亮〔訳〕

「デッドプール: スーサイドキングス」〔小学館集英社プロダクション〕(アメリカ)

◇第8位 　アラン・ムーア〔作〕, ウィリアムズ, J.H. III〔画〕, 柳下 毅一郎〔訳〕

「プロメテア 1」〔小学館集英社プロダクション〕(アメリカ)

◇第9位 　ファビオ・ムーン〔作〕, ガブリエル・バー〔画〕, 椎名 ゆかり〔訳〕

「デイトリッパー」〔小学館集英社プロダクション〕(アメリカ)

バスティアン・ヴィヴェス〔著〕, 原 正人〔訳〕

「ポリーナ」〔小学館集英社プロダクション〕(フランス/ベルギー)

2015年度

◇第1位 　オーサ・イェークストロム, ヨナタン・ヘードチャーン〔作〕, 平田 悠果〔訳〕

「さよなら セプテンバー 1 / さよなら セプテンバー 2 / さよなら セプテンバー 3」〔クリーク・アンド・リバー社〕

◇第2位	ジェフ・ジョーンズ〔作〕,ゲイリー・フランク〔画〕,中沢 俊介,内藤 真代〔訳〕
	「シャザム！：魔法の守護者(THE NEW 52！)」〔小学館集英社プロダクション〕(アメリカ)
◇第3位	シェーン・マッカーシー〔他作〕,グイド・グイディ〔他画〕,中沢 俊介〔訳〕
	「トランスフォーマー：オール・ヘイル・メガトロン」〔小学館集英社プロダクション〕(アメリカ)
◇小野耕世特別賞	ラット〔作〕,左右田 直規〔訳〕
	「タウンボーイ」〔東京外国語大学出版会〕(マレーシア)
◇第4位	ブライアン・K.ヴォーン〔作〕,フィオナ・ステイプルズ〔画〕,椎名 ゆかり〔訳〕
	「サーガ vol.1 / サーガ vol.2」〔小学館集英社プロダクション〕(アメリカ)
◇第5位	ファン・ディアス・カナレス〔作〕,ファンホ・ガルニド〔画〕,大西 愛子〔訳〕
	「ブラックサッド 黒猫探偵 / ブラックサッド 極北の国」〔飛鳥新社〕(スペイン)
◇第6位	ヴィヴェック・J.ティワリー〔作〕,アンドルー・C.ロビンソン,カイル・ベイカー〔画〕,奥田 祐士〔訳〕
	「ザ・フィフスビートル ブライアン・エプスタインストーリー」〔ジュリアンパブリッシング〕(アメリカ)
◇第7位	デイビッド・ピーターセン〔作〕,柳田 真坂樹,滝野原 南生〔訳〕
	「マウス・ガード 1152 秋」〔小学館集英社プロダクション〕(アメリカ)

◇第8位 リック・リメンダー〔作〕, ウェス・クレイグ〔画〕, 吉川 悠〔訳〕

「デッドリー・クラス 1」〔Sparklight Comics〕（アメリカ）

◇第9位 砺波 紀子, 伊藤 舞梨〔訳〕

「フィニアスとファーブ 最強ゴキゲンコミック」〔KADOKAWA〕（アメリカ）

ジェフ・ジョーンズ〔作〕, デイビッド・フィンチ〔画〕, 高木 亮〔訳〕

「フォーエバー・イービル（THE NEW 52！）」〔小学館集英社プロダクション〕（アメリカ）

トニー・ヴァレント〔作〕, 原 正人〔訳〕

「ラディアン 1」〔飛鳥新社〕（アメリカ）

◇第10位 マーブ・ウルフマン〔作〕, ジョージ・ペレス〔画〕, 石川 裕人, 御代 しおり, 松澤 慶香〔訳〕

「クライシス・オン・インフィニット・アース」〔ヴィレッジブックス〕（アメリカ）

ファニー・ブリット〔作〕, イザベル・アルスノー〔画〕, 河野 万里子〔訳〕

「ジェーンとキツネとわたし」〔西村書店〕

2016年度

◇第1位 ティム・シーリー, トム・キング〔著〕, ミケル・ハニン, スティーブン・ムーニー〔画〕, 内藤 真代〔訳〕

「グレイソン」〔小学館集英社プロダクション〕

◇第2位 バスティアン・ヴィヴェス, バラック, ミカエル・サンラヴィル〔作〕, 原 正人〔訳〕

「ラストマン1」〔飛鳥新社〕

◇第3位 ベッキー・クルーナン, ブレンデン・フレッチャー

〔著〕，カール・カーシル〔画〕，内藤 真代〔訳〕

「ゴッサム・アカデミー」〔小学館集英社プロダクション〕

◇第4位　ダン・スロット〔著〕，オリビア・コワペル，ジュゼッペ・カムンコリ〔画〕，秋友 克也〔訳〕

「スパイダーバース」〔ヴィレッジブックス〕

◇第5位　ディズニー・パブリッシング・ワールドワイド

「アナと雪の女王 ステキな毎日（まるごとディズニーブックス）」〔KADOKAWA/アスキー・メディアワークス〕

◇第6位　ファン・ディアス・カナレス〔作〕，ファンホ・ガルニド〔画〕，大西 愛子〔訳〕

「ブラックサッド アマリロ」〔飛鳥新社〕

◇第7位　キース・ギッフェン〔著〕，サイモン・ビズレー〔画〕，椎名 ゆかり〔訳〕，PUNPEE〔監修〕

「LOBO ポートレイト・オブ・ア・バスティッチ」〔ジュリアンパブリッシング〕

グラント・モリソン〔著〕，フランク・クワイトリー〔画〕，石川 裕人，坪野 圭介〔訳〕

「オールスター：スーパーマン」〔ヴィレッジブックス〕

◇第8位　ブライアン・K.ヴォーン〔著〕，フィオナ・ステイプルズ〔画〕，椎名 ゆかり〔訳〕

「サーガ 3」〔小学館集英社プロダクション〕

トーベ・ヤンソン，ラルス・ヤンソン〔作〕，冨原 眞弓〔訳〕

「ムーミン・コミックス セレクション1ムーミン谷へようこそ」〔筑摩書房〕

2017年度

◇センバツ作品賞

- 第1位 　カロリーナ・コルホネン〔作〕, 柳澤 はるか〔著〕
「マッティは今日も憂鬱」〔方丈社〕(フィンランド)

- 第2位 　リチャード・マグワイア〔作〕, 大久保 譲〔訳〕
「HERE ヒア」〔国書刊行会〕(アメリカ)

- 第3位 　ジェフ・ジョーンズ, ゲイリー・フランク〔作〕, 高木 亮〔訳〕
「DCユニバース：リバース」〔小学館集英社プロダクション〕(アメリカ)

- 小野耕世特別賞
　ゼイナ・アビラシェッド〔作〕, 関口 涼子〔訳〕
「オリエンタル・ピアノ」〔河出書房新社〕(フランス/ベルギー)

- 第4位 　マーク・ミラー, スティーブ・マクニーブン〔作〕, 秋友 克也〔訳〕
「ウルヴァリン：オールドマン・ローガン」〔ヴィレッジブックス〕(アメリカ)

- 第5位 　ガース・エニス, ダリック・ロバートソン〔作〕, 椎名 ゆかり〔訳〕
「ザ・ボーイズ」〔誠文堂新光社〕(アメリカ)

◇読者賞

- 第1位 　ファビアン・ニシーザ, パトリック・ジルシャー〔作〕, 小池 顕久〔訳〕
「ケーブル&デッドプール：銀の衝撃」〔ヴィレッジブックス〕(アメリカ)

　アンソニー・ボーデイン, アレ・ガルザ, ラングドン・フォス〔作〕, 椎名 ゆかり〔訳〕

- 第3位　　　「GET JIRO！」〔誠文堂新光社〕（アメリカ）
　　　　　　ピーター・J.トマシ, パトリック・グリーソン〔作〕, 中沢 俊介〔訳〕
　　　　　　「スーパーマン：サン・オブ・スーパーマン -REBIRTH-」〔小学館集英社プロダクション〕（アメリカ）

13　かけはし文学賞

ドイツ語の現代文学とその日本語への翻訳を助成し, 日本国内でのドイツ語圏現代文学の受容を奨励, 特に優れた翻訳活動の成果について賞する目的で, 平成26 (2014) 年からメルクパフォーマンスマテリアルズ株式会社とゲーテ・インスティトゥート東京が共同で隔年で開催。日独の間に文学の「かけはし」を架ける活動を奨励する。

【主催者】メルクパフォーマンスマテリアルズ株式会社, ゲーテ・インスティトゥート東京

【選考委員】（第3回）メルク「かけはし」文学賞審査委員会〔審査委員長〕山本浩司（早稲田大学教授）,〔審査委員〕土屋勝彦（名古屋学院大学教授）, 関口裕昭（明治大学教授）, 野口薫（中央大学名誉教授）, イルマ・ラクーザ（作家, スイス）, ラルフ・アナセンツ（メルク株式会社代表取締役会長兼社長）, ペーター・アンダース（ゲーテ・インスティトゥート東京, 所長）

【締切・発表】対象は, ドイツ語の文芸作品とその翻訳で, 翻訳者自身が作品を提案。現代的なテーマと向き合った, 日本で広く紹介すべき文芸作品

【賞・賞金】賞金合計2万ユーロ

【URL】http://www.goethe.de/japan/kakehashi

【連絡先】〒107-0052 東京都港区赤坂7-5-56 ゲーテ・インスティトゥー

ト東京

【TEL】03-3584-3201

<受賞者>

第1回（2014/平26年）

和田 洵〔訳〕（アルノ・シュミット財団共同設立者），ヤン＝フィリップ・レームツマ，アルノ・シュミット
「ポカポンタスのいる湖の風景」（アルノ・シュミット著）

第2回（2016/平28年）

イルマ・ラクーザ〔著〕（スイス），新本 史斉〔訳〕
「もっと海を」

第3回（2018/平30年）

クレメンス・J.ゼッツ〔著〕（オーストリア），犬飼 彩乃〔訳〕
「インディゴ」

14　カナダ首相出版賞（カナダ出版賞）〔翻訳部門〕

カナダまたは日加関係に関する日本語学術書の出版を助成するため，昭和63年に創設された。その後，平成20年度にカナダ出版賞に名称変更。平成24年度に廃止された。翻訳部門のほか，日本語原稿部門，共同研究著作部門の合計3部門から成る。

【主催者】カナダ政府
【選考委員】同賞審査委員会
【選考方法】公募

14 カナダ首相出版賞（カナダ出版賞）〔翻訳部門〕

【締切・発表】〔対象〕カナダまたは日加関係に関する日本語学術書のうち，特に優秀な著作品を出版予定の出版社。〔基準〕全ての学術分野が対象だがフィクションは除く。また，特に現代カナダに関するものが優先される

【締切・発表】例年，締切は11月中〜下旬，発表は翌年3月頃

【賞・賞金】〔翻訳部門〕賞金150万円

<受賞者>

第1回（平1年）
　◇翻訳部門　　　　御茶の水書房
　　　　　　　　　　「カナダ政治入門」〔ジョン・レデコップ著　吉田健正,竹本徹訳〕

第2回（平2年）
　◇日本語訳部門
　　●審査員特別賞　御茶の水書房
　　　　　　　　　　「連邦主義の思想と構造」〔ピエール・トルドー著　田中浩,加藤普章訳〕

第3回（平3年）
　◇日本語訳部門　　該当者なし

第4回（平5年）
　◇日本語訳部門　　現代書館
　　　　　　　　　　「ほろ苦い勝利：戦後日系カナダ人リドレス運動史」〔マリカ・オマツ著　田中裕介,田中デアドリ訳〕
　　●特別賞　　　　立風書房
　　　　　　　　　　「野性の一族」〔チャールズ・G.D.ロバーツ著　桂宥子訳〕

14 カナダ首相出版賞(カナダ出版賞)〔翻訳部門〕

第5回(平6年)
　◇日本語訳部門　　三交社
　　　　　　　　　　「カナダのナショナリズム」〔ラムゼイ・クック著　小浪充, 矢頭典枝訳〕

第6回(平7年)
　◇日本語訳部門　　御茶の水書房
　　　　　　　　　　「サヴァイヴァル:現代カナダ文学入門」〔マーガレット・アトウッド著　加藤裕佳子訳〕
　●特別賞　　　　　つむぎ出版
　　　　　　　　　　「正された歴史—日系カナダ人への謝罪と補償」〔ロイ・ミキ, カサンドラ・コバヤシ著　佐々木敏二監修　下村雄紀, 和泉真澄訳〕
　●審査員特別賞　　彩流社
　　　　　　　　　　「ワシントン村 大使は走る—体験的対米交渉の教訓」〔アラン・ゴトリーブ著　吉田健正訳〕

(平8年〜平11年)　＊
(平12年)
　◇日本語原稿部門　彩流社
　　　　　　　　　　「カナダ:大いなる孤高の地—カナダ的想像力の展開」〔竹中豊著〕

(平13年〜平18年)　＊
(平19年)
　◇日本語原稿部門　世界思想社
　　　　　　　　　　「カナダ・イヌイットの食文化と社会変化」〔岸上伸啓著〕
　●特別賞　　　　　彩流社
　　　　　　　　　　「ケベックの生成と「新世界」」〔竹中豊監修〕

第20回（平20/21年）
　◇翻訳原稿部門　　日本林業調査会
　　　　　　　　　　「森林大国カナダからの警鐘―脅かされる地球の未来と生物多様性」〔エリザベス・メイ著, 香坂玲, 深澤雅子訳〕

第21回（平22/23年）
　◇翻訳原稿部門　　東信堂
　　　　　　　　　　「ロッキーの麓の学校から―第2次世界大戦中の日系カナダ人収容所の学校教育」〔フランク・モリッグ翻訳代表：小川洋・溝上智恵子〕
　　　　　　　　　　関西学院大学出版会
　　　　　　　　　　「連邦制入門」〔ジョージ・アンダーソン著, 監訳：新川敏光, 翻訳：城戸英樹, 辻由希, 岡田健太郎〕

15　カナダ総督文学賞

カナダで最も権威があるとされる文学賞。1937年に前年の出版物を対象に授賞を開始, 57年より, カナダ・カウンシルが管理している。以前は, 英語で書かれた書籍のみを対象としていた（フランス人著者は翻訳された場合のみ受賞対象）が, 59年以降, 英仏共に選考対象となった。また, 児童部門と, 翻訳部門は元来別の賞であったが, 87年授賞から本賞内に組み込まれ, 現在と同じ部門構成となった。英仏それぞれ, 翻訳（Translation）部門がある。他に, 小説（Fiction）, 詩（Poetry）, 戯曲（Drama）, ノンフィクション（Non-fiction）, 児童文学（物語）（Children's literature - text）, 児童文学（イラストレーション）（Children's literature - illustrated books）のあわせて7部門（英仏合計14部門）で行われている。

【主催者】カナダ・カウンシル（Canada Council for the Arts）

【選考委員】カナダ・カウンシルにより各部門それぞれ2〜3名任命される

【締切・発表】〔対象〕前年9月1日から授与年9月30日の間に英語版が刊行され，カナダ国内で流通している書籍。カナダ国籍もしくは永住権を持つ（カナダに居住していなくても可）著者・翻訳者・イラストレーターによるもの。翻訳の原著は，フランス語部門においてもカナダ人著者によるものでなければならない

【締切・発表】授賞式の後，栄誉を称えて晩餐会が行われる。（2015年）受賞者発表10月28日

【賞・賞金】各部門の受賞者に賞金2万5千ドル。最終候補者（各部門4名）には1千ドルずつ贈られる。また，受賞作の出版社には販売促進のための交付金として3千ドルが授与される

【URL】http://www.canadacouncil.ca/

<受賞者>

1987年
　◇英語
　　● 翻訳（仏文英訳）
　　　　　　パトリシア・クラクストン〔訳〕《Patricia Claxton》
　　　　　　"Enchantment and Sorrow: The Autobiography of Gabrielle Roy"
　◇フランス語
　　● 翻訳（英文仏訳）
　　　　　　イヴァン・ステーヌー《Ivan Steenhout》，クリスチアーヌ・ティーズデイル《Christiane Teasdale》〔共訳〕
　　　　　　"L'homme qui se croyait aimé"

1988年
　◇英語

- 翻訳（仏文英訳）

　　　　フィリップ・ストラトフォード〔訳〕《Philip Stratford》
　　　　"Second Chance"

◇フランス語
- 翻訳（英文仏訳）

　　　　ディディエ・ホルツワース〔訳〕《Didier Holtzwarth》
　　　　"Nucléus"

1989年
　◇英語
- 翻訳（仏文英訳）

　　　　ウエイン・グレーディ〔訳〕《Wayne Grady》
　　　　"On the Eigth Day"

◇フランス語
- 翻訳（英文仏訳）

　　　　ジャン・アントナン・ビヤール〔訳〕《Jean Antonin Billard》
　　　　"Les Âges de l'amour"

1990年
　◇英語
- 翻訳（仏文英訳）

　　　　ジェーン・ブライアリ〔訳〕《Jane Brierley》
　　　　"Yellow-Wolf and Other Tales of the Saint Lawrence"

◇フランス語
- 翻訳（英文仏訳）

　　　　シャルロット・メランソン《Charlotte Melançon》, ロベール・メランソン《Robert Melançon》

〔共訳〕
"Le Second Rouleau"

1991年
◇英語
●翻訳（仏文英訳）

アルベール・W.ハルサール〔訳〕《Albert W. Halsall》
"A Dictionary of Literary Devices: Gradus, A-Z"

◇フランス語
●翻訳（英文仏訳）

ジャン=ポール・サン=マリー《Jean-Paul Sainte-Marie》, ブリジット・シャベール・アシキャン《Brigitte Chabert Hacikyan》〔共訳〕
"Les Enfants d'Aataentsic: l'histoire du peuple huron"

1992年
◇英語
●翻訳（仏文英訳）

フレッド・A.リード〔訳〕《Fred A.Reed》
"Imagining the Middle East"

◇フランス語
●翻訳（英文仏訳）

ジャン・パピノー〔訳〕《Jean Papineau》
"La mémoire postmoderne.Essai sur l'art canadien contemporain"

1993年
◇英語
●翻訳（仏文英訳）

15 カナダ総督文学賞

　　　　　D.G.ジョーンズ〔訳〕《D.G.Jones》
　　　　　　"Categorics One, Two and Three"
◇フランス語
　● 翻訳（英文仏訳）
　　　　　マリー・ジョゼ・テリオール〔訳〕《Marie-José Thériault》
　　　　　　"L'Oeuvre du Gallois"

1994年
　◇英語
　　● 翻訳（仏文英訳）
　　　　　ドナルド・ウィンクラー〔訳〕《Donald Winkler》
　　　　　　"The Lyric Generation"
　◇フランス語
　　● 翻訳（英文仏訳）
　　　　　ジュード・デ・シェーヌ〔訳〕《Jude Des Chênes》
　　　　　　"Le mythe du sauvage"

1995年
　◇英語
　　● 翻訳（仏文英訳）
　　　　　ディヴィット・ホーメル〔訳〕《David Homel》
　　　　　　"Why Must a Black Writer Write About Sex？"
　◇フランス語
　　● 翻訳（英文仏訳）
　　　　　エルヴェ・ジュスト〔訳〕《Hervé Juste》
　　　　　　"Entre l'ordre et la liberte"

1996年
　◇英語
　　● 翻訳（仏文英訳）

翻訳の賞事典　73

リンダ・ガボリオ〔訳〕《Linda Gaboriau》
"Stone and Ashes"

◇フランス語
- **翻訳**（英文仏訳）

クリスチアーヌ・ティーズデイル〔訳〕《Christiane Teasdale》
"Systèmes de survie - Dialogue sur les fondements moraux du commerce et de la politique"

1997年
◇英語
- **翻訳**（仏文英訳）

ハワード・スコット〔訳〕《Howard Scott》
"The Euguelion"

◇フランス語
- **翻訳**（英文仏訳）

マリー・ジョゼ・テリオール〔訳〕《Marie-José Thériault》
"Arracher les montagnes"

1998年
◇英語
- **翻訳**（仏文英訳）

シーラ・フィッシュマン〔訳〕《Sheila Fischman》
"Bambi and Me"

◇フランス語
- **翻訳**（英文仏訳）

シャルロット・メランソン〔訳〕《Charlotte Melançon》

"Les Sources du moi - La Formation de l'identité moderne"

1999年
　◇英語
　　● 翻訳（仏文英訳）
　　　　　パトリシア・クラクストン〔訳〕《Patricia Claxton》
　　　　　"Gabrielle Roy: A Life"
　◇フランス語
　　● 翻訳（英文仏訳）
　　　　　ジャック・ブロー〔訳〕《Jacques Brault》
　　　　　"Transfiguration"

2000年
　◇英語
　　● 翻訳（仏文英訳）
　　　　　ロバート・メイゼルス〔訳〕《Robert Majzels》
　　　　　"Just Fine"
　◇フランス語
　　● 翻訳（英文仏訳）
　　　　　ロリ・サンマルタン《Lori Saint-Martin》, ポール・ガニエ《Paul Gagné》〔共訳〕
　　　　　"Un parfum de cèdre"

2001年
　◇英語
　　● 翻訳（仏文英訳）
　　　　　フレッド・A.リード〔訳〕《Fred A.Reed》, ディヴィット・ホーメル《David Homel》
　　　　　"Fairy Ring"

◇フランス語
- **翻訳**(英文仏訳)

   Saint-Germain, Michel〔訳〕

   "No Logo: La Tyrannie des marques"

2002年
◇英語
- **翻訳**(仏文英訳)

   ナイジェル・スペンサー〔訳〕《Nigel Spencer》

   "Thunder and Light"

◇フランス語
- **翻訳**(英文仏訳)

   パウレ・ピエール=ノイヤール〔訳〕《Paule Pierre-Noyart》

   "Histoire universelle de la chasteté et du célibat"

2003年
◇英語
- **翻訳**(仏文英訳)

   ジェーン・ブライアリ〔訳〕《Jane Brierley》

   "Memoirs of a Less Travelled Road: A Historian's Life"

◇フランス語
- **翻訳**(英文仏訳)

   アニエス・ギタール〔訳〕《Agnès Guitard》

   "Un amour de Salomé"

2004年
◇英語
- **翻訳**(仏文英訳)

ジュディス・コーワン〔訳〕《Judith Cowan》

"Mirabel"

◇フランス語
- 翻訳（英文仏訳）

イヴァン・ステーヌー〔訳〕《Ivan Steenhout》

"Les Indes accidentelles"

2005年
  ◇英語
  - 翻訳（仏文英訳）

フレッド・A.リード〔訳〕《Fred A.Reed》

"Truth or Death: The Quest for Immortality in the Western Narrative Tradition"

◇フランス語
- 翻訳（英文仏訳）

Martinez, Rachel〔訳〕

"Glenn Gould—une vie"

2006年
  ◇英語
  - 翻訳（仏文英訳）

Hazelton, Hugh〔訳〕

"Vetiver"

◇フランス語
- 翻訳（英文仏訳）

Voillot, Sophie〔訳〕

"Un jardin de papier"

2007年
  ◇英語
  - 翻訳（仏文英訳）

ナイジェル・スペンサー〔訳〕《Nigel Spencer》
"Augustino and the Choir of Destruction"

◇フランス語
- 翻訳（英文仏訳）

ロリ・サンマルタン《Lori Saint-Martin》, ポール・ガニエ《Paul Gagné》〔共訳〕
"Dernières notes"

2008年
◇英語
- 翻訳（仏文英訳）

Lederhendler, Lazer〔訳〕
"Nikolski"

◇フランス語
- 翻訳（英文仏訳）

Chabalier, Claire, Chabalier, Louise〔共訳〕
"Tracey en mille morceaux"

2009年
◇英語
- 翻訳（仏文英訳）

Ouriou, Susan〔訳〕
"Pieces of Me"

◇フランス語
- 翻訳（英文仏訳）

Noyart, Paule〔訳〕
"Le miel d'Harar"

2010年
◇英語
- 翻訳（仏文英訳）

　　　　　　リンダ・ガボリオ〔訳〕《Linda Gaboriau》
　　　　　　　"Forests"
　◇フランス語
　　●翻訳（英文仏訳）
　　　　　　Voillot, Sophie〔訳〕
　　　　　　　"Le cafard"
2011年
　◇英語
　　●翻訳（仏文英訳）
　　　　　　ドナルド・ウィンクラー〔訳〕《Donald Winkler》
　　　　　　「グレン・グールド―孤独なピアニストの心象風景」"Partita for Glenn Gould"
　◇フランス語
　　●翻訳（英文仏訳）
　　　　　　Warda, Maryse〔訳〕
　　　　　　　"Toxique ou L'incident dans l'autobus"
2012年
　◇英語
　　●翻訳（仏文英訳）
　　　　　　ナイジェル・スペンサー〔訳〕《Nigel Spencer》
　　　　　　　"Mai at the Predators' Ball"
　◇フランス語
　　●翻訳（英文仏訳）
　　　　　　Roy, Alain〔訳〕
　　　　　　　"Glenn Gould"
2013年
　◇英語
　　●翻訳（仏文英訳）

15 カナダ総督文学賞

    ドナルド・ウィンクラー〔訳〕《Donald Winkler》
    "The Major Verbs"
◇フランス語
 ● 翻訳（英文仏訳）
    Voillot, Sophie〔訳〕
    "L'enfant du jeudi"

2014年
 ◇英語
  ● 翻訳（仏文英訳）
    Feldstein, Peter〔訳〕
    "Paul-Émile Borduas: A Critical Biography"
 ◇フランス語
  ● 翻訳（英文仏訳）
    Poliquin, Daniel〔訳〕
    "L'Indien malcommode: un portrait inattendu des Autochtones d'Amérique du Nord"

2015年
 ◇英語
  ● 翻訳（仏文英訳）
    Mullins, Rhonda〔訳〕
    "Twenty-One Cardinals"
 ◇フランス語
  ● 翻訳（英文仏訳）
    ロリ・サンマルタン《Lori Saint-Martin》, ポール・ガニエ《Paul Gagné》〔共訳〕
    "Solomon Gursky"

2016年
- ◇英語
  - ●翻訳（仏文英訳）
    - Lederhendler, Lazer〔訳〕
      "The Party Wall"
- ◇フランス語
  - ●翻訳（英文仏訳）
    - Ego, Catherine〔訳〕
      "La destruction des Indiens des Plaines：maladies, famines organisées, disparition du mode de vie autochtone"

2017年
- ◇英語
  - ●翻訳（仏文英訳）
    - Avasilichioaei, Oana〔訳〕
      "Readopolis"
- ◇フランス語
  - ●翻訳（英文仏訳）
    - Poliquin, Daniel〔訳〕
      "Un barbare en Chine nouvelle"

2018年
- ◇英語
  - ●翻訳（仏文英訳）
    - Aronoff, Phyllis, Scott, Howard〔訳〕
      "Descent into Night"
- ◇フランス語
  - ●翻訳（英文仏訳）
    - Saint-Martin, Lori, Gagné, Paul〔訳〕

"Le Monde selon Barney"

2019年
　◇英語
　　● 翻訳（仏文英訳）
　　　　　リンダ・ガボリオ〔訳〕《Linda Gaboriau》
　　　　　　"Birds of a Kind"
　◇フランス語
　　● 翻訳（英文仏訳）
　　　　　該当者なし

16　クローデル賞

フランス語著書の優れた日本語訳を奨励することを目的に，昭和41年に設立された。50年に中断されたが，59年に「渋沢・クローデル賞」として新たに創設され，フランスにおける日本語訳，日本文化研究にも対象を広げた。

【主催者】毎日新聞社
【締切・発表】〔対象〕文学，芸術，哲学，歴史の領域で，フランス語で書かれた著書の邦訳

<受賞者>

第1回（昭41年度）　　清水　徹〔訳〕
　　　　　　　　　　「時間割（ビュトール著）」〔中央公論社 1964〕

第2回（昭42年度）　　村上 光彦, 山崎 庸一郎〔訳〕
　　　　　　　　　　「ド・ゴール大戦回顧録（1-6巻）」〔みすず書房
　　　　　　　　　　1960-66〕

第3回（昭43年度）　　*

第4回（昭44年度）　黒江 光彦〔訳〕
　　　　　　　　　「油彩画の技術（ラングレ著）」〔美術出版社〕

第5回（昭45年度）　笹山 隆〔訳〕
　　　　　　　　　「シェイクスピア（アンリ・フリュシェール著）」
　　　　　　　　　〔研究社〕

第6回（昭46年度）　高山 鉄男〔訳〕
　　　　　　　　　「発熱（ル・クレジオ著）」〔新潮社〕

第7回（昭47年度）　渡辺 守章〔訳〕
　　　　　　　　　「人質（ポール・クローデル著）」〔「現代世界演
　　　　　　　　　劇4」白水社〕

第8回（昭48年度）　該当者なし

第9回（昭49年度）　野沢 協〔訳〕
　　　　　　　　　「ヨーロッパ精神の危機（ポール・アザール著）」

第10回（昭50年度）　該当者なし

17　小西財団日仏翻訳文学賞

　小西国際交流財団の設立10周年記念事業として，平成5年から開始された。日仏翻訳者の地道な努力に応え，優れた翻訳に賞を授与することによって，日仏文化交流の促進と両国親善を企ることを目的とする。平成15年，第10回をもって休止していた。3年後の平成18年に第11回を再開し，以後継続中。

【主催者】（公財）小西国際交流財団
【選考委員】日本側選考委員：野崎歓（東京大学教授），堀江敏幸（作家，早稲田大学教授），澤田直（立教大学教授），フランス側選考委員：アンヌ・バヤール＝坂井（フランス国立東洋言語文化研究所教授），ドミニッ

17 小西財団日仏翻訳文学賞

ク・パルメ(翻訳家)、ジャン=ノエル・ロベール(コレージュ・ド・フランス教授)、フィリップ・フォレスト(作家、ナント大学教授)、ダニエル・ストリューヴ(パリ・ディドロ・パリ第7大学教授)

【選考方法】選考準備委員会及び選考委員会による審査を経て、最終的に受賞者及び受賞作品を決定する

【締切・発表】〔対象〕文学を中心に人文科学分野の出版物の日本語をフランス語へ、並びにフランス語を日本語へ翻訳された出版物を賞の対象とする。2年間(当年の3月31日まで)に発表されたものとする

【締切・発表】例年4月初旬に発表、授賞式は6月頃(日本側)及び10月頃(フランス側)に実施

【賞・賞金】フランス語から日本語への翻訳と日本語からフランス語への翻訳で、各賞金100万円とし、複数授賞の場合この賞金を分ける。また、特別賞、奨励賞を授賞する場合もある

【URL】http://konishi-zaidan.org/

【連絡先】〒102-0074 東京都千代田区九段南1-1-5 P's九段ビル2階(公財)小西国際交流財団

【TEL】03-3239-2779

【FAX】03-3239-2779

【E-mail】konishizaidan@yahoo.co.jp

<受賞者>

第1回(平5年)
　◇日本語訳　　　阿部 良雄(上智大学教授)
　　　　　　　　　「ボードレール全集」〔筑摩書房〕
　◇フランス語訳　アラン・ルイ・コラ《〈COLAS, ALAIN-LOUIS〉》
　　　　　　　　　(東京芸術大学外国人教師)
　　　　　　　　　「五山禅詩集」〔Maisonneuve & Larose版〕

第2回(平6年)
　◇日本語訳　　　野沢 協(駒沢大学教授)

◇フランス語訳	「ピェール・ベール著作集」〔法政大学出版局〕 ドミニック・パルメ《〈Palmé, Dominique〉》（翻訳家） 「中村真一郎（夏）」〔Philippe Picquier版〕

第3回（平8年）
　◇日本語訳　　酒詰 治男
　　　　　　　　ジョルジュ・ペレック「人生使用法」〔水声社〕
　◇フランス語訳　該当者なし

第4回（平9年）
　◇日本語訳　　斎藤 一郎
　　　　　　　　「ゴンクールの日記」〔岩波書店〕
　◇フランス語訳　ヴェラ・リンハルトヴァ
　　　　　　　　「Sur un fond blanc（白地に）」〔Gallimard〕

第5回（平10年）
　◇日本語訳　　高坂 和彦
　　　　　　　　ルイ＝フェルディナン・セリーヌ「なしくずしの死」〔国書刊行会〕
　◇フランス語訳　ジャクリーヌ・ピジョー〔ほか〕
　　　　　　　　「谷崎潤一郎全集1」〔Gallimard〕

第6回（平11年）
　◇日本語訳　　山田 稔
　　　　　　　　ロジェ・グルニエ「フラゴナールの婚約者」他小説3編〔みすず書房〕
　◇フランス語訳　ルネ・シフェール
　　　　　　　　「万葉集」第1巻, 第2巻〔POF（フランス東洋学出版社）〕

第7回（平12年）

◇日本語訳　西永 良成
ポール・ヴェーヌ「詩におけるルネ・シャール」〔法政大学出版局〕

◇フランス語訳　坂井 セシル, 坂井 アンヌ
円地文子「女坂」〔Gallimard〕

第8回（平13年）

◇日本語訳　星埜 守之
アンドレイ・マキーヌ「フランスの遺言」〔水声社〕

塚本 昌則
ラファエル・コンフィアン「コーヒーの水」〔紀伊国屋書店〕

◇フランス語訳　ヴェロニック・ペラン
古井由吉「聖」〔Seuil〕

第9回（平14年）

◇日本語訳　天沢 退二郎
"フランソワ・ヴィヨン「ヴィヨン詩集成」〔白水社〕"

石井 洋二郎
ロートレアモン（イジドール・デュカス）,「ロートレアモン全集」〔筑摩書房〕

◇フランス語訳　ジャック・レヴィ
阿部和重「インディヴィジュアル・プロジェクション」〔Actes Sud〕

第10回（平15年）

◇日本語訳　有田 忠郎
ヴィクトール・セガレン「セガレン著作集6—

　　　　　　　　　碑, 頌, チベット」〔水声社〕
　　　　　　秋山 伸子
　　　　　　　　モリエール「モリエール全集 第1〜9巻」〔臨川書店〕
　　　　　　ダニエル・ストゥルーヴ
　　　　　　　　井原西鶴「西鶴置土産」「嵐無常物語」〔フィリップ・ピキエ〕
　　◇フランス語訳　コリンヌ・アトラン, カリンヌ・シェスノウ
　　　　　　　　村上春樹「ねじまき鳥クロニクル」〔スーユ〕

第11回（平18年）
　　◇日本語訳　小笠原 豊樹
　　　　　　　　アンリ・トロワイヤ「石, 紙, 鋏」「クレモニエール事件」「サトラップの息子」〔草思社〕
　　　　　　田中 成和
　　　　　　　　ジャン=ピエール・リシャール「マラルメの想像的宇宙」〔水声社〕
　　　　　　ブリジット・小山=リシャール
　　　　　　　　井上靖「おろしや国酔夢譚」〔フェブユス〕
　　◇フランス語訳　アラン・ロシェ
　　　　　　　　後深草院二条「とはずがたり」〔フィリップ・ピキエ〕
　　●特別賞・フランス語訳
　　　　　　フランシーヌ・エライユ
　　　　　　　　「藤原道長の日記 三巻」「藤原資房の日記 二巻」〔ドローズ書店〕

第12回（平19年）
　　◇日本語訳　渡辺 守章
　　　　　　　　ポール・クローデル「繻子の靴」〔岩波書店〕

◇フランス語訳　　イヴ＝マリー・アリュー
　　　　　　　　　　　中原中也「中原中也全詩歌集」〔フィリップ・ピキエ〕

第13回（平20年）
　　◇日本語訳　　　　金井　裕
　　　　　　　　　　　エミール・シオラン「カイエ1957〜1972」〔法政大学出版局〕
　　　　　　　　　　　渋谷　豊
　　　　　　　　　　　エマニュエル・ボーヴ「ぼくのともだち」「きみのいもうと」〔白水社〕
　　◇フランス語訳　　シルヴァン・カルドネル
　　　　　　　　　　　沼正三「家畜人ヤプー」〔ロッシェ〕
　　　　　　　　　　　ジェローム・デュコール
　　　　　　　　　　　法然「選択本願念仏集」〔ファイヤール〕
　　◇特別賞・フランス語訳
　　　　　　　　　　　石井　晴一
　　　　　　　　　　　オノレ・ド・バルザック「艶笑滑稽譚」〔岩波書店〕

第14回（平21年）
　　◇日本語訳　　　　該当者なし
　　◇フランス語訳　　ブリジット・アリュー
　　　　　　　　　　　小林一茶「おらが春」〔セシル・デフォ〕
　　　　　　　　　　　ジャック・ラロズ
　　　　　　　　　　　大仏次郎「赤穂浪士」〔フィリップ・ピキエ〕

第15回（平22年）
　　◇日本語訳　　　　澤田　直
　　　　　　　　　　　フィリップ・フォレスト「さりながら」〔白水社〕
　　　　　　　　　　　笠間　直穂子

　　　　　　　　　マリー・ンディアイ「心ふさがれて」〔インスクリプト社〕
　　◇フランス語訳　マルク・メクレアン
　　　　　　　　　志賀直哉「暗夜行路」〔ガリマール社〕

第16回（平23年）
　　◇日本語訳　鈴木 雅生
　　　　　　　　　「地上の見知らぬ少年」〔J.M.G.ル・クレジオ著,河出書房新社〕
　　●特別賞　　清水 徹
　　　　　　　　　"ポール・ヴァレリー，ステファヌ・マラルメ，ミシェル・ビュトール，アルベール・カミュに関する近年の訳業"
　　◇フランス語訳　ルネ・ギャルド
　　　　　　　　　「とりかへばや物語」

第17回（平24年）
　　◇日本語訳　恒川 邦夫
　　　　　　　　　"ポール・ヴァレリーに関する近年の訳業"
　　◇フランス語訳　パトリック・オノレ
　　　　　　　　　「東京タワー」（リリー・フランキー著）
　　　　　　　　　ミカエル・ルケン
　　　　　　　　　「生き生きした絵画・浮世絵論及び芸術観」（岸田劉生著）

第18回（平25年）
　　◇日本語訳　宮下 志朗
　　　　　　　　　「ガルガンチュアとパンタグリュエル」（全5巻）（フランソワ・ラブレー著,筑摩書房）
　　◇フランス語訳　末次 エリザベート
　　　　　　　　　「死の棘」（島尾敏雄著）

17 小西財団日仏翻訳文学賞

第19回（平26年）
- ◇日本語訳　　朝比奈 弘治
  - 「子ども」上・下〔ジュール・ヴァレス著, 岩波書店〕
- ◇フランス語訳　マチュー・カペル
  - 「メヒコ 歓ばしき隠喩」（吉田喜重著）
- ●奨励賞　　ジャン＝ジャック・チュディン
  - 「六道遊行」〔石川淳著〕

第20回（平27年）
- ◇日本語訳　　塩塚 秀一郎
  - 「リモンの子供たち」〔レーモン・クノーコレクション 3, 水声社〕
- ◇フランス語訳　カトリーヌ・アンスロー
  - 「馬の脚」〔芥川龍之介短編集〕
- ●奨励賞　　ミリアン・ダルトア＝アコウ
  - 「食堂かたつむり」〔小川糸著〕

第21回（平28年）
- ◇日本語訳　　平岡 敦
  - 「オペラ座の怪人」〔ガストン・ルルー著, 光文社古典新訳文庫〕
- ◇フランス語訳　ジャクリーヌ・ピジョー
  - 「発心集」〔鴨長明著〕

第22回（平29年）
- ◇日本語訳　　受賞者なし
- ◇フランス語訳　エマニュエル・ロズラン
  - 「病牀六尺」〔正岡子規著〕
- ●奨励賞　　都・スロコンブ
  - 「孤島の鬼」〔江戸川乱歩著〕

第23回（平30年）
　◇日本語訳　　　石橋 正孝
　　　　　　　　　「地球から月へ 月を回って 上も下もなく」
　　　　　　　　　〔ジュール・ヴェルヌ〈驚異の旅〉コレクション II, インスクリプト〕
　◇フランス語訳　受賞者なし

第24回（令1年）
　◇日本語訳　　　加藤 かおり
　　　　　　　　　「ちいさな国で」〔ガエル・ファイユ著〕
　◇フランス語訳　ソフィー・ベスコン
　　　　　　　　　「Le Vampire」（「吸血鬼」）〔江戸川乱歩著〕

18　小西財団漫画翻訳賞

平成29年創設。日本漫画のフランス語訳から優秀な作品の翻訳者を選考し顕彰することで，日仏の国際相互理解を推し進め，もって国際社会の発展に寄与することを目的とする。

【主催者】（公財）小西国際交流財団

【選考委員】（第2回）ステファン・ボジャン（アングレーム国際漫画フェスティバルディレクター），パトリック・オノレ（翻訳家），カリン・西村＝プペ（AFP通信特派員），クロード・ルブラン（ズーム・ジャポン誌編集長），ブランシュ・ドゥラボルド（漫画研究者（INALCO））

【選考方法】選考準備委員会及び選考委員会による審査を経て，最終的に受賞者及び受賞作品を決定する

【締切・発表】〔対象〕前回の授賞対象期間以降に出版された日本漫画のフランス語訳作品

【締切・発表】（第2回）平成31年1月発表

【賞・賞金】賞金1000ユーロ

【URL】http://konishi-zaidan.org/
【連絡先】〒102‐0074 東京都千代田区九段南1-1-5 P's九段ビル2階 （公財）小西国際交流財団
【TEL】03-3239-2779
【FAX】03-3239-2779
【E-mail】konishizaidan@yahoo.co.jp

<受賞者>

第1回（平29年度）　セバスチャン・リュドマン
　　　　　　　　　「Golden Kamui,Satoru Noda,Ki-oon」〔野田サトル「ゴールデンカムイ」〕

第2回（平30年度）　ティボー・デビエフ《Thibaud Desbief》
　　　　　　　　　「Dead Dead Demon's Dededede Destruction」〔浅野いにお「デッドデッドデーモンズデデデデデストラクション」〕

19　産経児童出版文化賞〔翻訳作品賞〕

昭和29年の学校図書館法施行と共に、「次の世代をになう子どもたちに、すぐれた本をあたえよう」との主旨で制定された。翻訳作品賞は平成19年の第54回より制定。

【主催者】産経新聞社

【選考委員】（第66回）〈文学担当〉川端有子（日本女子大学 家政学部児童学科教授）、宮川健郎（武蔵野大学 名誉教授）、〈絵本・美術担当〉落合恵子（作家）、さくまゆみこ（翻訳家）、〈社会・科学担当〉木下勇（千葉大学大学院 園芸学研究科教授）、張替惠子（東京子ども図書館 理事長）、〈ゲスト選考委員〉三竿玲子（フジテレビジョン 編成局制作センター制作業務室制作業務部 主任）、宮崎裕子（ニッポン放送 編成局編成部主

19 産経児童出版文化賞〔翻訳作品賞〕

任），堀晃和（産経新聞東京本社 編集局文化部長）
【選考方法】推薦。産経新聞社が委嘱した選考委員が，読者や有識者からの推薦と，出版各社の自薦図書を参考資料として大賞，賞，美術賞，推薦図書を選定する
【締切・発表】〔対象〕前年1月1日から12月31日までに初版で発行された児童向け図書（学習参考書は除く）
【締切・発表】5月5日（こどもの日）に産経新聞で発表
【賞・賞金】大賞：賞状・楯・賞金50万円・記念品，JR賞：賞状・楯・賞金30万円・記念品，美術賞：賞状・楯・賞金20万円，産経新聞社賞：賞状・楯・賞金10万円，フジテレビ賞：賞状・楯・賞金10万円，ニッポン放送賞：賞状・楯・賞金10万円，翻訳作品賞：賞状・楯・賞金10万円
【URL】http://www.eventsankei.jp/child_award/
【連絡先】〒100-8079 東京都千代田区大手町1-7-2 産経新聞社事業本部内「産経児童出版文化賞」事務局
【TEL】03-3275-8904
【FAX】03-3243-1800

<受賞者>

第54回（平19年）
　◇翻訳作品賞　　キャロル・ウィルキンソン〔作〕，もき かずこ〔訳〕
　　　　　　　　「ドラゴンキーパー 最後の宮廷龍」〔金の星社〕
第55回（平20年）　ユン ソクチュン〔文〕，イ ヨンギョン〔絵〕，かみや にじ〔訳〕
　　　　　　　　「よじはん よじはん」〔福音館書店〕
第56回（平21年）　チェン ジャンホン〔作・絵〕，平岡 敦〔訳〕
　　　　　　　　「この世でいちばんすばらしい馬」〔徳間書店〕
　　　　　　　　ジャン ソーンヒル〔再話・絵〕，青山 南〔訳〕
　　　　　　　　「にげろ！ にげろ？」〔光村教育図書〕

19 産経児童出版文化賞〔翻訳作品賞〕

第57回（平22年）	ベティ・G・バーニィ〔作〕，清水 奈緒子〔訳〕
	「ササフラス・スプリングスの七不思議」〔評論社〕
	シルヴィ・ネーマン〔文〕，オリヴィエ・タレック〔絵〕，平岡 敦〔訳〕
	「水曜日の本屋さん」〔光村教育図書〕
第58回（平23年）	D.J.デイヴィーズ〔再話〕，ファトゥーフ，アハマド〔絵〕，千葉 茂樹〔訳〕
	「ゴハおじさんのゆかいなお話」〔徳間書店〕
	H.ヤーニッシュ〔作〕，H.バンシュ〔絵〕，関口 裕昭〔訳〕
	「フリードリヒばあさん」〔光村教育図書〕
第59回（平24年）	ケイト・ペニントン〔作〕，柳井 薫〔訳〕
	「エリザベス女王のお針子」〔徳間書店〕
	マーガレット・H.メイソン〔文〕，フロイド・クーパー〔絵〕，もりうち すみこ〔訳〕
	「おじいちゃんの手」〔光村教育図書〕
第60回（平25年）	ケイト・メスナー〔著〕，中井 はるの〔訳〕
	「木の葉のホームワーク」〔講談社〕
	ジーグリット・ツェーフェルト〔作〕，はたさわ ゆうこ〔訳〕
	「ぼくとヨシュと水色の空」〔徳間書店〕
第61回（平26年）	ザラー・ナオウラ〔作〕，森川 弘子〔訳〕
	「マッティのうそとほんとの物語」〔岩波書店〕
	ジェニー・スー・コステキ＝ショー〔作〕，美馬 しょうこ〔訳〕
	「わたしのすてきなたびする目」〔偕成社〕

19 産経児童出版文化賞〔翻訳作品賞〕

第62回（平27年）　ラヘル・ファン・コーイ〔作〕，石川 素子〔訳〕
　　　　　　　　「クララ先生、さようなら」〔徳間書店〕
　　　　　　　　クリス・ホートン〔作〕，木坂 涼〔訳〕
　　　　　　　　「どうする ジョージ！」〔BL出版〕

第63回（平28年）　ポーラ・メトカーフ〔文〕，スザンヌ・バートン〔絵〕，福本 友美子〔訳〕
　　　　　　　　「いもうとガイドブック」〔少年写真新聞社〕
　　　　　　　　サイ・モンゴメリー〔著〕，杉本 詠美〔訳〕
　　　　　　　　「テンプル・グランディン 自閉症と生きる」〔汐文社〕

第64回（平29年）　マット・デ・ラ・ペーニャ〔作〕，クリスチャン・ロビンソン〔絵〕，石津 ちひろ〔訳〕
　　　　　　　　「おばあちゃんと バスにのって」〔鈴木出版〕
　　　　　　　　マウゴジャタ・ミチェルスカ〔文〕，アレクサンドラ・ミジェリンスカ，ダニエル・ミジェリンスキ〔絵〕，阿部 優子〔訳〕
　　　　　　　　「ややっ、ひらめいた！ 奇想天外発明百科」〔徳間書店〕

第65回（平30年）　ジョアン・シュウォーツ〔文〕，シドニー・スミス〔絵〕，いわじょう よしひと〔訳〕
　　　　　　　　「うみべのまちで」〔BL出版〕
　　　　　　　　キンバリー・ブルベイカー・ブラッドリー〔作〕，大作 道子〔訳〕
　　　　　　　　「わたしがいどんだ戦い1939年」〔評論社〕

第66回（令1年）　キョウ・マクレア〔文〕，ジュリー・モースタッド〔絵〕，八木 恭子〔訳〕
　　　　　　　　「ショッキングピンク・ショック！」〔フレーベル館〕

リン・シャオペイ〔作〕,宝迫 典子〔訳〕
「カタカタカタ おばあちゃんのたからもの」〔ほるぷ出版〕

20 JLPP翻訳コンクール

我が国の優れた文学作品を翻訳して世界に発信し文学水準の一層の向上を図るとともに,将来を担う翻訳家の育成等を目的として創設された。

【選考委員】(第4回)〔英語部門〕井上健(比較文学者,東京大学名誉教授),Michael Emmerich(翻訳家,日本文学研究者,カリフォルニア大学ロサンゼルス校上級准教授),Stephen Snyder(翻訳家,日本文学研究者,ミドルベリー大学教授),Janine Beichman(翻訳家,日本文学研究者,大東文化大学名誉教授),〔ロシア語部門〕Liudmila Ermakova(神戸市外国語大学名誉教授,立命館大学講師),亀山郁夫(ロシア文学者,翻訳家,名古屋外国語大学学長),沼野充義(現代文芸論・スラブ文学研究者,東京大学教授),Alexander Meshcheryakov(日本文学研究者,歴史学者,高等経済学院教授)

【選考方法】(第4回)英語又はロシア語,小説部門,評論・エッセイ部門,両部門の計2点。◇小説部門:古井由吉・著「辻」(『辻』所収),◇評論・エッセイ部門:小沼丹・著「梨の花」「文鳥」「泥鰌」「お玉杓子」「巣箱」の5編(『珈琲挽き』所収)。(1)予備審査を実施し,通過者の作品を審査委員が出席する審査会議において審査し,受賞者を決定する。(2)最優秀賞は,特に優れた翻訳を行った翻訳家(個人)を対象とするもので,各言語1名以内を原則とする。(3)優秀賞は,優れた翻訳を行った翻訳家(個人)を対象とするもので,各言語2名以内を原則とする。(4)奨励賞は,将来が期待される翻訳家(個人)を対象とするもので,最優秀賞又は優秀賞の対象者が上限に達しない場合であって,審査委員会において特に推薦があったときに,最優秀賞又は優秀賞の対象人数の範囲内で

おいて決定することができる。(5) 本コンクールで, 過去に最優秀賞を受賞した者は, 原則として賞の対象としない

【締切・発表】〔応募資格〕国籍, 年齢は問わない。ただし, 本事業の主旨が, 翻訳家を目指す者の育成であることから, 翻訳作品の単行本 (共訳を含む) の出版経験を有する者は応募できない。なお, 雑誌・アンソロジー等での掲載経験は可

【締切・発表】（第4回）令和元 (2019) 年6月1日 (土) 〜7月31日 (水)（当日消印有効）。専用の応募用紙にて郵送またはHP内の応募ページより応募。審査結果は, 受賞者を除き個別の連絡を行わない。令和2 (2020) 年1月末日に最優秀賞及び優秀賞の受賞者をホームページ上で公開し, それを以って通知とする

【賞・賞金】最優秀賞及び優秀賞の受賞者には, 賞状及び賞牌を授与

【URL】https://www.jlpp.go.jp/index.html

<受賞者>

第1回 (平24年)
　◇英語部門
　　● 最優秀賞　　ポリー・バートン (英国)
　　　　　　　　　「都市生活」「ヘビについてⅠ、Ⅱ、Ⅲ」
　　● 優秀賞　　　松島 あおい (日本)
　　　　　　　　　「白っていうより銀」「ヘビについてⅠ、Ⅱ、Ⅲ」
　　　　　　　　　フィリップ・ブラウン (英国)
　　　　　　　　　「リヤカーを曳いて」「ヘビについてⅠ、Ⅱ、Ⅲ」
　◇ドイツ語部門
　　● 最優秀賞　　セバスティアン・ブロイ (ドイツ)
　　　　　　　　　「都市生活」「ヘビについてⅠ、Ⅱ、Ⅲ」
　　● 優秀賞　　　ナディーン・グルーシュヴィッツ (ドイツ)
　　　　　　　　　「都市生活」「ヘビについてⅠ、Ⅱ、Ⅲ」
　　　　　　　　　イザベル・渚・マッテス (ドイツ)

「リヤカーを曳いて」「懶惰の説（らんだのせつ）」

第2回（平28年）
　◇英語部門
　　● 最優秀賞　　サム・ベット（アメリカ合衆国）
　　　　　　　　　「涙売り」「床屋嫌いのパンセ」
　　● 優秀賞　　　ニック・ジョン（オーストラリア）
　　　　　　　　　「千日手」「床屋嫌いのパンセ」
　　　　　　　　　皆本 飛鳥（日本）
　　　　　　　　　「涙売り」「床屋嫌いのパンセ」

第3回（平30年）
　◇英語部門
　　● 最優秀賞　　イアン・アーシー（カナダ）
　　● 優秀賞　　　マイケル・デイ（アメリカ合衆国）
　　　　　　　　　ウィニフレッド・バード（アメリカ合衆国）
　◇仏語部門
　　● 優秀賞　　　バンジャマン・ジルー（フランス）
　　● 奨励賞　　　フランソワ・ブランジェ（フランス）
　　　　　　　　　アナイス・ファルジャ（フランス）

21　JBBY賞〔翻訳作品の部門〕

　様々な子どもの本の国際賞に対し，選書推薦活動を行うJBBY（一般社団法人日本国際児童図書評議会）が，国内選考会を経てIBBYオナーリストに選ばれ海外へ紹介された作家・画家・翻訳家・各出版社に対し，国内でも広く知ってもらう目的で平成21（2009）年に創設。隔年開催。

【主催者】　一般社団法人日本国際児童図書評議会（JBBY）
【選考方法】　過去2年の間にJBBYが様々な国際賞に対し選書推薦した作

家,画家,翻訳者及び出版社の中から受賞者を決定

【URL】https://jbby.org/

<受賞者>

第1回 (2009年) 　　千葉 茂樹, あすなろ書房
　　　　　　　　　　「おりの中の秘密」(ジーン・ウィリス作)で,
　　　　　　　　　　IBBYオナーリストへの推薦

第2回 (2011年) 　　こだま ともこ, 冨山房
　　　　　　　　　　「ダイドーと父ちゃん」(ジョーン・エイキン作)
　　　　　　　　　　で,IBBYオナーリストへの推薦

第3回 (2013年) 　　斎藤 倫子, 東京創元社
　　　　　　　　　　「シカゴよりとんでもない町」(リチャード・
　　　　　　　　　　ペック作)で,IBBYオナーリストへの推薦

第4回 (2015年) 　　神宮 輝夫, 岩波書店
　　　　　　　　　　「ランサム・サーガ」シリーズの改訳」で,IBBY
　　　　　　　　　　オナーリスト・翻訳作品に選出

第5回 (2017年) 　　原田 勝, あすなろ書房
　　　　　　　　　　「ハーレムの闘う本屋」(R.グレゴリー クリス
　　　　　　　　　　ティ,ヴォーンダ・ミショー ネルソン作)で,
　　　　　　　　　　IBBYオナーリスト・翻訳作品に選出

第6回 (2019年) 　　母袋 夏生, 岩波書店
　　　　　　　　　　"「お静かに、父が昼寝しております—ユダヤの民
　　　　　　　　　　話」で,IBBYオナーリスト・翻訳作品に選出"

22　しずおか世界翻訳コンクール

わが国の優れた文学を世界の人々に紹介し親しんでもらうとともに,国際相互理解を進めるため,平成7年に創設された世界各国を対象とした

しずおか世界翻訳コンクール

日本文学の翻訳コンクール。第7回をもって終了。

【主催者】 伊豆文学フェスティバル実行委員会

【選考委員】 審査委員長：ドナルド・キーン（コロンビア大学名誉教授）〔英語部門〕大岡信（詩人，日本芸術院会員），ジャニーン・バイチマン（大東文化大学教授）〔ドイツ語部門〕檜山哲彦（東京藝術大学教授），エドゥアルド・クロッペンシュタイン（チューリッヒ大学教授）〔韓国語部門〕山口和男（長安大学講師），呉英珍（東国大学名誉教授）

【選考方法】 課題図書の中から小説1編，評論1編を選択し，2編を1組として翻訳する。(第7回の課題図書)〔小説〕「まず小さな丸いものが」(松浦寿輝)出典『そこでゆっくりと死んでいきたい気持をそそる場所』(新潮社)，「朱盗」(司馬遼太郎)出典『司馬遼太郎短篇全集 第三巻』(文藝春秋)，「花やぐひと」(室生犀星)出典『かげろうの日記遺文』(講談社文芸文庫)。〔評論〕「化け物の進化」(寺田寅彦)出典『寺田寅彦随筆集 第二巻』(岩波文庫)，「ほころび」(鷲田清一)出典『感覚の幽（くら）い風景』(紀伊國屋書店)，「数奇の遁世者西行」(目崎徳衛)出典『出家遁世 超俗と俗の相剋』(中公新書)。翻訳言語は英語，ドイツ語及び韓国語（いずれか1言語を選択）

【締切・発表】 国籍，年齢不問。ただし，かつて文芸作品及びそれに類する作品の翻訳出版（2人以上で翻訳した場合も含む）の経験のある人は応募不可

【締切・発表】 （第7回）平成19年9月29日〜平成20年12月10日必着。入賞者には平成21年7月末までに結果を通知。秋に静岡県内において表彰式を行う

【賞・賞金】 （翻訳言語ごとに）最優秀賞/各1名 表彰状，賞金100万円，日本留学等助成金（1年間） 優秀賞各2名 表彰状，賞金30万円 奨励賞/各2名 表彰状，賞金10万円。各言語の最優秀賞受賞者には，静岡県内の大学などへ1年間留学するための日本留学助成金が与えられる（原則として本コンクールの終了後1年以内に留学できるに限る）

22 しずおか世界翻訳コンクール

<受賞者>

第1回（平7年）
　◇英語部門
　　● 最優秀賞　　　イアン・M.マクドナルド《Ian M.MacDonald》（アメリカ合衆国）
　　● 優秀賞　　　　ステファン・W.ハーパー《Stephen W.Harper》（オーストラリア）
　　　　　　　　　　ディーン・M.ロブソン《Dean M.Robson》（オーストラリア）
　　● 奨励賞　　　　ジェニファー・C.ムーア《Jennifer C.Moore》（イギリス）
　　　　　　　　　　ロバート・H.ヘフィル《Robert H.Heffill》（イギリス）
　◇仏語部門
　　● 最優秀賞　　　パスカル・ヴァレリ・ドデリス《Pascale Valerie Doderisse》（フランス）
　　● 優秀賞　　　　ピエール・レニエー《Pierre Regnier》（フランス）
　　　　　　　　　　ミシェル・ド・ルデール《Michel De Rudder》（ベルギー）
　　● 奨励賞　　　　カリン・J.F.P.フォンダ《Carine J.F.P.Fonder》（ベルギー）
　　　　　　　　　　ジャン＝ピエール・フラクソン《Jean-Pierre Phrakousonh》（フランス）

第2回（平8年）
　◇英語部門
　　● 最優秀賞　　　ロバート・T.ティアニー《Robert T.Tierney》（アメリカ合衆国）
　　● 優秀賞　　　　エイプリル・A.グレンディ《April A.Glenday》（ニュージーランド）

翻訳の賞事典　101

- ●奨励賞　　デイビッド・レオン・シラノスキー《David Leon Cyranoski》（アメリカ合衆国）
  　　　　　　　ジョナサン・ソーブル《Jonathan Soble》（カナダ）
  　　　　　　　キャサリン・W.レントファー《Catherine W. Lentfer》（オーストラリア）
  ◇中国語部門
  - ●最優秀賞　湯 薇薇（中国）
  - ●優秀賞　　張 泉（中国）
  　　　　　　　柊 占英（中国）
  - ●奨励賞　　羅 冠升（中国）
  　　　　　　　王 京（中国）

第3回
  ◇英語部門
  - ●最優秀賞　エバン・エムスワイラー《Evan Emswiler》（アメリカ合衆国）
  - ●優秀賞　　ジョン・B.ウィトラム《John B.Whitlam》（イギリス）
  　　　　　　　デイビッド・ガンドリー《David Gundry》（アメリカ合衆国）
  - ●奨励賞　　ディミ・セバストプロ《Demetri Sevastopulo》（アイルランド）
  　　　　　　　Hodgson, Deborah A.（オーストラリア）
  ◇ドイツ語部門
  - ●最優秀賞　ラルフ・デーゲン《Ralph Degen》（ドイツ）
  - ●優秀賞　　トーマス・エゲンベルグ《Thomas Eggenberg》（スイス）
  　　　　　　　ペーター・ラフ《Peter Raff》（ドイツ）
  - ●奨励賞　　ユッタ・M.フォークト《Jutta M.Vogt》（ドイツ）

ハラルド・G.マイヤー《Harald G.Meyer》(スイス)

第4回
　◇英語部門
　　● 最優秀賞　　ケネス・J.ブライソン《Kenneth J.BRYSON》(アメリカ合衆国)
　　● 優秀賞　　　ナンシー・H.ロス《Nancy H.ROSS》(アメリカ合衆国)

　　　　　　　　　ジョン・G.B.タウンゼンド《John G.B. TOWNSEND》(アメリカ合衆国)
　　● 奨励賞　　　ルーク・ラゼル《Luke RAZZELL》(イギリス)

　　　　　　　　　マシュー・J.アルドリッジ《Matthew J. ALDRIDGE》(イギリス)
　◇韓国語部門
　　● 最優秀賞　　金 命巡(韓国)
　　● 優秀賞　　　西門 敏(韓国)

　　　　　　　　　吉 英淑(韓国)
　　● 奨励賞　　　崔 之銀(韓国)

　　　　　　　　　金 順熙(韓国)

第5回
　◇英語部門
　　● 最優秀賞　　ターヴィル・アンガス《Turvill Angus》(イギリス)
　　● 優秀賞　　　オルダーソン・ゲーリー《Alderson Gary L.》(アメリカ)

　　　　　　　　　カルカン・ジョン《Carrucan Jon A.》(オーストラリア)
　　● 奨励賞　　　リチャーズ・テッド《Richards Ted A.》(アメリカ)

ガンドリー・デイビッド《Gundry David J.》（アメリカ）

- ◇ロシア語部門
  - ●最優秀賞　ジノフ・アレクセイ《Zinov Alexey》（ロシア）
  - ●優秀賞　　ルマック・ナタリア《Rumak Natalia G.》（ロシア）

  　　　　　　リャン・アナトリ S.《Liang Anatoly S.》（ロシア）
  - ●奨励賞　　ポタポフ・アレクセイ《Potapov Alexei》（ロシア）

  　　　　　　ジャトドエワ・エレーナ・カゾベコブナ《Dzhatdoeva Elena Kazbeckovna》（ロシア）

第6回
- ◇英語部門
  - ●最優秀賞　ヒル・ラクエル《HILL Raquel A.L.》（ニュージーランド）
  - ●優秀賞　　プレストン・ナサニエル《PRESTON Nathaniel H.》（米国）

  　　　　　　スタインバック・ケビン《STEINBACH Kevin J.》（米国）
  - ●奨励賞　　ハース・クリストファー《HIRTH Christopher W.》（米国）

  　　　　　　ミラー・バート《MILLER Robert O.》（ニュージーランド）
- ◇フランス語部門
  - ●最優秀賞　フシェ・マリー《FOUCHER F. Marie》（フランス）
  - ●優秀賞　　Stanko-Rupp Karine（フランス）

  　　　　　　下山 大助（日本）
  - ●奨励賞　　Calas Julien（フランス）

  　　　　　　杉江 扶美子（日本）
- ◇中国語部門

- 最優秀賞 　許 譯兮（中国）
- 優秀賞 　　蕭 慧文（台湾）
  　　　　　張 勇（中国）
- 奨励賞 　　張 蕾（中国）
  　　　　　譚 仁岸（中国）

第7回
　◇英語部門
- 最優秀賞 　ブレイク・バギュリー《BAGULEY Blake M.》（オーストラリア）
- 優秀賞 　　ジェイソン・モーガン《MORGAN Jason M.》（米国）
  　　　　　サイモン・クレイ《CLAY Simon T.》（英国）
- 奨励賞 　　メリッサ・タナカ《TANAKA Melissa A.》（米国）
  　　　　　西野 有春（日本）

　◇ドイツ語部門
- 最優秀賞 　アンニャ・ラーデガスト《RADEGAST Anja》（ドイツ）
- 優秀賞 　　トマス・ヨルディ《JORDI Thomas》（スイス）
  　　　　　マティアス・イガラシ《IGARASHI Matthias》（ドイツ）
- 奨励賞 　　サラ・シュターク《STARK Sarah》（ドイツ）
  　　　　　カトリン ユリア・クスノキ（ドイツ）

　◇韓国語部門
- 最優秀賞 　朴 垠貞（韓国）
- 優秀賞 　　朴 昇熙（韓国）
  　　　　　徐 洪（韓国）
- 奨励賞 　　安 在珉（韓国）
  　　　　　金 眞熙（韓国）

23 渋沢・クローデル賞

昭和58年,財団法人日仏会館の創立60周年を機に,会館の創立者渋沢栄一とポール・クローデルの両氏を記念して創設された。フランス語著書の日本語訳の奨励を目的に昭和41年に創設され,50年に中断されていた「クローデル」賞を発展的に継承している。日仏双方においてそれぞれ相手国の文化に関する優れた研究成果に贈られる。両国でそれぞれ1名が受賞する。

【主催者】日仏会館,読売新聞社
【選考委員】(平成30年度)廣田功,川出良枝,工藤庸子,三浦篤(審査委員長),三浦信孝,中地義和,澤田直,篠田勝英,山元一(アルファベット順)
【選考方法】広く一般に呼びかけ,また出版社等に対しても候補者の推薦を依頼する。日仏会館学術委員会が外部の専門家を加えて行なう査読にもとづく一次審査で候補作を絞り,上記の審査員により最終審査が行われる
【締切・発表】〔資格〕締切日までの過去2年間に出版されたもの。候補者の年齢が当該年末に45歳未満の者。〔対象〕歴史,文学,芸術,哲学,法律,経済,人文科学,自然科学。翻訳に限らず,それぞれ相手国の文化に関する研究。〔応募規定〕候補者略歴および業績書,応募または推薦の理由書,候補作品(翻訳の場合は原書も)
【締切・発表】毎年締切は3月末日,発表は6月下旬
【賞・賞金】賞状と賞金(東京・パリ往復航空運賃と滞在費)
【URL】https://mfjtokyo.or.jp/
【連絡先】〒150-0013 東京都渋谷区恵比寿3-9-25 (公財)日仏会館事務局
【TEL】03-5424-1141
【FAX】03-5424-1200
【E-mail】bjmfj@mfjtokyo.or.jp

<受賞者>

第1回(昭59年)
　◇日本側　　　　工藤 庸子(フェリス女学院大助教授)
　　　　　　　　　"アンリ・トロワイヤの著書の翻訳"
　◇フランス側　　エリザベート・フロレ(民族学研究家)
　　　　　　　　　"柳宗悦と民芸運動の研究"

第2回(昭60年)
　◇日本側　　　　篠田 勝英(白百合女子大助教授)
　　　　　　　　　"ジョルジュ・デュビーの著書の翻訳"
　◇フランス側　　ドミニク・テュルク(パリ高等商科大助教授)
　　　　　　　　　"日本企業に関する著作"

第3回(昭61年)
　◇日本側　　　　滝沢 正(上智大助教授)
　　　　　　　　　"フランス行政法に関する著作"
　◇日本側特別賞　塩川 徹也(東京大助教授)
　　　　　　　　　"パスカルに関する著作"
　◇フランス側　　パスカル・グリオレ(パリ第3大講師)
　　　　　　　　　"日本の国字改革に関する著作"

第4回(昭62年)
　◇日本側　　　　彌永 信美(東洋学研究家)
　　　　　　　　　"オリエンタリズムに関する著作"
　◇日本側特別賞　竹内 信夫(東京大助教授)
　　　　　　　　　"モーリス・パンゲの著書の翻訳"
　◇フランス側　　クリスチーヌ・コダマ(国際基督教大助教授)
　　　　　　　　　"梶井基次郎の世界に関する著作"

第5回(昭63年)
　◇日本側　　　　坪井 善明(北海道大助教授)

"越南帝国に関する仏文著作"
　◇日本側特別賞　　木村 三郎（日本大助教授）
　　　　　　　　　　「世界の巨匠シリーズ」（ダヴィット社）の翻訳
　◇フランス側　　　ジャン・ノエル・ロベール（CNRS研究員）
　　　　　　　　　　"日本の天台宗の教義に関する著作"

第6回（平1年）
　◇日本側　　　　　吉岡 知哉（立教大助教授）
　　　　　　　　　　"ジャン・ジャック・ルソーに関する著作"
　◇日本側特別賞　　中地 義和（東京大助教授）
　　　　　　　　　　"アルチュール・ランボーに関する仏文著作"
　◇フランス側　　　ジャック・グラヴロー（ヨーロッパ・アジア研究所）
　　　　　　　　　　「日本―ヒロヒトの時代」

第7回（平2年）
　◇日本側　　　　　辻村 みよ子（成城大助教授）
　　　　　　　　　　「フランス革命の憲法原理」〔日本評論社〕
　◇日本側特別賞　　新谷 昌宏（東京医科歯科大助手）
　　　　　　　　　　「ニューロン人間」〔みすず書房〕
　◇フランス側　　　森田 エレーヌ
　　　　　　　　　　「仏訳「銀河鉄道の夜」」（宮沢賢治著）

第8回（平3年）
　◇日本側　　　　　石井 洋二郎（東京大学助教授）
　　　　　　　　　　「ディスタンクシオン」〔藤原書店〕
　◇日本側特別賞　　前田 英樹（立教大学助教授）
　　　　　　　　　　「沈黙するソシュール」〔書肆山田〕
　◇フランス側　　　エリック・セイズレ（フランス国立科学研究センター研究員）
　　　　　　　　　　「戦後日本の君主制と民主主義」

第9回（平4年）
　◇日本側　　　　渡辺 啓貴（京都外国語大学専任講師）
　　　　　　　　　「ミッテラン時代のフランス」
　◇日本側特別賞　梅本 洋一（横浜国立大学教育学部助教授）
　　　　　　　　　「サッシャ・ギトリ―都市・演劇・映画」
　◇フランス側　　フレデリック・ジェラール（フランス極東学校教諭）
　　　　　　　　　「明恵上人―鎌倉時代・華厳宗の一僧」

第10回（平5年）
　◇日本側　　　　松沢 和宏（大東文化大学助教授）
　　　　　　　　　「ギュスターヴ・フローベール「感情教育」草稿の生成批評研究序説―恋愛・金銭・言葉」〔フランス図書〕
　◇日本側特別賞　栗田 啓子（小樽商科大学教授）
　　　　　　　　　「エンジニア・エコノミスト―フランス公共経済学の成立」〔東京大学出版会〕
　◇第10回記念日本側特別賞
　　　　　　　　　月村 辰雄（東京大学助教授）
　　　　　　　　　「恋の文学誌―フランス文学の原風景を求めて」〔筑摩書房〕

第11回（平6年）
　◇日本側　　　　西野 嘉章（東京大学文学部助教授）
　　　　　　　　　「十五世紀プロヴァンス絵画研究―祭壇画の図像プログラムをめぐる一試論」〔岩波書店〕
　◇日本側特別賞（ルイ・ヴィトンジャパン特別賞）
　　　　　　　　　今橋 映子（筑波大学専任講師）
　　　　　　　　　「異都憧憬―日本人のパリ」〔柏書房〕
　◇藤田亀太郎特別賞
　　　　　　　　　森村 敏己（明治学院大学非常勤講師）

「名誉と快楽―エルヴェシウスの功利主義」〔法政大出版局〕

◇フランス側　クリスチャンヌ・セギ（ストラスブール大学助教授）

「明治期における日本新聞史」〔ピュブリカシオン・オリエンタリスト・ド・フランス社〕

第12回（平7年）
　◇日本側　　金森　修（筑波大学助教授）

「フランス認識論の系譜―カンギレム，ダゴニエ，フーコー」〔頸草書房〕

　◇日本側特別賞（ルイ・ヴィトンジャパン特別賞）

小倉　孝誠（東京都立大学助教授）

「挿絵入新聞「イリュストラシオン」にたどる19世紀フランス夢と創造」〔人文書院〕

　◇フランス側　ナターシャ・アヴリンヌ（都市問題国際研究センター研究員）

「泡となった日本の土地」〔adef〕

第13回（平8年）
　◇日本側　　大村　敦志（東京大学助教授）

「法源・解釈・民法学―フランス民法総論研究」〔有斐閣〕

　◇日本側特別賞（ルイ・ヴィトン・ジャパン特別賞）

山下　雅之（近畿大学助教授）

「コントとデュルケームのあいだ―1870年代のフランス社会学」〔木鐸社〕

　◇日本側平山郁夫特別賞

松浦　寿輝（東京大学助教授）

「平面論―1880年代西欧」〔岩波書店〕

◇フランス側　　　　ジョルジュ・ゴトリーブ（アルジャントイユ市図書館司書）
　　　　　　　　　　　「日本の小説の1世紀」〔フィリップ・ピキエ〕
　◇フランス側審査員特別賞
　　　　　　　　　　　エマニュエル・ロズラン（フランス国立東洋言語文化学院講師）
　　　　　　　　　　　「1912年から1921年の森鷗外・林太郎」

第14回（平9年）
　◇日本側　　　　　　川出　良枝（放送大学助教授）
　　　　　　　　　　　「貴族の徳，商業の精神—モンテスキューと専制批判の系譜」〔東京大学出版会〕
　◇ルイ・ヴィトン・ジャパン特別賞
　　　　　　　　　　　稲賀　繁美（国際日本文化研究センター助教授）
　　　　　　　　　　　「絵画の黄昏—エドゥアール・マネ没後の闘争」〔名古屋大学出版会〕
　◇フランス側　　　　ニコラ・フィエーベ（国立科学研究センター研究員）
　　　　　　　　　　　「近代以前の日本の建築と都市—京の町の建築空間と14,15世紀の将軍の住まい」

第15回（平10年）
　◇日本側　　　　　　橋本　博之（立教大学教授）
　　　　　　　　　　　「行政法学と行政判例—モーリス・オーリウ行政法学の研究」〔有斐閣〕
　◇ルイ・ヴィトン・ジャパン特別賞
　　　　　　　　　　　青柳　悦子（筑波大学専任講師）
　　　　　　　　　　　「言葉の国のアリス—あなたにもわかる言語学」〔マリナ・ヤゲーロ著，夏目書房〕
　◇フランス大使館・エールフランス特別賞
　　　　　　　　　　　星埜　守之（白百合女子大学助教授）

「テキサコ」
　◇フランス側　　　フィリップ・ペルティエ(リヨン第二大学教授)
　　　　　　　　　　「ラ・ジャポネジー」

第16回(平11年)
　◇日本側　　　　坂倉 裕治(立教大学専任講師)
　　　　　　　　　「ルソーの教育思想―利己的情念の問題をめぐって」〔風間書房〕
　◇ルイ・ヴィトン・ジャパン特別賞
　　　　　　　　　永井 真貴子
　　　　　　　　　「きのこの名優たち」〔ジョルジュ・ベッケル,ロラン・サバティエ共著,山と渓谷社〕
　◇フランス大使館・エールフランス特別賞
　　　　　　　　　中野 知律(一橋大学助教授)
　　　　　　　　　「プルースト 感じられる時」〔ジュリア・クリスティヴァ著,筑摩書房〕
　◇フランス側　　ナタリー・クアメ
　　　　　　　　　「江戸期の四国巡礼」(博士論文)

第17回(平12年)
　◇日本側　　　　矢後 和彦(東京都立大学経済学部助教授)
　　　　　　　　　「フランスにおける公的金融と大衆貯蓄 預金供託金庫と貯蓄金庫1816-1944」〔東京大学出版会〕
　◇ルイ・ヴィトン・ジャパン特別賞
　　　　　　　　　塚本 昌則(東京大学大学院人文社会系研究科助教授)
　　　　　　　　　「コーヒーの水」〔ラファエル・コンフィアン著,紀伊国屋書店〕
　◇現代フランス・エッセー賞
　　　　　　　　　鈴木 裕之(国士舘大学法学部助教授)

「ストリートの歌―現代アフリカの若者文化」〔世界思想社〕

西川 長夫（立命館大学国際関係学部教授）

「フランスの解体？―もうひとつの国民国家論」〔人文書院〕

◇フランス側　　クレール・ドダヌ

「与謝野晶子―情熱の歌人・日本女性解放運動の先駆」（博士論文）

第18回（平13年）

◇日本側　　秋吉 良人（国学院大学講師）

「サドにおける言葉と物」〔風間書房〕

◇ルイ・ヴィトン・ジャパン特別賞

高階 絵里加（京都大人文科学研究所助教授）

「異界の海―芳翠・清輝・天心における西洋」〔三好企画〕

◇現代フランス・エッセー賞

大谷 悟（フランス国立衛生医学研究所上級研究員）

「みちくさ生物哲学―フランスからよせる「こころ」のイデア論」〔海鳴社〕

◇フランス側　　エリザベト・ドゥ・トゥシェ

「横須賀海軍工廠の創立1865―1882 フランスから日本への技術移転」（博士論文）

第19回（平14年度）

◇日本側　　中山 洋平

「戦後フランス政治の実験」〔東京大学出版会〕

◇ルイ・ヴィトン・ジャパン特別賞

亀井 克之

「新版フランス企業の経営戦略とリスクマネジメント」〔法律文化社〕

◇フランス側　　ミカエル・リュケン
　　　　　　　　　「20世紀の日本美術」(南明日香訳, 三好企画)

第20回 (平15年度)
　　◇日本側　　　山口 裕之 (成城大学文芸学部非常勤講師)
　　　　　　　　　「コンディヤックの思想―哲学と科学のはざまで」〔勁草書房〕
　　◇ルイ・ヴィトン・ジャパン特別賞
　　　　　　　　　長谷川 秀樹 (千葉大学大学院社会文化科学研究科助手)
　　　　　　　　　「コルシカの形成と変容―共和主義フランスから多元主義ヨーロッパへ」〔三元社〕
　　◇フランス側　　ポール・ジョバン
　　　　　　　　　「労働組合の新しいスピリット―戦後日本における「産業病」を巡る闘争と認知」(博士論文)

第21回 (平16年度)
　　◇日本側　　　木村 琢麿 (千葉大学助教授)
　　　　　　　　　「財政法理論の展開とその環境―モーリス・オーリウの公法総論研究」〔有斐閣〕
　　◇ルイ・ヴィトン ジャパン特別賞
　　　　　　　　　桑瀬 章二郎 (同志社女子大学専任講師)
　　　　　　　　　「フランスにおけるルソーの「告白」」〔シャンピオン, 仏文〕
　　◇フランス側　　ファビエンヌ・デュテイユ・オガタ
　　　　　　　　　「東京の下町における日常生活の中の宗教」(博士論文)
　　◇フランス側特別賞
　　　　　　　　　ミッシェル・ビエイヤール・バロン (フランス国立東洋言語文化学院助教授)
　　　　　　　　　「作庭記」翻訳〔日仏会館〕

第22回（平17年度）
　◇日本側　　　　竹中 幸史（名古屋外国語大学助教授）
　　　　　　　　　「フランス革命と結社」〔昭和堂〕
　◇ルイ・ヴィトン ジャパン特別賞
　　　　　　　　　宇野 重規（東京大学社会科学研究所助教授）
　　　　　　　　　「政治哲学へ──現代フランスとの対話」〔東京大学出版会〕
　◇フランス側　　エマニュエル・ロズラン（仏国立東洋言語文化学院（INALCO）教授）
　　　　　　　　　「文学と国民性──19世紀日本における文学史の誕生」〔レ・ベル・レットル〕

第23回（平18年度）
　◇日本側　　　　寺戸 淳子（専修大学非常勤講師）
　　　　　　　　　「ルルド傷病者巡礼の世界」〔知泉書館〕
　◇ルイ・ヴィトン ジャパン特別賞
　　　　　　　　　鳥海 基樹（首都大学東京都市環境学部准教授）
　　　　　　　　　「オーダー・メイドの街づくり」〔学芸出版社〕
　◇フランス側　　アルノ・ナンタ（仏国立科学研究センター（CNRS）助教授）
　　　　　　　　　「日本列島の住民の起源に関する人類学的・考古学的考察──1870〜1990年」

第24回（平19年度）
　◇日本側　　　　原 大地（東京女子大学非常勤講師）
　　　　　　　　　「ロートレアモン──他者へ」〔アルマッタン出版社〕
　◇ルイ・ヴィトン ジャパン特別賞
　　　　　　　　　河本 真理（京都造形芸術大学比較芸術学研究センター准教授）

「切断の時代—20世紀におけるコラージュの美学と歴史」〔ブリュッケ社〕

◇フランス側　ミッシェル・ダリシエ（慶應義塾大学講師, 大阪大学講師）

「西田幾多郎—統一の哲学」

第25回（平20年度）
◇日本側　川嶋 周一

「独仏関係と戦後ヨーロッパ国際秩序：ドゴール外交とヨーロッパの構築 1959-1963」〔創文社〕

◇ルイ・ヴィトン ジャパン特別賞

高村 学人

「アソシアシオンへの自由—〈共和国〉の論理」〔勁草書房〕

◇フランス側　ギブール・ドラモット

「日本の防衛政策の決定要因と政治ゲーム」（博士論文）

第26回（平21年度）
◇日本側　藤原 貞朗

「オリエンタリストの憂鬱—植民地主義時代のフランス東洋学者とアンコール遺跡の考古学」〔めこん〕

◇ルイ・ヴィトン ジャパン特別賞

林 洋子

「藤田嗣治 作品をひらく 旅・手仕事・日本」〔名古屋大学出版会〕

◇フランス側　カリン・プペ

「LES JAPONAIS 日本人」〔Tallandier社〕

第27回（平22年度）
◇日本側　互 盛央（岩波書店「思想」編集長）

「フォルディナン・ド・ソシュール―〈言語学〉の孤独,「一般言語学の」の夢」〔作品社〕

◇ルイ・ヴィトン ジャパン特別賞
陳岡 めぐみ（国立西洋美術館研究員）
「市場のための紙上美術館―19世紀フランス,画商たちの複製イメージ戦略」〔三元社〕

◇特別賞　田口 卓臣（宇都宮大学専任講師）
「ディドロ 限界の思考―小説に関する試論―」〔風間書房〕

◇フランス側　ブリッセ,クレール＝碧子（パリ第7大学准教授）
「A la croisee du texte et de l'image：cryptiques et poemes caches (Ashide) dans le Japon classique et medieval」(「文章と絵画の交差点で」)〔College de France,Institut des Hautes Etudes Japonaises〕

第28回（平23年度）
◇日本側　重田 園江
「連帯の哲学I―フランス社会連帯主義」〔2010年,勁草書房〕

◇ルイ・ヴィトン ジャパン特別賞
伊達 聖伸
「ライシテ,道徳,宗教学―もうひとつの19世紀フランス宗教史」〔2010年,勁草書房〕

◇フランス側　ニコラ・ボーメール
「日本酒 日本固有の歴史,文化の地理学 (Le sake une exception japonaise)」〔博士論文〕

第29回（平24年度）
◇日本側　小田 涼

「認知と指示 定冠詞の意味論」〔京都大学学術出版会〕
　◇ルイ・ヴィトン ジャパン特別賞
　　　　　　　　　高山 裕二
　　　　　　　　　「トクヴィルの憂鬱——フランス・ロマン主義と〈世代〉の誕生」〔白水社〕
　◇フランス側　　マチュー・セゲラ
　　　　　　　　　「ジョルジュ・クレマンソーと極東」〔博士論文〕

第30回（平25年度）
　◇日本側　　　　吉川 順子
　　　　　　　　　「詩のジャポニスム——ジュディット・ゴーチエの自然と人間」〔京都大学学術出版会〕
　◇ルイ・ヴィトン ジャパン特別賞
　　　　　　　　　小島 慎司
　　　　　　　　　「制度と自由——モーリス・オーリウによる修道会教育規制法律批判をめぐって」〔岩波書店〕
　◇フランス側　　クレア・パタン
　　　　　　　　　「日本美術市場の社会学的アプローチ 美術品の販売, 流通, 普及, 価値形成のための仲介業者ネットワーク」〔博士論文〕

第31回（平26年度）
　◇日本側　　　　泉 美知子
　　　　　　　　　「文化遺産としての中世——近代フランスの知・制度・感性に見る過去の保存」〔三元社〕
　◇ルイ・ヴィトン ジャパン特別賞
　　　　　　　　　橋本 周子
　　　　　　　　　「美食家の誕生——グリモと「食」のフランス革命」〔名古屋大学出版会〕
　◇フランス側　　ノエミ・ゴドフロワ

「古代から19世紀初頭までの蝦夷地をめぐる交流, 支配と対外関係」〔著作〕

第32回（平27年度）
　◇日本側　　　大森 晋輔
　　　　　　　「ピエール・クロソウスキー 伝達のドラマトゥルギー」〔左右社〕
　◇ルイ・ヴィトン ジャパン特別賞
　　　　　　　安藤 裕介
　　　　　　　「商業・専制・世論──フランス啓蒙の「政治経済学」と統治原理の転換」〔創文社〕
　◇フランス側　フランク・ミシュラン
　　　　　　　「太平洋戦争直前の仏領インドシナと日本の南進」〔博士論文〕

第33回（平28年度）
　◇日本側　　　該当作無し
　◇特別賞　　　小門 穂
　　　　　　　「フランスの生命倫理法 生殖医療の用いられ方」〔ナカニシヤ出版〕
　　　　　　　森 千香子
　　　　　　　「排除と抵抗の郊外：フランス「移民」集住地域の形成と変容」〔東京大学出版会〕
　◇フランス側　マルタン・ノゲララモス
　　　　　　　「日本の村落社会におけるカトリック教と潜伏キリシタン」〔博士論文〕

第34回（平29年度）
　◇日本側　　　渡辺 優
　　　　　　　「ジャン＝ジョゼフ・スュラン──一七世紀フランス神秘主義の光芒」〔慶應義塾大学出版会〕

23 渋沢・クローデル賞

- ◇奨励賞　宮下 雄一郎
「フランス再興と国際秩序の構想―第二次世界大戦期の政治と外交」〔勁草書房〕
- ◇フランス側　アルノ・グリヴォ
「日本の政治体制の再編―1990年代以降の政治システムにおける官僚制」〔博士論文〕

第35回（平30年度）

- ◇日本側　新居 洋子
「イエズス会士と普遍の帝国 在華宣教師による文明の翻訳」〔名古屋大学出版会〕
- ◇奨励賞　鳥山 定嗣
「ヴァレリーの「旧詩帖」 初期詩篇の改変から詩的自伝へ」〔水声社〕
- ◇フランス側　リュシアン＝ロラン・クレルク
「日本におけるアイヌの社会文化的変容」〔博士論文〕

第36回（令1年度）

- ◇日本側　該当作無し
- ◇奨励賞　石川 学
「ジョルジュ・バタイユ 行動の論理と文学」〔東京大学出版会〕

　　　梅澤 礼
「囚人と狂気 一九世紀フランスの監獄・文学・社会」〔法政大学出版局〕
- ◇フランス側　シモン・エベルソルト
「偶然と共同―日本の哲学者、九鬼周造」〔博士論文〕

24 須賀敦子翻訳賞

平成19年以来中断していたピーコ・デッラ・ミランドラ賞を継承し、26年に創設された。隔年で開催され、イタリア語作品の優れた日本語の翻訳に対して贈られる。

【主催者】イタリア文化会館
【選考委員】（第3回）委員長：和田忠彦, 委員：シルヴィオ・ヴィータ, 岡田温司, 木村榮一, 柴田元幸
【選考方法】公募
【締切・発表】〔対象〕開催年の6月から遡って過去24ヶ月以内に日本国内で出版された書籍（隔年開催のため）
【締切・発表】8月上旬締切り, 12月授賞式
【賞・賞金】楯・副賞50万円
【URL】https://iictokyo.esteri.it/iic_tokyo/ja
【連絡先】〒102-0074 東京都千代田区九段南2-1-30 イタリア文化会館 図書室
【TEL】03-3264-6011（内線23）
【FAX】03-3262-0853
【E-mail】biblioteca.iictokyo@esteri.it

<受賞者>

第1回（平26年）　　白崎 容子, 尾河 直哉
　　　　　　　　　　「ピランデッロ短編集 カオス・シチリア物語」
　　　　　　　　　　　〔ルイジ・ピランデッロ著, 白水社〕
　　　　　　　　　　関口 英子
　　　　　　　　　　「月を見つけたチャウラ ピランデッロ短篇集」
　　　　　　　　　　　〔ルイジ・ピランデッロ著, 光文社〕
第2回（平28年）　　橋本 勝雄

「プラハの墓地」〔ウンベルト・エーコ著,東京創元社〕

栗原 俊秀

「偉大なる時のモザイク」〔カルミネ・アバーテ著,未知谷〕

第3回(平30年)　　上村 忠男

「哲学とはなにか」〔ジョルジョ・アガンベン著,みすず書房〕

25　世界文学賞

京都市下京区麩屋町(当時)の世界文学社が主催。雑誌「世界文学」昭和22年9月号誌上で発表したが第2回をもって中止。

【主催者】 世界文学社

【選考委員】〔詮衡顧問〕辰野隆,成瀬無極,土井光知,岸田國士〔詮衡委員〕伊吹武彦,大山定一,神西清,中野好夫,吉川幸次郎,谷川徹三

【締切・発表】 日本語以外の言語で書かれた文学(小説,戯曲,詩)及び文学的評論,読み物,エッセイの良き翻訳を発表した訳者,編集担当者に贈呈

【締切・発表】「世界文学」9月号誌上,及び新聞紙上

【賞・賞金】 翻訳者1万円,発行所(担当記者)5千円

<受賞者>

第1回(昭22年)　　渡辺 一夫〔訳〕,白水社編集部〔担当〕

「パンタグリュエル物語」(フランソワ・ラブレー著)〔白水社〕

第2回(昭23年)　　竹友 藻風〔訳〕,創元社編集部〔担当〕

「神曲―地獄界」(ダンテ著)〔創元社〕

26 全米図書賞（National Book Awards）〔翻訳部門〕

アメリカ出版社協議会，アメリカ書籍組合，製本業者協会によりアメリカ人作家による優れた文学作品の普及と，読書の推進を目的として1950年に創設された。76年以降は全米図書委員会がスポンサーとなる。当初の部門は小説，ノンフィクション，詩の3部門であったが，次第に分野は増加。毎年1回，美術，児童文学，時事問題，小説，歴史，伝記，詩の各分野の最優秀作品を選出していたが，79年に廃止。80年，代わりにアメリカ図書賞（American Book Awards）が設立されたが86年廃止。翌年全米図書財団を主催団体として全米図書賞が復活した。1983年に一度途絶えた翻訳部門が2018年より復活。他に，小説（Fiction），詩（Poetry），ノンフィクション（Nonfiction），児童書（Young People's Literature）の合計5部門からなる。

【主催者】全米図書財団（National Book Foundation）
【選考委員】各部門5名ずつの審査員（審査委員長含む）が全米図書財団により任命される
【選考方法】審査員による選考。各部門1次候補（ロングリスト）10作を選定後，最終候補（ファイナリスト）5作に絞り，その中から1作を受賞作に決定する
【締切・発表】〔対象〕アメリカ国民による，前年12月から授与年の11月までに国内で刊行された作品。2001年からは電子書籍（e-BOOK）の形式で発表された作品も対象。自薦禁止
【締切・発表】例年，1次候補を9月に発表，最終候補を10月に発表，11月に授賞式を行う。（2015年）7月1日締切，11月18日授与
【賞・賞金】受賞者には賞金1万ドルと，スザンヌ・ボール（Suzanne Ball）による書籍を象ったブロンズ像が授与される。また，受賞作のカバーにはメダルのシールが貼られる。最終候補者にはそれぞれ1千ドル

26 全米図書賞（National Book Awards）〔翻訳部門〕

とメダル・賞状が授与される

【URL】http://www.nationalbook.org/

<受賞者>

1967年	グレゴリー・ラバサ《Gregory Rabassa》 "Julio Cortazar's Hopscotch Willard Trask - Casanova's History of My Life"
1968年	ハワード・ホン《Howard Hong》, エドナ・ホン《Edna Hong》 "Soren Kierkegaard's Journals and Papers"
1969年	ウィリアム・ウィーヴァー《William Weaver》 "Calvino's Cosmicomics"
1970年	ラルフ・マンハイム《Ralph Manheim》 "Celine's Castle to Castle"
1971年	フランク・ジョーンズ《Frank Jones》 "Brecht's Saint Joan of the Stockyards" エドワード・G.サイデンステッカー "Yasunari Kawabata's The Sound of The Mountain"
1972年	オストリン・ウェインハウス《Austryn Wainhouse》 "Jacques Monod's Chance and Necessity"
1973年	アラン・マンデルボーム《Allen Mandelbaum》 "The Aeneid of Virgil"
1974年	カレン・ブラゼル《Karen Brazell》 "The Confessions of Lady Nijo" ヘレン・R.レイン《Helen R.Lane》 "Octavio Paz's Alternating Current"

26　全米図書賞（National Book Awards）〔翻訳部門〕

	ジャクソン・マシューズ《Jackson Matthews》
	"Paul Valery's Monsieur Teste"
1975年	アンソニー・ケリガン《Anthony Kerrigan》
	"Miguel D.Unamuno's The Agony of Christianity and Essays on Faith"
1976年	*
1977年	リリチャン・チェン《Li-Li Ch'en》
	"Master Tung's Western Chamber Romance"
1978年	ハワード・ネムロフ《Howard Nemerov》
	"Uwe George's In the Deserts of This Earth"
1979年	クレイトン・エシュルマン《Clayton Eshleman》、ホセー・ルビン・バルシア《Jose Rubin Barcia》
	"Cesar Vallejo's The Complete Posthumous Poetry"
1980年	ウィリアム・アロースミス《William Arrowsmith》
	"Cesare Pavese's Hard Labor"
	ジェーン・ゲーリー・ハリス《Jane Gary Harris》、コンスタンス・リンク《Constance Link》
	"Osip E.Mandelstam's Complete Critical Prose and Letters"
◇ウェスタン	ルイ・ラムーア《Louis L'Amour》
	"Bendigo Shafter"
1981年	フランシス・スティーグミュラー《Francis Steegmuller》
	"The Letters of Gustave Flaubert"
	ジョン・E.ウッズ《John E.Woods》
	"Arno Schmidt's Evening Edged in Gold"

1982年	ロバート・ライアンズ・ダンリー《Robert Lyons Danly》
	"Higuchi Ichiyo's In the Shade of Spring Leaves"
	アイアン・ヒデオ・リーヴィ《Ian Hideo Levy》
	"The Ten Thousand Leaves: A Translation of The Man'Yoshu, Japan's Premier Anthology of Classical Poetry"
1983年	リチャード・ハワード《Richard Howard》
	"Charles Baudelaire's Les Fleurs du Mal"
2018年	満谷, マーガレット《Margaret Mitsutani》
	"The Emissary"（原作：多和田葉子「献灯使」〔講談社〕）

27 DHC翻訳新人賞

翻訳会社DHCが, 21世紀のグローバル社会に活躍できる, より優秀な翻訳家を発掘する目的で平成8年に設立した国籍・年齢・性別・学歴不問の自由応募形式の翻訳コンテスト。第20回をもって終了。

【主催者】DHC
【選考方法】出題者の作成する審査基準に則り, 出題・監修者を含む審査会が, 応募者の氏名を伏せ第1次審査, 第2次審査と最終審査を行う
【締切・発表】〔応募資格〕国籍, 年齢, 性別, 学歴不問。翻訳家志望で熱意のある者。過去のDHC翻訳新人賞で優秀賞以上の入賞経験のある場合は, 応募不可。応募は個人での応募に限る（グループで翻訳して個人名で提出された場合などは無効）
【締切・発表】（第20回）平成25年11月6日 郵送必着（審査期間：平成25年11月～平成26年1月）。入賞者の発表は, DHCホームページ上にて公開

27 DHC翻訳新人賞

【賞・賞金】（第20回）最優秀賞1名…賞金100万円,優秀賞2名…賞金各30万円,佳作5名…賞金 各10万円を贈呈。さらに副賞として最優秀賞・優秀賞受賞者は,DHC文化事業部出版部門の「翻訳出版プロジェクト」に翻訳家として参加可能

<受賞者>

第14回
- ◇最優秀賞　　　中尾 千奈美
- ◇優秀賞　　　　腰塚 悠子
- 　　　　　　　　小脇 奈賀子
- ◇佳作　　　　　土持 貴栄
- 　　　　　　　　仲嶋 雅子
- 　　　　　　　　福井 美緒子
- 　　　　　　　　山田 友子
- 　　　　　　　　和田 美樹

第15回
- ◇最優秀賞　　　越前 亜紀子
- ◇優秀賞　　　　大﨑 美佐子
- 　　　　　　　　大下 英津子
- ◇佳作　　　　　岩瀬 徳子
- 　　　　　　　　江口 和美
- 　　　　　　　　高田 綾子
- 　　　　　　　　田畑 あや子
- 　　　　　　　　森澤 美抄子

第16回
- ◇最優秀賞　　　該当者なし
- ◇優秀賞　　　　小木曽 圭子
- 　　　　　　　　米山 とも子

27　DHC翻訳新人賞

◇佳作　　　　岩崎 たまゑ
　　　　　　　織田 祐規子
　　　　　　　黒澤 桂子
　　　　　　　甲田 裕子
　　　　　　　権藤 千恵
　　　　　　　吉田 晶子

第17回
◇最優秀賞　　該当者なし
◇優秀賞　　　渡辺 育子
　　　　　　　スコジ 泉
◇佳作　　　　板垣 七重
　　　　　　　牛原 眞弓
　　　　　　　木田 悟史
　　　　　　　鈴木 あゆみ
　　　　　　　武 裕美子
　　　　　　　保田 卓夫

第18回
◇最優秀賞　　該当者なし
◇優秀賞　　　神崎 朗子
◇佳作　　　　佐久間 聡子
　　　　　　　柴田 三千穂
　　　　　　　曽川 恵子
　　　　　　　武 裕美子
　　　　　　　筒井 佳子
　　　　　　　藤田 成子
　　　　　　　水戸 洋子

第19回
- ◇最優秀賞　　該当者なし
- ◇優秀賞　　　二瓶 邦夫
- 　　　　　　　藤澤 透
- ◇佳作　　　　刈谷 吉克
- 　　　　　　　キング 茜
- 　　　　　　　児玉 哲子
- 　　　　　　　角田 文子
- 　　　　　　　日向 靖子
- 　　　　　　　和田 真一

第20回
- ◇最優秀賞　　該当者なし
- ◇優秀賞　　　鈴木 喜美
- ◇佳作　　　　大村 由紀
- 　　　　　　　門脇 弘典
- 　　　　　　　川村 陽子
- 　　　　　　　五味 葉
- 　　　　　　　鈴木 優太
- 　　　　　　　曽川 恵子
- 　　　　　　　徳山 美由紀

28　戸川秋骨賞〔翻訳〕

昭和24年に三田文学会が創設した。三田系文学者の評論，随筆，翻訳を対象としたが，第1回の授賞のみで終った。

【主催者】三田文学会
【選考委員】石坂洋次郎,内村直也,奥野信太郎,折口信夫,勝本清一郎,北原武夫,久保田万太郎,厨川丈夫,小島政二郎,佐藤朔,佐藤春夫,丸岡明

【賞・賞金】賞金5万円

<受賞者>

第1回（昭24年）　　青柳 瑞穂〔訳〕
　　　　　　　　　「孤独なる散歩者の夢想」（ルソー著）

29　日本絵本賞〔翻訳絵本賞〕

優秀な絵本を顕彰することにより，子供たちの絵本読書がより盛んになることと，絵本出版の発展を願って平成7年に創設。絵本芸術の普及，絵本読書の振興，絵本出版の発展に寄与することを目的とする。

【主催者】（公社）全国学校図書館協議会，毎日新聞社
【選考方法】全国学校図書館協議会絵本委員会において候補を決定し，主催者が委嘱した最終選考委員による最終選考会で決定。読者賞については，主催者が指定した「日本絵本賞読者賞候補絵本」を対象として，一般読者から投票を募り，最も得票数が多かった絵本に授賞する
【締切・発表】〔対象〕毎年10月1日から翌年9月30日までの1年間に，日本において出版された絵本とする
【締切・発表】2月末投票締切,3月下旬の「毎日新聞」「学校図書館速報版」紙上にて発表
【URL】http://dokusyokansoubun.jp/ehon/
【連絡先】〒100-8051 東京都千代田区一ツ橋1-1-1 毎日新聞社「日本絵本賞」事務局
【TEL】03-6265-6817

<受賞者>

第1回（平7年）　　ピーター・アーマー〔作〕，アンドリュー・シャケット〔絵〕，二宮 由紀子〔訳〕
　　　　　　　　　「だれか、そいつをつかまえろ」〔ブックローン

29 日本絵本賞〔翻訳絵本賞〕

　　　　　　　　　　　出版〕

第2回（平8年）　　　ミヒャエル・グレイニェク〔絵・文〕, いずみ ちほこ〔訳〕
　　　　　　　　　　　「お月さまってどんなあじ？」〔セーラー出版〕

第3回（平9年）　　　ヴァーナ・アーダマ〔文〕, マーシャ・ブラウン〔絵〕, 松岡 享子〔訳〕
　　　　　　　　　　　「ダチョウのくびはなぜながい？」〔冨山房〕

第4回（平10年）　　 ユリ・シュルヴィッツ〔作〕, さくま ゆみこ〔訳〕
　　　　　　　　　　　「ゆき」〔あすなろ書房〕

第5回（平11年）　　 エリック・カール〔さく〕, 佐野 洋子〔やく〕
　　　　　　　　　　　「こんにちは あかぎつね！」〔偕成社〕

第6回（平13年）　　 パオロ・グアルニエーリ〔文〕, ビンバ・ランドマン〔絵〕, せきぐち ともこ〔訳〕
　　　　　　　　　　　「ジョットという名の少年：羊がかなえてくれた夢」〔西村書店〕

第7回（平14年）　　 マーガレット・ワイルド〔文〕, ロン・ブルックス〔絵〕, 寺岡 襄〔訳〕
　　　　　　　　　　　「キツネ」〔BL出版〕

第8回（平15年）　　 ジャニス・レヴィ〔作〕, クリス・モンロー〔絵〕, もん〔訳〕
　　　　　　　　　　　「パパのカノジョは」〔岩崎書店〕

第9回（平16年）　　 *

第10回（平17年）　　バンダー・ジー・ルース〔文〕, インノチェンティ・ロベルト〔絵〕, 柳田 邦男〔訳〕
　　　　　　　　　　　「エリカ 奇跡のいのち」〔講談社〕

第11回（平18年）　　マクノートン・コリン〔文〕, きたむら さとし

29 日本絵本賞〔翻訳絵本賞〕

	〔絵〕, 柴田 元幸〔訳〕 「ふつうに学校にいくふつうの日」〔小峰書店〕
第12回（平19年）	＊
第13回（平20年）	＊
第14回（平21年）	＊
第15回（平22年）	＊
第16回（平23年）	ジョン・バーニンガム〔ぶん・え〕, 福本 友美子〔やく〕 「ひみつだから！」〔岩崎書店〕
第17回（平24年）	パトリック・マクドネル〔さく〕, なかがわ ちひろ〔やく〕 「どうぶつがすき」〔あすなろ書房〕
第18回（平25年）	＊
第19回（平26年）	チョ ウンヨン〔さく〕, ひろまつ ゆきこ〔やく〕 「はしれ、トト！」〔文化出版局〕
第20回（平27年）	カトリーン・シェーラー〔作〕, 松永 美穂〔訳〕 「ヨハンナの電車のたび」〔西村書店〕
第21回（平28年）	アントワネット・ポーティス〔作〕, 椎名 かおる〔訳〕 「まって」〔あすなろ書房〕
第22回（平29年）	＊
第23回（平30年）	ウィリアム・グリル〔作〕, 千葉 茂樹〔訳〕 「シャクルトンの大漂流」〔岩波書店〕
第24回（平31年）	ペク・ヒナ〔作〕, 長谷川 義史〔訳〕 「あめだま」〔ブロンズ新社〕

30 日本シェークスピア賞〔学術賞(スタンリー・ウェルズ賞)〕

平成3年にイギリスで開催されたジャパン・フェスティバルの期間中,ロンドンの国際シェイクスピア・グローブ・センターで「日本のシェイクスピア展」が開かれた際に,この展覧会に協力した日本の演劇人や文化人が表彰された。これを機に日本シェイクスピア・グローブ・センターより日本人に贈る賞として「日本シェイクスピア賞」が創設された。平成6年度にロンドンの国際シェイクスピア・グローブ・センターが「グローブ賞」を設立したのを期に吸収され,中止された。学術賞以外に,演劇賞(日本のシェイクスピア上演で功績のあったプロデューサーや演出家に,男優賞(サー・ジョン・ギールグッド賞):国際的な仕事をした男優に,女優賞(デイム・ジュディ・デンチ賞):シェイクスピアの女性役で優れた演技を示した女優に,日英文化交流賞(サム・ワナメイカー賞):シェイクスピアを中心とした日英文化交流に対する業績をたたえる賞がある。

【主催者】駒沢大学シェイクスピア・インスティテュート,日本シェイクスピア・グローブ・センター
【選考方法】選考委員の推薦による
【締切・発表】〔対象〕学術賞(スタンリー・ウェルズ賞):翻訳と研究に対して
【賞・賞金】ロンドンの国際シェイクスピア・グローブ・センターより表彰状,協賛のサッポロ・ビール,大和日英基金,グレイト・ブリテン・ササカワ財団,駒沢大学シェイクスピア・インスティテュートより記念品

<受賞者>

第1回(平4年度) 　　小田島 雄志(翻訳家)
　　　　　　　　　　"シェイクスピア全集の完訳と評論活動"

第2回（平5年度）　　　上野 美子（東京都立大学教授）
　　　　　　　　　　　　"多くのシェイクスピアに関する学術論文と著書"

31 日本翻訳出版文化賞（塚越敏理事長）

昭和39年に設立された日本翻訳文化賞に続き，その翌年優れた翻訳図書を刊行した出版社を表彰するために設立された。

【主催者】日本翻訳家協会（塚越敏理事長）
【選考委員】同賞審査委員会
【選考方法】公募
【締切・発表】〔対象〕人文・社会科学,自然科学の分野で外国文から日本文へ，あるいは日本文から外国文へ翻訳したもの
【締切・発表】例年締切は8月末日,発表・表彰は9月30日（世界翻訳の日）
【賞・賞金】賞状,賞牌,賞金
【連絡先】〒101-0051 東京都千代田区神田神保町1-13オリオンプレス内 日本翻訳家協会日本翻訳出版文化賞審査委員会
【TEL】03-3294-3936

<受賞者>

第1回（昭40年）　　　新潮社
　　　　　　　　　　　「人類の美術・シュメール」〔アンドレ・マルロー,アンドレ・パロ共著 青柳瑞穂,小野山節共訳〕

第2回（昭41年）　　　理想社
　　　　　　　　　　　「カント全集 第15巻・自然地理学」〔カント著 三枝充悳訳〕
　　　　　　　　　　　筑摩書房
　　　　　　　　　　　「世界文学大系 第76巻・パミラ」〔S.リチャード

31 日本翻訳出版文化賞（塚越敏理事長）

      ソン著 海老池俊治訳〕,「トリストラム・シャンディ」〔R.スターン著 朱牟田夏雄訳〕
     人文書院
      「転身物語」〔オヴィディウス著 田中秀央 前田敬作訳〕
     タイム・ライフ・インターナショナル
      「ライフ人間世界史・古代ギリシア」〔C.M.パウラ著〕,「ローマ帝国」〔M.ハダス著 日本語監修村川堅太郎 タイムライフブックス編集部訳編〕

第3回（昭42年） 岩波書店
      「トゥーキュディーデス戦史（全3冊）」〔久保正彰訳〕
     読売新聞社
      「毛沢東の中国」〔K.S.カロル著 内山敏訳〕
     筑摩書房
      「シェイクスピア全集（全8巻）」〔小田島雄志ほか訳〕

第4回（昭43年） 岩波書店
      「世界大航海時代叢書」

第5回（昭44年） 文理書院
      「妖精の女王」〔エドマンド・スペンサー著 和田勇一ほか訳〕

第6回（昭45年） 主婦の友社
      「ノーベル賞文学全集（全25巻）」
     冨山房
      「フォークナー全集（全24巻）」

第7回（昭46年） TBSブリタニカ

翻訳の賞事典

「世界こども百科(全16巻)」

美術出版社

「ザ・ヌード(裸体芸術論)」〔ケネス・クラーク著 高階秀爾, 佐々木英也訳〕

第8回(昭47年)　朝日新聞社・事典編集室

「世界動物百科(全192巻)」〔朝日＝ラルース週刊〕

経済往来社

「完訳・歴史の研究(全25巻)」〔A.J.トインビー著〕

チャールズ・イー・タトル・カンパニィ

"夏目漱石著「明暗」「門」「わが輩は猫である」, 永井荷風著「墨東綺譚」, および「日本書紀」, 「方丈記」, 「平家物語」その他1971年9月—1972年8月の英訳図書と, 多年にわたる日本の文学・記録・歴史・美術等の英訳出版の功績"

第9回(昭48年)　河出書房新社

「ベルトルト・ブレヒトの仕事(全6巻)」

主婦と生活社

「少年少女世界の美術館(全12巻)」〔E.ラボフ編〕

共立出版

"「レーザーと光(全5巻)」〔サイエンティフィック・アメリカン編〕と多年にわたる科学図書の翻訳出版"

福音館書店

「インガルス一家の物語(全5巻)」〔L.ワイルダー著〕

第10回(昭49年)　五月書房

31 日本翻訳出版文化賞（塚越敏理事長）

　　　　　　　　　「バーナード・リーチ詩画集」〔B.リーチ著　福田陸太郎訳〕
　　　　　　　　講談社
　　　　　　　　　「聖書の世界（本巻6冊, 別巻4冊）」〔日本聖書学研究所〕
　　　　　　　　TBS出版会
　　　　　　　　　「世界ワンダー百科（全12巻）」
　　　　　　　　小学館
　　　　　　　　　「小学館ランダムハウス英和大辞典（全4巻）」〔稲村松雄ほか訳〕
　　　　　　　　河出書房新社
　　　　　　　　　「ホーフマンスタール選集（全4巻）」〔H.ホーフマンスタール著　川村二郎ほか訳〕
第11回（昭50年）　朝日出版社
　　　　　　　　　「世界児童名作集（全8巻）」〔グラビアンスキー挿絵　関楠生ほか訳〕
　　　　　　　　TBSブリタニカ
　　　　　　　　　「ブリタニカ国際大百科事典（全28巻）」
　　　　　　　　インターナショナル・タイムズ社
　　　　　　　　　「女性生活百科（全8巻）」〔石田アヤ監修〕
第12回（昭51年）　郁文堂
　　　　　　　　　「トリスタンとイゾルデ」〔G.V.シュトラーズブルク著　石川敬三訳〕
　　　　　　　　国書刊行会
　　　　　　　　　「世界幻想文学大系（第1期15巻）」〔紀田順一郎, 荒俣宏編〕
　　　　　　　　フィールド・エンタプライジズ・インターナショナル

翻訳の賞事典　　137

「チャイルドクラフト(全15巻)」〔平塚益徳ほか編〕

研究社
「アメリカ古典文庫全集(全23巻)」〔斉藤真,大橋健三郎ほか編〕

英潮社
「ホガース」〔F.アンタル著 中森義宗,蛭川久康共訳〕

講談社インターナショナル
「BIOGRAPHICAL DICTIONARY OF JAPANESE LITERATURE(英語版「日本文学人名辞典」)」〔久松潜一著 国際教育情報センター編〕

TBSブリタニカ
「海のドラマ」〔E.M.ボージェーザ著 竹内均訳〕

第13回(昭52年)　評論社
「世界の文豪叢書(全25巻)」〔モンタドーリ社刊 鎌田博夫ほか訳〕

ぎょうせい
「世界の民話(全12巻)」〔オイゲン・ディーデリクス社刊 小沢俊夫ほか訳〕

刊々堂出版社
「針灸学」〔上海中医学院編 浅川要ほか訳〕

講談社インターナショナル
「WAR CRIMINAL(英訳・城山三郎作「落日燃ゆ」)」〔ジョン・ベスター訳〕

第14回(昭53年)　講談社インターナショナル
「TUN HUANG(英訳・井上靖作「敦煌」)」〔ジーン・オダ・モイ訳〕

31 日本翻訳出版文化賞（塚越敏理事長）

	中央公論社
	「日本史」〔ルイス・フロイス著 松田毅一, 川崎桃太訳〕
	朝日出版社
	「ニャールのサガ」〔植田兼義訳〕
	大修館書店
	「ウィトゲンシュタイン全集（全10巻）」〔山本信ほか訳〕
	草思社
	「栄光と夢（アメリカ現代史）（全5巻）」〔W.マンチェスター著 鈴木主税訳〕
第15回（昭54年）	春秋社
	「チェスタトン著作集 10巻」〔チェスタトン著 別宮貞徳ほか訳〕
	二見書房
	「コレット著作集 12巻」〔コレット著 新庄嘉章監修〕
	井村文化事業社
	「タイ民衆生活誌」〔プラヤー・アヌマーン・ラーチャトン著 森幹男訳〕他の出版
	中国漢方
	「傷寒論」〔中国中医研究院編 中沢信三, 鈴木達也訳〕
	あかね書房
	「こちらマガーク探偵団 8巻」〔E.W.ヒルディック著 蔭沢忠枝訳〕
第16回（昭55年）	新潮社
	「アイスランド・サガ」〔F.ヨンソン編他 谷口幸男訳〕

翻訳の賞事典　139

恒文社
　「ハンガリー史」〔パムレーニ・エルヴィン編　田代文雄・鹿島正裕訳〕
講談社インターナショナル
　「The Reluctant Admiral：山本五十六伝」〔阿川弘之著　ジョン・ベスター訳〕
成美堂
　「諸王の賦」〔トマス・ハーディ著　長谷安生訳〕
法政大学出版局
　「批評の解剖」〔ノースロップ・フライ著　海老根宏,中村健二,出淵博,山内久明訳〕

第17回（昭56年）　朝日出版社
　「科学の名著（第1期10巻）」〔弥永昌吉ほか監修　伊東俊太郎ほか編　高橋憲一ほか訳〕
旺文社
　「オーデュボン・ソサイエテイ・ブック（野生の鳥,野生の花,野生の樹,海の野生動物）」〔藤川正信,中村凪子,谷地令子訳〕
サイマル出版会
　「歴史の探究（上下）」〔T.H.ホワイト著　堀たお子訳〕
岩波書店
　「広島・長崎の原爆災害（広島市・長崎市原爆災害誌編集委員会著の英訳版）」〔石川栄世,D.L.スエイン訳〕

第18回（昭57年）　東京書籍
　「現代アジア児童文学選（全2巻）」〔ユネスコ・アジア文化センター編　松岡享子監訳〕
集英社

「壮大なる宇宙の誕生」「もう一つの宇宙」「太陽が死ぬ日まで」〔ロバート・ジャストロウ著 小尾信弥ほか訳〕

タイム・ライフ・ブックス社
「ライフ写真年鑑（全10巻）」〔タイム・ライフ・ブックス社編 秋山亮二訳〕

中国漢方
「金匱要略」〔中医研究院編 鈴木達也訳〕

第19回（昭58年）　サイマル出版会
「かわいそうな私の国（全11巻）」〔ザビア・ハーバート著 越智道雄訳〕

第20回（昭59年）　時事通信社
「中国人（上下）」〔フォックス・バターフィールド著 佐藤亮一訳〕

ぎょうせい
「世界の至宝（全12巻）」〔イタリア・ファブリ社刊 友部直ほか訳〕

大修館書店
「イメージ・シンボル事典」〔ド・フリース著 山下主一郎ほか訳〕

のら社
「クシュラの奇跡」〔ドロシー・バトラー著 百々佑利子訳〕

第21回（昭60年）　法政大学出版局
「言語と精神」〔ヴィルヘルム・フォン・フンボルト著 亀山健吉訳〕

集英社
「ラテン・アメリカの文学（全18巻）」〔桑名一博, 土岐恒二ほか訳〕

31 日本翻訳出版文化賞（塚越敏理事長）

第22回（昭61年）　名古屋大学出版会
　　　　　　　　　「ターヘル・アナトミアと解体新書」〔ヨハン・アダム・クルムス著 小川鼎三監修 酒井恒訳編〕
　　　　　　　　晶文社
　　　　　　　　　「思い出のオーウェル」〔オードリィ・コパード，バーナード・クリック編 オーウェル会訳〕
　　　　　　　　平凡社
　　　　　　　　　「聖フランシスコ・ザビエル全書簡」〔河野純徳訳〕
　　　　　　　　雄山閣出版
　　　　　　　　　「プリニウスの博物誌（全3巻）」〔中野定雄，中野里美，中野美代訳〕

第23回（昭62年）　言叢社
　　　　　　　　　「インド＝ヨーロッパ諸制度語彙集（全2巻）」〔エミール・ヴァンヴェニスト著 蔵持不三也，田口良司，渋谷利雄，鶴岡真弓，桧枝陽一郎，中村忠男訳〕
　　　　　　　　吉川弘文館
　　　　　　　　　「韓国絵画史」〔安輝濬著 藤本幸夫，吉田宏志訳〕
　　　　　　　　東京創元社
　　　　　　　　　「ジャン・コクトー全集（全8巻）」〔ジャン・コクトー著 堀口大学，佐藤朔他訳〕
　　　　　　　　朝日新聞社
　　　　　　　　　「MADE IN JAPAN」〔盛田昭夫著 下村満子訳〕

第24回（昭63年）　大東出版社
　　　　　　　　　「国訳一切経（全225巻）」
　　　　　　　　SUHRKAMP社
　　　　　　　　　「DENKEN IN JAPAN」〔Wolfgang Schamoni, Wolfgang Seifert訳〕

名古屋大学出版会
「ロシア原初年代記」〔国本哲夫,山口巌,中条直樹ほか訳〕

第25回(平1年)　恒文社
「東ヨーロッパの文学(第1期・全34冊)」

第26回(平2年)　法政大学出版局
「スウィフト政治,宗教論集」〔ジョナサン・スウィフト著 中野好之,海保真夫訳〕,「歴史哲学「諸国民の風俗と精神について」序論」〔ヴォルテール著 安斎和雄訳〕,「ヴィーコ自叙伝」〔福鎌忠恕訳〕,「平等原理と社会主義」〔ローレンツ・シュタイン著 石川三義,石塚正英,柴田隆行訳〕

河出書房新社
「カトリーヌ・ド・メディシス(上下)」〔ジャン・オリュー著 田中梓訳〕,「いいなづけ」〔アレッサンドロ・マンゾーニ著 平川祐弘訳〕

恒文社
「ロシア教会史」〔N.M.ニコリスキー著 宮本延治訳〕

未来社
「イプセン戯曲全集(全5巻)」〔原千代海訳〕

東京創元社
「薔薇の名前」〔ウンベルト・エーコ著 河島英昭訳〕

第27回(平3年)　原書房
「通辞ロドリゲス」〔松本たま訳〕

河出書房新社
「リルケ全集」〔堀越敏,田口義弘ほか訳〕

31 日本翻訳出版文化賞（塚越敏理事長）

第28回（平4年）　原書房
　　　　　　　　　「古英詩大観―頭韻詩の手法による」「続・古英詩大観」
　　　　　　　　白水社
　　　　　　　　　「フランス中世文学集（全3巻）」〔新倉俊一, 神沢栄三, 天沢退二郎訳〕

第29回（平5年）　みすず書房
　　　　　　　　　「ロッシーニ伝」〔スタンダール著 山辺雅彦訳〕
　　　　　　　　河出書房新社
　　　　　　　　　「差異と反復」〔ジル・ドゥルーズ著 財津理訳〕
　　　　　　　　法政大学出版局
　　　　　　　　　「叢書・ウニベルシタス」「宗教と魔術の衰退（上下）」（キース・トマス著 荒木正純訳），「青春ジュール・ベルヌ論」（ミッシェル・セール著 豊田彰訳），「理解の鋳型」（ジョーゼフ・ニーダム著 井上英明訳）

第30回（平6年）　青土社
　　　　　　　　　「ランボー全詩集」〔平井啓之ほか訳〕
　　　　　　　　早稲田大学出版部
　　　　　　　　　「新しい中国文学（全6巻）」〔岸陽子ほか訳〕
　　　　　　　　筑摩書房
　　　　　　　　　「ローマ帝国衰亡史（全11巻）」〔中野好之ほか訳〕
　　　　　　　　博品社
　　　　　　　　　「博物学ドキュメント（全10巻）」〔関本栄一ほか訳〕

第31回（平7年）　未知谷
　　　　　　　　　「薔薇物語」〔見目誠訳〕
　　　　　　　　河出書房新社

「千のプラトー」〔宇野邦一ほか訳〕
言叢社
「山の神」〔野村伸一, 桧枝陽一郎訳〕
藤原書店
「地中海」〔浜名優美訳〕

第32回（平8年）　紀伊國屋書店
「科学者たちのポール・ヴァレリー」〔菅野昭正ほか訳〕
国文社
「シェイマス・ヒーニー全詩集（全2巻）」〔村田辰夫ほか訳〕
青土社
「元型と象徴の事典」〔橋本槇矩ほか訳〕
みすず書房
「フランス革命事典（全2巻）」〔河野健二ほか訳〕

第33回（平9年）　大修館書店
「世界シンボル大辞典」〔金子仁三郎ほか訳〕
青土社
「象徴のラビリンス（全9巻）」〔種村季弘訳「遍歴」ほか〕
水声社
「セリーヌ伝」〔權寧訳〕

第34回（平10年）　鹿島出版会
「白い机 若い時」「白い机 モダンタイムス」「白い机 円熟期」〔田中雅美ほか訳〕
恒文社
「クリスタ・ヴォルフ選集（全7巻）」〔保坂一夫ほか訳〕

31 日本翻訳出版文化賞（塚越敏理事長）

	早川書房
	「五輪の薔薇」〔甲斐万里江訳〕
	三一書房
	「マハーバーラタ（全9巻）」〔山際素男編訳〕
第35回（平11年）	工作舎
	「ライプニッツ著作集（全10巻）」〔山下正男ほか訳〕
	筑摩書房
	「過去と思索（全3巻）」〔アレクサンドル・ゲルツェン著,金子幸彦ほか訳〕
	紀伊國屋書店
	「シートン動物誌（全12巻）」〔今泉吉晴監訳〕
第36回（平12年）	大東出版社
	「ウパニシャッド」〔湯田豊訳〕,「一万頌般若経」〔蔵文和訳〕
	九州大学出版会
	「ヨーロッパ中世古文書学」〔ジャン・マビヨン著,宮松浩憲訳〕
	朝日新聞社
	「辞書の世界史」〔ジョナサン・グリーン著,三川基好訳〕
第37回（平13年）	大阪教育図書
	「スタインベック全集（全20巻）」
	筑摩書房
	「ロートレアモン全集」〔石井洋二郎訳〕
	大修館書店
	「世界神話大事典」〔イヴ・ボンヌフォワ著,金光仁三郎主幹〕

31　日本翻訳出版文化賞（塚越敏理事長）

第38回（平14年）	勁草書房
	「フレーゲ著作集（全6巻）」
	日本文献出版
	「THE IWAKURA EMBASSY（米欧回覧実記）（全5巻）」
第39回（平15年）	平凡社
	「中世思想原典集成（全20巻, 別巻1）」〔上智大学中世思想研究所編訳・監修〕
第40回（平16年）	日本教文社
	「フロイト最後の日記1929-1939」〔小林司訳〕
	柏書房
	「ホロコースト大事典」〔井上茂子ほか訳〕
	段々社
	「現代アジアの女性作家秀作シリーズ（全12巻）」〔岡田知子ほか訳〕
第41回（平17年）	東京大学出版会
	「社会の教育システム」〔ニクラス・ルーマン著, 村上淳一訳〕
	藤原書店
	「サルトルの世紀」〔ベルナール＝アンリ・レヴィ著, 石崎晴己監訳〕
	法政大学出版局
	「モン・サン・ミシェルとシャルトル」〔ヘンリー・アダムズ著, 野島秀勝訳〕
第42回（平18年度）	未知谷
	「ポーランド文学史」〔チェスワフ・ミウォシュ著, 関口時正, 西成彦, 沼野充義, 長谷見一雄, 森安達也訳〕

翻訳の賞事典　147

新潮社
「ドン キホーテ(全4巻)」〔荻内勝之訳〕
教文館
「マイモニデス伝」〔森泉弘次訳〕
法政大学出版局
「ジャン メリエ遺言書」〔ジャン メリエ著,石川光一,三井吉俊訳〕

第43回(平19年度)　教文館
「宣教師ニコライの全日記(全9巻)」〔ニコライ・カサートキン著,中村健之介監訳,清水俊行,長縄光男,安村仁志・他訳〕
八月舎
「チャペック戯曲全集」〔カレル・チャペック,ヨゼフ・チャペック著,田才益夫訳〕
水声社
「神話の詩学」〔エレアザール・メレチンスキー著,津久井定雄,直野洋子訳〕
大同生命国際文化基金
「地獄の一三三六日—ポル・ポト政権下での真実」〔オム・ソンバット著,岡田知子訳〕

第44回(平20年度)　東京大学出版会
「動物生理学 環境への適応〔原書第5版〕」〔沼田英治,中嶋康裕監訳〕
刀水書房
「中世歴史人類学試論身体・祭儀・夢幻・時間」〔渡邊昌美訳〕
臨川書店
「ヘルマン・ヘッセ全集(全16巻)」〔日本ヘルマン・ヘッセ友の会・研究会編〕

31 日本翻訳出版文化賞（塚越敏理事長）

第45回（平21年度）　南江堂
　　　　　　　　　「ワインバーグ・がんの生物学」〔ロバート A.ワインバーグ著, 武藤誠, 青木正博訳〕
　　　　　　　　　未来社
　　　　　　　　　「俳優の仕事（全3巻）」〔スタニスラフスキー著, 岩田貴, 堀江新二, 浦雅春, 安達紀子訳〕
　　　　　　　　　工作舎
　　　　　　　　　「宇宙の調和」〔ヨハネス・ケプラー著, 岸本良彦訳〕

第46回（平22年度）　春秋社
　　　　　　　　　「パーリ仏教辞典」〔村上真完, 及川真介著〕
　　　　　　　　　同学社
　　　　　　　　　「湖の騎士 ランツェレト」〔ウルリヒ・フォン ツァツィクホーフェン著, 平尾浩三訳〕

第47回（平23年度）　集英社
　　　　　　　　　「慈しみの女神たち（上下2巻）」〔ジョナサン・リテル著, 菅野昭正, 他3訳者訳〕
　　　　　　　　　言叢社
　　　　　　　　　「プリミティブ アート」〔フランツ・ボアズ著, 大村敬一訳〕
　　　　　　　　　藤原書店
　　　　　　　　　「身体の歴史（全3巻）」〔A.コルバン, J-J.クルティー, G.ヴィガレロ監修, Ⅰ：鷲見洋一, Ⅱ：小倉孝誠, Ⅲ：岑村傑監訳〕

第48回（平24年度）　平凡社
　　　　　　　　　「インドの驚異譚 10世紀〈海のアジア〉の説話集（全2巻：東洋文庫）」〔ブズルク・ブン・シャフリヤール著, 家島彦一訳〕

翻訳の賞事典　149

国書刊行会
「カイロ三部作（全3巻）」〔ナギーブ・マフフーズ著, 塙治夫訳〕

第49回（平25年度）　早川書房
「チューリングの大聖堂 コンピュータの創造とデジタル世界の到来」〔ジョージ・ダイソン著, 吉田三知世訳〕

平凡社
「完訳 日本奥地紀行（全4巻：東洋文庫）」〔イザベラ・L.バード著, 金坂清則訳注〕

第50回（平26年度）　日本文献出版
「CLOUDS ABOVE THE HILL」〔Juliet Winters Carpenter, Paul McCarthy, Andrew Cobbing訳, Phyllis Birnbaum編〕（司馬遼太郎「坂の上の雲」英語訳）

東洋書林
「アメリカ西漸史《明白なる運命》とその未来」〔ブルース・カミングス著, 渡辺将人訳〕

第51回（平27年度）　中央大学出版部
「フランス民話集Ⅰ・Ⅱ・Ⅲ・Ⅳ」〔金光仁三郎, 山辺雅彦, 福井千春, 渡邉浩司, 本田貴久, 林健太郎訳〕

名古屋大学出版会
「ローマ政治家伝Ⅰ カエサル」「ローマ政治家伝Ⅱ ポンペイウス」「ローマ政治家伝Ⅲ キケロ」〔長谷川博隆訳〕

第52回（平28年度）　紀伊國屋書店
「トーマス・マン日記（全10巻）」〔森川俊夫他訳〕
（公財）国際文化会館

「Holy Foolery in the Life of Japan」〔Waku Miller訳〕（樋口和憲「笑いの日本文化」），「Japan's Asian Diplomacy」〔David Noble訳〕（小倉和夫「日本のアジア外交：二千年の系譜」），「The Akita Ranga School and The Cultural Context in Edo Japan」〔Ruth S. McCreery訳〕（今橋理子「秋田蘭画の近代」）

第53回（平29年度）　RENAISSANCE BOOKS
「ISABELLA BIRD and JAPAN：A REASSESSMENT」〔Nicholas Pertwee訳〕（金坂清則「イザベラ・バードと日本の旅」）
ひつじ書房
「グリム兄弟言語論集」〔千石喬, 高田博行編訳〕
法政大学出版局
「哲学的急進主義の成立　Ⅰ, Ⅱ, Ⅲ」〔エリー・アレヴィ著, 永井義雄訳〕

第54回（平30年度）　名古屋大学出版会
「原典 ルネサンス自然学（上下）」〔池上俊一監訳〕
新水社
「ヨーロッパはプラハで死んだ―ヒトラー、スターリン支配下の文学風景」〔ユルゲン・ゼルケ著, 浅野洋訳〕

32　日本翻訳大賞

「読者と翻訳者のために, もっと開かれた翻訳の賞をつくりたい」平成26年, 翻訳家・西崎憲のつぶやきに, ゲームクリエイターの米光一成が賛同したことをきっかけとし, クラウドファンディングによる支援を受

け設立。「もっと翻訳者に光があたるように」と発起,「翻訳家がつくる翻訳賞」として実施している。小説・詩・人文学書・児童文学など広く対象とし,言語も問わない。対象期間内に発表された翻訳作品中,最も賞讃したいものに贈る。一般読者の支援を受けて運営し,選考にも読者の参加を仰ぐ。

【主催者】日本翻訳大賞実行委員会
【選考委員】金原瑞人,岸本佐知子,柴田元幸,西崎憲,松永美穂
【選考方法】(第5回)一次選考:Web上で一般読者から候補作を募集し上位14冊を選出,選考委員が無記名で推薦した3冊を加える。二次選考:選考委員の投票で5冊に絞る。最終選考:選考委員で討議のうえ大賞を決定
【締切・発表】(第5回)〔対象〕平成29年12月1日〜平成30年12月31日までに日本語に翻訳された公刊物。書籍に限らない。再刊・復刊は対象外。選考委員が翻訳したもの,翻訳に協力したもの,解説・帯の推薦文等を書いたものも対象外
【締切・発表】(第5回)一般読者推薦の募集:平成31年1月15日〜31日,最終選考会:3月18日,発表:4月14日,授賞式&トークイベント:4月27日
【賞・賞金】受賞1作につき賞金5万円
【URL】https://besttranslationaward.wordpress.com/
【E-mail】besttranslationaward@gmail.com

<受賞者>

第1回(平27年)　　阿部 賢一,篠原 琢〔訳〕
　　　　　　　　　　「エウロペアナ:二〇世紀史概説」(パトリク・オウジェドニーク著)〔白水社〕
　　　　　　　　　斎藤 真理子〔訳〕
　　　　　　　　　　「カステラ」(ヒョン・ジェフン著)〔クレイン〕

第2回(平28年)　　関口 涼子,パトリック・オノレ〔訳〕

「素晴らしきソリボ」(パトリック・シャモワゾー著)〔河出書房新社〕

金子 奈美〔訳〕

「ムシェ 小さな英雄の物語」(キルメン・ウリベ著)〔白水社〕

第3回(平29年) 藤井 光〔訳〕

「すべての見えない光」(アンソニー・ドーア著)〔新潮社〕

松本 健二〔訳〕

「ポーランドのボクサー」(エドゥアルド・ハルフォン著)〔白水社〕

第4回(平30年) 吉川 凪〔訳〕

「殺人者の記憶法」(キム・ヨンハ著)〔CUON〕

関口 時正〔訳〕

「人形」(ボレスワフ・プルス著)〔未知谷〕

第5回(平31年) 木下 眞穂〔訳〕

「ガルヴェイアスの犬」(ジョゼ・ルイス・ペイショット著)〔新潮社〕

木原 善彦〔訳〕

「JR」(ウィリアム・ギャディス著)〔国書刊行会〕

33 日本翻訳文化賞

昭和39年,日本翻訳家協会の創立10周年を記念して,優れた翻訳者の業績を表彰するために設立された。

【主催者】日本翻訳家協会(特定非営利活動法人)

【選考委員】平野裕,鈴木道彦,岩淵達治,叶谷渥子,財津理,上田眞而子,脇功,村田辰夫,森泉弘次,南田みどり,金光仁三郎,甲斐萬里江,田才益

夫, 千葉行, 浅野洋, 木戸芳子, 城眞一, 植田はるみ, 平田翰那, 金井裕, 佃堅輔, 筒井雪路, 林順教, 岩城雄次郎, 内崎以佐美

【選考方法】公募

【締切・発表】〔対象〕人文・社会科学, 自然科学の分野で外国文から日本文へ, あるいは日本文から外国文へ翻訳したもの。海外での出版物も含む。対象年は, 前年度の8月1日〜今年度の7月31日までに出版されたもの。全集は, 最終巻が該当年に出版されていること

【締切・発表】例年締切は8月, 9月発表, 10月表彰式

【賞・賞金】賞状, 賞牌, 賞金

【URL】http://www.japan-s-translators.org/index.html

【連絡先】〒101‐0052 東京都千代田区神田神保町1-58パピロスビル4F 酒井著作権事務所内 日本翻訳家協会

【TEL】03-5317-0578

【FAX】03-5317-0578

【E-mail】info@japan-s-translators.org

<受賞者>

第1回（昭39年）	安藤 孝行〔訳〕
	「形而上学」〔ニーホフ社〕
	G.ボーナス, スウェイト, A.〔訳〕
	「日本詩歌集」〔ペンギンブック社〕
第2回（昭40年）	エドワード・G.サイデンステッカー〔訳〕
	「The Gossamer Years（英訳「蜻蛉日記」）」〔タトル商会〕
	古見 日嘉〔訳〕
	「美学入門」〔ジャン・パウル著 白水社〕
第3回（昭41年）	磯野 友彦, 松浦 茂晴〔訳〕
	「哲学逍遥」〔サンタヤーナ著 勁草書房〕

	山中 巌〔訳〕
	「来たるべき時代の教育」〔セオドア・ブラメルド著 慶応通信〕
第4回（昭42年）	平井 呈一〔訳〕
	「全訳小泉八雲作品集（全12巻）」〔恒文社〕
	平田 寛〔訳〕
	「古代中世科学文化史（全5巻）」〔G.サートン著 岩波書店〕
	福田 恒存〔訳〕
	「シェークスピア全集（全15巻）」〔新潮社〕
	本多 平八郎〔訳〕
	「英訳 MANNYOSHU」〔北星堂〕
第5回（昭43年）	エドワード・G.サイデンステッカー（ミシガン大学教授）
	"「雪国」（川端康成著）その他の日本文学の英訳に対して"
	ベンル, オスカー（ハンブルグ大学教授）
	"「伊豆の踊り子」（川端康成著）その他の日本文学の独訳に対して"
第6回（昭44年）	手塚 富雄（東京大学名誉教授）, 浅井 真男〔ほか訳〕（早稲田大学教授）
	「ヘルダーリン全集（全5巻）」〔河出書房新社〕
	花野 富蔵〔訳〕（熊本商科大学教授）
	「モラエス全集（全4巻）」〔集英社〕
	鈴木 力衛〔訳〕（学習院大学教授）
	「ダルタニアン物語（全11巻）」（アレクサンドル・デュマ著）〔講談社〕
第7回（昭45年）	バルバロ, フェデリコ〔訳〕

「キリスト伝」〔ジョゼッペ・リッチョッティ著 講談社〕

ダン, チャールズ・J., 鳥越 文蔵〔訳〕

「役者論語」〔東大出版会〕

田中 清太郎〔ほか訳〕

「D・Hロレンス詩集（全6巻）」〔国文社〕

第8回（昭46年） 中村 徳三郎〔訳〕

「オシアン（ケルト民族の古歌）」〔岩波書店〕

日本ユネスコ協会連盟「語録・人間の権利」翻訳刊行委員会〔訳〕

「語録・人間の権利」〔平凡社〕

村松 正俊〔訳〕

「西洋の没落（全2巻）」〔O.シュペングラー著 五月書房〕

第9回（昭47年） 高橋 英夫〔訳〕

「神話と古代宗教」〔カール・ケレーニィ著 新潮社〕

柏倉 俊三〔訳〕

「知恵の七柱（全3巻）」〔T.E.ロレンス著 平凡社〕

第10回（昭48年） 呉 茂一〔訳〕

「花冠（訳詩集）」〔紀伊國屋書店〕

谷口 幸男〔訳〕

「エッダ（古代北欧歌謡集）」〔新潮社〕

植田 敏郎〔訳〕

「クリュス選集（全5巻）」〔講談社〕

第11回（昭49年） 加倉井 粛之, 伊東 泰治, 馬場 勝弥, 小栗 友一〔訳〕

「パルチヴァール」〔W.エッシェンバハ著 郁文堂〕

33 日本翻訳文化賞

	生地 竹郎〔訳〕 「ウイリアムの見た農夫ピァズの夢」〔W.ラングランド著 篠崎書林〕 出口 保夫〔訳〕 「キーツ全詩集(全4巻)」〔J.キーツ著 白凰社〕 黒田 寿郎, 柏木 英彦〔訳〕 「イスラーム哲学史」〔H.コルバン著 岩波書店〕
第12回(昭50年)	大島 正〔訳〕 「魔女セレスティナ」〔フェルナンド・デ・ローハス著 同志社大学内外国文学会発行 白水社発売〕 瀬田 貞二〔訳〕 「指輪物語(全6巻)」〔J.R.R.トールキン著 評論社〕 北川 弘, ツチダ, ブルース・T.〔訳〕 「The Tales of The Heike(英訳「平家物語」)」〔東京大学出版会〕
第13回(昭51年)	木下 祝夫〔訳〕 「KOJIKI(独訳「古事記」)」〔香椎宮奉斉会〕 エドワード・G.サイデンステッカー〔訳〕 「THE TALE OF GENJI(英訳「源氏物語」)」〔クノップ社〕
第14回(昭52年)	三神 勲〔訳〕 「シェイクスピア戯曲選集(フォリオ)」〔開明書院〕 湯槇 ます〔監〕, 薄井 坦子, 小玉 香津子〔ほか訳〕 「ナイチンゲール著作集(全3巻)」〔現代社〕 マクレラン, エドウィン〔訳〕

翻訳の賞事典

「A DARK NIGHT'S PASSING（英訳・志賀直哉作「暗夜行路」）」〔講談社インターナショナル〕

第15回（昭53年） 土井 虎賀寿〔訳〕
「DAS KEGON SUTRA（独訳・大方広華厳経）」〔ドイツ文華厳経刊行会〕

柳谷 武夫〔訳〕
「日本史（全5巻）」〔ルイス・フロイス著 平凡社〕

朱牟田 夏雄〔訳〕
「エゴイスト」〔G.メレディス作 岩波書店〕

第16回（昭54年） 平井 正穂〔訳〕
「失楽園」〔J.ミルトン著 筑摩書房〕

中沢 護人〔訳〕
「鉄の歴史 17巻」〔ルードウィヒ・ベック著 たたら書房〕

第17回（昭55年） 藤田 健治〔監訳〕
「変貌した世界の哲学（全4巻）」〔ワルター・シュルツ著 二玄社〕

佐伯 彰一, 武藤 脩二〔訳〕
「言語の都市」〔トニー・タナー著 白水社〕

第18回（昭56年） 石川 栄世, スエイン, D.L.
「広島・長崎の原爆災害（広島市・長崎市原爆災害誌編集委員会著の英訳版）」〔岩波書店〕

第19回（昭57年） 平尾 浩三, 中島 悠爾, 相良 守峯, リンケ 珠子〔訳〕
「ハルトマン作品集」〔ハルトマン・フォン・アウエ著 郁文堂〕

上田 真而子, 佐藤 真理子〔訳〕

「はてしない物語」〔ミヒャエル・エンデ作 岩波書店〕

第20回（昭58年）　渡辺 和雄〔訳〕
「イソップ寓話集（全2巻）」〔小学館〕
吉川 敬子〔訳〕
「王朝四代記（全5巻）」〔ククリット・プラモート著 井村文化事業社〕
野中 耕一〔訳〕
「農村開発顚末記」〔ニミット・プーミターウォン著 勁草書房〕

第21回（昭59年）　安井 琢磨〔訳〕
「世紀末ウィーン＝政治と文化」〔カール・E. ショースキー著 岩波書店〕
杉 富士雄〔訳〕
「"青春の思い出"とその研究」〔フレデリック・ミストラル著 福武書店〕

第22回（昭60年）　野崎 昭弘, はやし はじめ, 柳瀬 尚紀〔訳〕
「ゲーデル・エッシャー・バッハ」〔ダグラス・R.ホフスタッター著 白揚社〕

第23回（昭61年）　高田 勇〔訳〕
「ロンサール詩集」〔ピエール・ド・ロンサール作 青土社〕
市倉 宏祐〔訳〕
「アンチ・オイディプス」〔ジル・ドゥルーズ, フェリックス・ガタリ著 河出書房新社〕
河野 純徳〔訳〕
「聖フランシスコ・ザビエル全書簡」〔平凡社〕
中野 定雄, 中野 里美, 中野 美代〔訳〕

「プリニウスの博物誌（全3巻）」〔雄山閣出版〕

第24回（昭62年）　鈴木 徹郎〔訳〕
　　　　　　　　　「アンデルセン小説・紀行文学全集（全10巻）」〔ハンス・クリスチャン・アンデルセン作 東京書籍〕

第25回（昭63年）　守屋 駿二〔訳〕
　　　　　　　　　「ボワロー「諷刺詩」」〔ニコラ・ボワロー・デブレオー著 岩波書店〕
　　　　　　　　　山形 和美〔訳〕
　　　　　　　　　「誰がモーセを殺したか」〔スーザン・A.ハンデルマン著 法政大学出版局〕

第26回（平1年）　梅津 済美〔訳〕
　　　　　　　　「ブレイク全著作（全2巻）」〔名古屋大学出版会〕

第27回（平2年）　原 千代海〔訳〕
　　　　　　　　「イプセン戯曲全集」〔未来社〕
　　　　　　　　河島 英昭〔訳〕
　　　　　　　　「薔薇の名前」〔東京創元社〕

第28回（平3年）　平尾 浩三〔訳〕
　　　　　　　　「ザイフリート・ヘルブリング—中世ウィーンの覇者と騎士たち」〔郁文堂〕

第29回（平4年）　池田 廉〔訳〕
　　　　　　　　「ペトラルカ カンツォニエーレ」〔名古屋大学出版会〕
　　　　　　　　中村 朝子〔訳〕
　　　　　　　　「パウル・ツェラン全詩集」〔青土社〕

第30回（平5年）　吉原 達也, 平田 公夫, 春山 清純〔訳〕
　　　　　　　　「母権制（上下）」（バハオーフェン著）〔白水社〕

33 日本翻訳文化賞

第31回（平6年）　柳瀬 尚紀〔訳〕
　　　　　　　　「フィネガンズ・ウェイク」（ジョイス著）〔河出書房新社〕
　　　　　　　　富岡 近雄〔訳〕
　　　　　　　　「ゲオルゲ全詩集」〔郁文堂〕

第32回（平7年）　浜名 優美
　　　　　　　　「地中海」〔F.ブローデル著, 藤原書店〕

第33回（平8年）　左近 毅
　　　　　　　　「シベリアと流刑制度」〔ジョージ・ケナン著 法政大学出版局〕
　　　　　　　　森松 健介
　　　　　　　　「トマス・ハーディ全詩集（全2巻）」〔中央大学出版部〕

第34回（平9年）　湯浅 信之
　　　　　　　　「ジョン・ダン全詩集」〔名古屋大学出版会〕
　　　　　　　　野沢 協
　　　　　　　　「ピエール・ベール著作集（全8巻）」〔法政大学出版局〕

第35回（平10年）井上 謙治
　　　　　　　　「さようならウサギⅠ・Ⅱ」（アップダイク著）〔新潮社〕
　　　　　　　　恒吉 法海
　　　　　　　　「ヘスペルス」（ジャン・パウル著）〔九州大学出版会〕

第36回（平11年）原田 憲雄
　　　　　　　　「李賀歌詩編（全3巻）」〔平凡社〕

第37回（平12年）岩淵 達治

翻訳の賞事典　161

33 日本翻訳文化賞

「ブレヒト戯曲集（全8巻）」〔未来社〕

第38回（平13年）　鈴木 道彦
「失われた時を求めて（全13巻）」〔マルセル・プルースト著, 集英社〕

脇 功
「狂えるオルランド 1巻2分冊」〔ルドヴィコ・アリオスト著, 名古屋大学出版会〕

第39回（平14年）　池内 紀
「カフカ小説全集（全6巻）」〔白水社〕

第40回（平15年）　高坂 和彦〔ほか訳〕
「セリーヌの作品（全15巻）」〔国書刊行会〕

第41回（平16年）　清水 眞砂子〔訳〕
「ゲド戦記」〔アーシュラ・K.ル＝グウィン著, 岩波書店〕

第42回（平17年）　大島 かおり〔訳〕
「アーレント＝ヤスパース往復書簡 1926-1969（全3巻）」〔みすず書房〕

第43回（平18年）　渡辺 守章〔訳〕
「繻子の靴（上・下）」〔岩波書店〕

第44回（平19年）　金井 裕〔訳〕
「カイエ1957-1972」（シオラン作）〔法政大学出版局〕

第45回（平20年）　長谷川 博隆〔訳〕
「モムゼンローマの歴史」〔名大出版会〕

高橋 安光〔訳〕
「ヴォルテール書簡集」〔法大出版局〕

第46回（平21年）	リーマン, A.V.〔訳〕
	「万葉集」〔チェコ語訳, チェコ出版〕
第47回（平22年）	柴田 元幸〔訳〕
	「メイスン&ディクスン」〔新潮社〕
第48回（平23年度）	浦井 康男〔訳・註解〕
	「チェコの伝説と歴史」（アロイス・イラーセク著）〔北海道大学出版会〕
	塚本 昌則〔訳〕
	「カリブ海偽典」（パトリック・シャモワゾー著）〔紀伊國屋書店〕
第49回（平24年度）	齋藤 紘一〔訳〕
	「人生と運命（全3巻）」（ワシーリー・グロスマン著）〔みすず書房〕
第50回（平25年度）	檜枝 陽一郎〔編訳・読解〕
	「中世オランダ語 狐の叙事詩」「ライナールト物語」「狐ライナールト物語」〔言叢社〕
第51回（平26年度）	岸本 良彦
	「新天文学 楕円軌道の発見」〔ヨハネス・ケプラー著, 工作舎〕
	高田 英樹
	「マルコ・ポーロ ルスティケッロ・ダ・ピーサ 世界の記「東方見聞録」対校訳」〔名古屋大学出版会〕
第52回（平27年度）	森 一郎
	「活動的生」〔ハンナ・アーレント著, みすず書房〕
第53回（平28年度）	大貫 隆
	「グノーシスと古代末期の精神（全2巻）」〔ハン

翻訳の賞事典

	ス・ヨナス著, ぷねうま舎〕
第54回（平29年度）	森本 公誠〔訳〕
	「イスラム帝国夜話（上下）」〔岩波書店〕
	福田 昇八〔訳〕
	「韻文訳 妖精の女王（上下）」（スペンサー作）〔九州大学出版会〕
第55回（平30年度）	Coolidge Rousmaniere, Nicole〔訳〕
	「History of Art in Japan」（日本美術の歴史 辻惟雄著）〔東京大学出版会〕
	南條 郁子〔訳〕
	「「蓋然性」の探求」（フランクリン作）〔みすず書房〕

34 日本翻訳文化賞（平松幹夫, 人見鉄三郎会長）

日本の学術文化に貢献した翻訳著作物に贈られる賞。主催者の日本翻訳家協会会長は平松幹夫会長から人見鉄三郎会長に移行。平成9年会の解散を決議し, 賞も終了。

【主催者】日本翻訳家協会（人見鉄三郎会長）
【選考方法】公募（自薦, 他薦）と新聞, 雑誌社, 出版社, 学会等の推薦による
【締切・発表】〔対象〕前年8月1日から当該年8月31日までに公刊, 発表された翻訳物, および翻訳に関する顕著な業績の中から, 我が国の学術文化に寄与すると認められた翻訳著作物
【締切・発表】毎年8月31日締切, 10月発表
【賞・賞金】賞状と賞牌（銅版彫刻）

34 日本翻訳文化賞（平松幹夫，人見鉄三郎会長）

<受賞者>

第1回（昭39年度）　G.ボーナス，スウェイト，A.〔訳〕
　　　　　　　　　「日本詩歌集」〔イギリス・ペンギンブックス社〕
　　　　　　　　安藤 孝行〔訳〕
　　　　　　　　　「形而上学」〔オランダ・ニーホーフ社〕

第2回（昭40年度）　エドワード・G.サイデンステッカー〔訳〕
　　　　　　　　　「The Gossamer Years（蜻蛉日記英訳）」〔チャールズ・E.タトル商会〕
　　　　　　　　古見 日嘉〔訳〕
　　　　　　　　　「美学入門」（ジャン・パウル著）〔白水社〕

第3回（昭41年度）　磯野 友彦〔訳〕
　　　　　　　　　「哲学逍遥」（ジョージ・サンタヤーナ著）〔勁草書房〕
　　　　　　　　松浦 茂晴, 山中 巌〔訳〕
　　　　　　　　　「来たるべき時代の教育」（セオドア・ブラメルド著）〔慶応通信〕

第4回（昭42年度）　三笠宮 崇仁〔訳〕
　　　　　　　　　「聖書年代学」（ジャック・フイネガン著）〔岩波書店〕
　　　　　　　　合葉 修一〔ほか訳〕
　　　　　　　　　「Biochemical Engineering」〔東京大学出版会〕

第5回（昭43年度）　鎧 淳〔訳〕
　　　　　　　　　「Ganes'a - Gitā（サンスクリット原典）」〔モウント出版社〕
　　　　　　　　霜田 静志〔訳〕
　　　　　　　　　「ニイル著作集」（A.S.ニイル著）〔黎明書房〕
　　　　　　　　藤本 隆志, 坂井 秀寿〔訳〕

「論理哲学論考」(L.ヴィトゲンシュタイン著)〔法政大学出版局〕

第6回(昭44年度) 　和田 勇一〔監修〕,熊本大学スペンサー研究会〔訳〕
「妖精の女王」(E.スペンサー著)〔文理書院〕
ヘルダーリン会(代表・手塚富雄)〔訳〕
「ヘルダーリン全集 全4巻」〔河出書房新社〕

第7回(昭45年度) 　本川 弘一〔著訳〕
「Physiology of color and pattern vision—色覚および形態覚の生理」〔医学書院〕
鳥越 文蔵〔編訳〕
「The actor's analects—役者論語」(チャールズ・J.ダン著)〔東京大学出版会〕
高橋 邦太郎〔訳〕
「幕末日本図絵 上下」(エーメ・アンベール著)〔雄松堂書店〕
平岡 瑤子,松原 文子〔訳〕
「ちっちゃな淑女たち」(セギュール著)〔小学館〕

第8回(昭46年度) 　高橋 正宜〔著訳〕
「Color atlas of cancer cytology」〔医学書院〕
藤川 吉美〔訳〕
「科学哲学」(S.トゥールミン著)〔東京図書〕
花崎 采琰〔訳〕
「花間集」〔欧陽烱撰 桜楓社〕
平野 耿〔訳〕
「寛容についての書簡」(ジョン・ロック著)〔朝日出版社〕

第9回(昭47年度) 　山口 瑞鳳,定方 晟〔訳〕
「チベットの文化」(R.A.スタン著)〔岩波書店〕

34 日本翻訳文化賞(平松幹夫, 人見鉄三郎会長)

　　　　　　　　　　長石 忠三〔著訳〕
　　　　　　　　　　　「Functional anatomy and histology of the lung」〔医学書院〕
　　　　　　　　　　和田 修二〔訳〕
　　　　　　　　　　　理論的教育学—教育の理論と現実—M.J.ランゲフェルドの教育学」〔未来社〕
　　　　　　　　　　斎藤 哲郎
　　　　　　　　　　　「分析哲学入門 全5巻」(J.ホスパース著)〔法政大学出版局〕
第10回(昭48年度)　河合 忠〔著訳〕
　　　　　　　　　　　「Clinical Aspects of THE PLASMA PROTEINS(日本文からの英訳)」〔医学書院〕
　　　　　　　　　　安川 一夫〔訳〕
　　　　　　　　　　　「サハリン—日・中・ソ抗争の歴史」(ジョン・J.ステファン著)〔原書房〕
　　　　　　　　　　鈴木 力衛〔訳〕
　　　　　　　　　　　「モリエール全集 全4巻」〔中央公論社〕
　　　　　　　　　　長谷 安生〔訳〕
　　　　　　　　　　　「ハンフリー・クリンカ 全3巻上下2冊」(T.スモレット著)〔自費刊行〕
第11回(昭49年度)　石井 桃子〔訳〕
　　　　　　　　　　　「ピーター・ラビットの絵本 全5セット」〔ビアトリクス・ポターさく・え 福音館書店〕
　　　　　　　　　　奈良 毅, 田中 嫺玉〔訳〕
　　　　　　　　　　　「大聖ラーマクリシュナ「不滅の言葉」(アヘンドラ・グプタ)」〔ラーマクリシュナ奉仕会〕
　　　　　　　　　　坂井 玲子〔訳〕
　　　　　　　　　　　「カレワラタリナ—フィンランド民族叙事詩」〔第三文明社〕

| 第12回（昭50年度） | 丹波 明〔著訳〕
| | 「LA STRUCTURE MUSICALE DU NÔ」〔クリンクシェック社〕
| | 中沢 宣夫〔訳〕
| | 「三位一体論」（アウグスティヌス著）〔東京大学出版会〕
| | 牧野 佐二郎〔著訳〕
| | 「HUMAN CHROMOSOMES」〔医学書院〕
| | 谷川 俊太郎〔訳〕
| | 「マザー・グースのうた―英国の伝承童話」〔草思社〕
| 第13回（昭51年度） | 奥田 清明〔著訳〕
| | 「Eine Digambara―Dogmatik」〔フランツ・シュタイナー出版社〕
| | 浜島 義博〔著訳〕
| | 「IMMUNOHISTOPATHOLOGY」〔医学書院〕
| | 船山 信一〔訳〕
| | 「フォイエルバッハ全集 全18巻」〔福村出版〕
| | 君島 久子〔訳〕
| | 「西遊記 上下」〔呉承恩作 福音館書店〕
| 第14回（昭52年度） | 奥田 邦雄, 飯尾 正宏〔著訳〕
| | 「Radiological Aspects of the Liver and Biliary Tract」〔医学書院〕
| | 大槻 春彦〔訳〕
| | 「人間知性論 全4巻」（ジョン・ロック著）〔岩波書店〕
| | 伊藤 成彦, 米川 和夫, 坂東 宏〔訳〕
| | 「ヨギヘスへの手紙 全4巻」（ローザ・ルクセンブルク著）〔河出書房新社〕

34 日本翻訳文化賞（平松幹夫, 人見鉄三郎会長）

	浅川 要〔ほか訳〕
	「針灸学」〔上海中医学院編 刊々堂出版社〕
第15回（昭53年度）	和田 旦〔訳〕
	「答えのない質問」（レナード・バーンスタイン著）〔みすず書房〕
	山下 英秋〔著訳〕
	「Roentgenologic Anatomy of the Lung」〔医学書院〕
	舟知 恵〔訳〕
	「現代インドネシア詩集・恋人は遠い島に」（アブドゥル・ハディ・W.Mら17名著）〔弥生書房〕
第16回（昭54年度）	内山 敬二郎〔訳〕
	「ギリシャ悲劇全集 全4巻」（アイスキュロス, ソポクレース, エウリーピデース著）〔鼎出版会〕
	北御門 二郎〔訳〕
	トルストイ3部作「戦争と平和 全3巻」「アンナ・カレーニナ 全2巻」「復活」〔東海大学出版局〕
第17回（昭55年度）	安田 徳太郎〔訳〕
	「大自然科学史」（フリードリッヒ・ダンネマン著）〔三省堂〕
	岡本 直正〔著訳〕
	「Congenital Anomalies of the Heart」〔医学書院〕
	ジョイス・アクロイド〔訳〕
	「TOLD ROUND A BRUSHWOOD FIRE＝折たく柴の記」（新井白石著）〔東京大学出版会〕
	宮崎 正明〔訳〕
	「能登―人に知られぬ日本の辺境」（パーシヴァル・ローエル著）〔パブリケーション四季〕

34 日本翻訳文化賞（平松幹夫,人見鉄三郎会長）

第18回（昭56年度）　藤林 広超〔訳〕
　　　　　　　　　「則天武后外伝 鏡花縁」（李汝珍著）〔講談社〕
　　　　　　　　　シャスティーン・ヴィデーウス〔訳〕
　　　　　　　　　「BJORNARNA PA NAMETOKOYAMA（宮沢賢治著・童話「なめとこ山の熊」ほか10編と詩36編）」〔ノーシュテット社〕
　　　　　　　　　大林 文彦, 玉井 礼一郎〔訳〕
　　　　　　　　　「マルティン・フィエロ」（ホセ・エルナンデス著）〔たまいらぼ〕

第19回（昭57年度）　杉本 つとむ〔編〕
　　　　　　　　　「江戸時代翻訳日本語辞典」〔早稲田大学出版部〕
　　　　　　　　　山下 肇, 瀬戸 鞏吉, 片岡 啓治, 沼崎 雅行, 石丸 昭二, 保坂 一夫〔訳〕
　　　　　　　　　「希望の原理 全3巻」（エルンスト・ブロッホ著）〔白水社〕
　　　　　　　　　安 宇植〔訳〕
　　　　　　　　　「母（エミ）」（尹興吉著）〔新潮社〕
　　　　　　　　　野沢 協〔訳〕
　　　　　　　　　「十八世紀社会主義」（アンドレ・リシュタンベルジェ著）〔法政大学出版局〕

第20回（昭58年度）　坂下 昇〔訳〕
　　　　　　　　　「メルヴィル全集 全12巻」〔国書刊行会〕
　　　　　　　　　マリー・フィロメーヌ〔編訳〕
　　　　　　　　　「The New Year's Poetry Patry at the Imperial Court（新年歌会始）」〔北星堂書店〕
　　　　　　　　　波利井 清紀〔著訳〕
　　　　　　　　　「MICROVASCULAR TISSUE TRANSFER」〔医学書院〕
　　　　　　　　　陳 舜臣, 陳 謙臣〔訳〕

34 日本翻訳文化賞（平松幹夫, 人見鉄三郎会長）

|第21回（昭59年度）| 「叛旗―小説「李自成」」（姚雪垠著）〔講談社〕
金倉 円照〔訳〕
「シャンカラの哲学 上下」〔春秋社〕
関 敬吾〔監修〕, 斎藤 正雄〔訳〕
「インドネシアの民話―比較研究序説」（ヤン・ドゥ・フリース著）〔法政大学出版局〕
辻 昶, 稲垣 直樹〔訳〕
「ユゴー詩集」〔潮出版社〕
ダイケストラ・K.好子〔訳〕
「MIRACULOUS TALES OF THE LOTUS SUTRA FROM ANCIENT JAPAN - The Dainihonkoku Hokekyokenki of Priest Chingen」〔関西外国語大学国際文化研究所〕

第22回（昭60年度）
飯田 利行〔訳〕
「定本湛然居士文集訳」〔国書刊行会〕
田島 伸悟〔訳〕
「パタソン」（ウィリアム・カーロス・ウィリアムズ著）〔沖積舎〕
手塚 リリ子, 石川 京子〔訳〕
「大英国―歴史と風景」（ルイ・カザミヤン著）〔白水社〕
村田 陽一〔編訳〕
「コミンテルン資料集 全6巻 別巻1」〔大月書店〕

第23回（昭61年度）
塚本 勲, 北嶋 静江〔編〕
「朝鮮語大辞典」〔角川書店〕
シドニー・ブラウン, 広田 昭子〔訳〕
「木戸孝允日記 第3巻」〔東京大学出版会〕
南 亮三郎〔編〕

翻訳の賞事典　171

「人口論名著選集 第3巻」(マルサス・マッケンロート・ソーヴィ著)〔中央大学出版部〕

第24回（昭62年度）　寿岳 文章〔訳〕
「神曲 全3巻」(ダンテ著)〔集英社〕

曽根 元吉〔編訳〕
「ジャン・コクトー全集 全8巻」〔東京創元社〕

井上 修一〔ほか訳〕
「ウィーン精神 全2巻」(W.M.ジョンストン著)〔みすず書房〕

杉本 良夫〔編訳〕
「Japanese Studies Series」〔ロートレッジキーガンポールインターナショナル社〕

第25回（昭63年度）　森岡 恭彦〔訳〕
「生きる権利と死ぬ権利」(F.サルダ著)〔みすず書房〕

亀山 正邦〔監修〕
「Celebrovascular Disease」〔医学書院〕

若林 真〔訳〕
「ジル 上下」(ドリュ・ラ・ロシェル著)〔国書刊行会〕

大倉 純一郎〔訳編〕
「スオミの詩（フィンランド原典）」〔花神社〕

吉岡 一彦〔訳編〕
「パントン（マレーシア原典）」〔花神社〕

第26回（平1年度）　西村 孝次〔訳〕
「オスカー・ワイルド全集」〔青土社〕

梅津 済美〔訳〕
「ブレイク全著作」〔名古屋大学出版会〕

34 日本翻訳文化賞（平松幹夫, 人見鉄三郎会長）

	Wolfgang, Schamoni 「MORI OGAI IM UMBAU」（森鷗外著）〔INSEL VERLAG〕 新谷 弘美〔著訳〕 「コロノスコピー」〔医学書院〕 植木 武, 服部 研二〔訳〕 「太平洋」（ピーター・ベルウッド著）〔法政大学出版局〕
第27回（平2年度）	福鎌 忠恕〔訳〕 「ヴィーコ自叙伝」〔法政大学出版会〕 村上 真完, 及川 真介〔訳〕 「仏のことば」〔春秋社〕 菊池 晴彦, 白馬 明〔訳〕 「ILLUSTRATED TECHNIQUES IN MICRONEUROSURGERY」 花崎 采琰〔訳〕 「花の文化詞」〔東方文芸の会〕 阿部 謹也〔訳〕 「テイル・オイレンシュピーゲルの愉快ないたずら」〔岩波書店〕
第28回（平3年度）	須賀 照雄〔訳〕 「全文英訳万葉集」〔中教出版〕 中村 元〔編訳〕 「ジャータカ全集 10巻」〔春秋社〕 奥田 洋子〔訳〕 「宗門無盡燈論」〔Zen Center London〕 池上 正治〔訳〕 「中国老人医学」〔エンタプライズ〕

日本翻訳文化賞（平松幹夫，人見鉄三郎会長）

第29回（平4年度）　　橋本 雄一〔訳〕
　　　　　　　　　　「Modernism Vol 1,2」〔鳳書房〕
　　　　　　　　　　ジュ・ルンガ, 竹中 良二〔訳〕
　　　　　　　　　　「モンゴル医学史」〔農文協〕
　　　　　　　　　　山下 肇, 前田 和美〔訳〕
　　　　　　　　　　「ファウスト第一部, 第二部・ウルファウスト」〔潮出版〕

第30回（平5年度）　　花園 聡麿, 日野 紹運, J.ハイジック〔訳〕
　　　　　　　　　　「西と東の神秘主義」〔人文書院〕
　　　　　　　　　　河内 賢隆, 山口 晃〔訳〕
　　　　　　　　　　「ビルマータイ鉄道建設捕虜収容所（医療将校ロバート・ハーディ博士の日誌）」〔而立書房〕
　　　　　　　　　　Schöche, Heike〔訳〕
　　　　　　　　　　「Mori Ogai Deutschlandtagebuch」〔Konkursbuch〕
　　　　　　　　　　川端 香男里, 栗原 成郎〔訳〕
　　　　　　　　　　「中世文化のカテゴリー」〔岩波書店〕

第31回（平6年度）　　中谷 義和〔訳〕
　　　　　　　　　　「国家理論」（ボブ・ジェソップ著）〔御茶の水書房〕
　　　　　　　　　　金原 粲, 水橋 衛〔訳〕
　　　　　　　　　　「電子物性の基礎」（ピーター・グロッセ著）〔オーム社〕
　　　　　　　　　　中川 和也〔訳〕
　　　　　　　　　　「チベットの精神医学」（テリー・クリフォード著）〔春秋社〕
　　　　　　　　　　村上 清〔訳〕
　　　　　　　　　　「書物の狩人」（ジョン・ヒル・バートン著）〔図

書出版社〕

第32回（平7年度）　谷　学謙〔訳〕
「長谷川泉日本文学論著選・森鷗外論考」（長谷川泉著）〔時代文芸出版社〕

津谷　喜一郎〔訳〕
「世界伝統医学大全」（R.バンナーマン, J.バートン, 陳文傑著）〔平凡社〕

ペマ・ギャルポ, 藤原　直武
「世界大恐慌」「ラビバドラの大予言」（ラビ・バドラ著）〔総合法令出版〕

第33回（平8年度）　東江　一紀〔訳〕
「自由への長い道―ネルソン・マンデラ自伝」（ネルソン・マンデラ著）〔日本放送出版協会〕

たかもり　ゆか〔訳〕
「狭き門を通って」（カレン・アームストロング著）〔柏書房〕

八百板　洋子〔訳〕
「吸血鬼の花よめ―ブルガリアの昔話」〔福音館書店〕

35　野間文芸翻訳賞

講談社創業80周年を記念して, 平成元年に創設された。日本の文芸作品を海外に紹介し, 国際相互理解の増進に寄与する優れた翻訳者の育成を目的としている。

【主催者】 講談社
【選考委員】（第22回）松永美穂（早稲田大学教授・翻訳家）, 高橋慎也（中央大学教授）, ドゥッペル　メヒティルド（上智大学教授）

【選考方法】非公募

【締切・発表】明治期以降の日本文学のすぐれた翻訳を成し遂げた翻訳者を顕彰する。各年ごとに対象言語を決め,選考する。第20回(平成27年度)は韓国語,第21回(平成29年度)はイタリア語,第22回(平31年度)はドイツ語が対象

【締切・発表】隔年4月に表彰

【賞・賞金】正賞:賞状,副賞:1万米ドル

【URL】https://www.kodansha.co.jp/about/nextgeneration/award.html

【連絡先】〒112-8001 東京都文京区音羽2-12-21 講談社広報室内「野間文芸翻訳賞」係

【TEL】03-5395-3410

<受賞者>

第1回(平2年)　　ジョン・ベスター
　　　　　　　　　"「三島由紀夫短編集」の翻訳"

第2回(平3年)　　パトリック・ドゥ・ヴォス
　　　　　　　　　"村上春樹「羊をめぐる冒険」の翻訳"
　　　　　　　　ヴェロニック・ペラン
　　　　　　　　　"古井由吉「杳子」の翻訳"

第3回(平4年)　　デニス・キーン
　　　　　　　　　"北杜夫「幽霊」の翻訳「Ghosts」"

第4回(平5年)　　ユルゲン・ベルント(フンボルト大学日本文学科教授)
　　　　　　　　　"遠藤周作の一連の作品の翻訳など"
　　　　　　　　ジークフリード・シャールシュミット
　　　　　　　　　"三島由紀夫「天人五衰」の翻訳など"

第5回(平6年)　　マリーア・テレーザ・オルシ(ローマ大学日本語日

本文学教授）
　　　　　　　　　　"坂口安吾「桜の森の満開の下 ほか」などをイタリア語訳"

第6回（平7年）　エドウィン・マクレラン《McClellan, Edwin》（イェール大学教授）
　　　　　　　　　　"吉川英治「忘れ残りの記」の英語訳に対して"

第7回（平8年）　フェルナンド・ロドリゲス・イスキエルド（スペイン）
　　　　　　　　　　"「El rostro ajeno」（安部公房「他人の顔」のスペイン語訳）を中心とする永年の業績に対して"

第8回（平9年）　グニッラ・リンドベリィ・ワダ（スウェーデン）
　　　　　　　　　　"三島由紀夫「春の雪」の翻訳を中心とする日本文学研究"

第9回（平10年）　カトリーヌ・アンスロー（フランス）
　　　　　　　　　　"丸谷才一「たった一人の反乱」のフランス語訳"
　　　　　　　　ジャック・ラルーズ（フランス）
　　　　　　　　　　"開高健「夏の闇」のフランス語訳"

第10回（平11年）　オットー・プッツ（ドイツ）
　　　　　　　　　　"夏目漱石「吾輩は猫である」と大江健三郎「芽むしり仔撃ち」のドイツ語訳"

第11回（平12年）　ジャック・ウェスタホーベン（弘前大学助教授）
　　　　　　　　　　"奥泉光「石の来歴」のオランダ語訳"

第12回（平13年）　ジョルジオ・アミトラーノ（ナポリ東洋大学教授）
　　　　　　　　　　"宮沢賢治「銀河鉄道の夜」のイタリア語訳"

第13回（平14年）　陳 薇（同志社女子大非常勤講師）
　　　　　　　　　　"「永井荷風選集」の中国語訳"

第14回（平15年）　ジェイ・ルービン（ハーバード大学教授）

"村上春樹の小説「ねじまき鳥クロニクル」の英訳に対して"

第15回（平16年）　ヤン ユンオク
　"「日蝕」（平野啓一郎著）の韓国語版の翻訳に対して"

第16回（平19年）　グリゴーリィ・チハルチシヴィリ
　"三島由紀夫「著作集」（アズブカ社）の翻訳に対して"

第17回（平21年）　アンヌ・バヤール・サカイ
　"Ikebukuro West Gate Park（石田衣良「池袋ウェストゲートパーク」）"

　ジャック・レヴィ
　"Miracle"

第18回（平23年）　岳 遠坤
　"山岡荘八「徳川家康 13」の中国語翻訳に対して"

　陸 求実
　"吉田修一「東京湾景」の中国語翻訳に対して"

第19回（平25年）　ロジャー・パルバース
　"宮沢賢治「雨ニモマケズ」ほかの英語翻訳に対して"

第20回（平27年度）　クォン・ヨンジュ
　"恩田陸「三月は深き紅の淵を」の韓国語翻訳に対して"

第21回（平29年度）　アントニエッタ・パストーレ
　"村上春樹「色彩を持たない多崎つくると、彼の巡礼の年」のイタリア語翻訳に対して"

第22回（平31年度）　ウルズラ・グレーフェ《Ursula Graefe》
　　　　　　　　　　"村上春樹「1Q84」（新潮社2009年）および東野圭吾「容疑者Xの献身」（文藝春秋2005年）の翻訳を中心とする永年の業績に対して"
　　　　　　　　　ノラ・ビーリッヒ《Nora Bierich》
　　　　　　　　　　"大江健三郎「取り替え子（チェンジリング）」（講談社2000年）の翻訳を中心とする永年の業績に対して"

36　BABEL国際翻訳大賞

翻訳の質や影響力などの秀でた作品を選び，その訳業の価値を懸賞することを目的として，平成3年に創設。

【主催者】（株）バベル
【選考委員】BABEL国際翻訳大賞選考委員会
【選考方法】非公募
【締切・発表】〔対象〕日本翻訳大賞：前年に刊行された特に優れた翻訳書（年間ベスト翻訳書アンケートを資料とする），功績のあった翻訳家。BABEL新人賞：近年活躍した翻訳家
【賞・賞金】（第11回）日本翻訳大賞：賞状と副賞20万円。BABEL新人賞：賞状と副賞10万円

＜受賞者＞

第1回（平3年度）
　◇日本翻訳大賞　　河島 英昭〔訳〕，ウンベルト・エーコ〔著〕
　　　　　　　　　　「薔薇の名前」〔東京創元社〕
　◇部門賞
　　●文学　　　　　清水 徹，牛島 信明〔訳〕，A.ビオイ・カサーレス〔著〕

「モレルの発明」〔書肆風の薔薇〕
- エンタテインメント

浜口 稔〔訳〕, O.ステープルトン〔著〕

「スターメイカー」〔国書刊行会〕
- ノンフィクション

篠原 勝〔訳〕, C.ヴァン・ウォルフレン〔著〕

「日本／権力構造の謎」〔早川書房〕
- 学術・芸術・思想

安西 祐一郎〔訳〕, M.ミンスキー〔著〕

「心の社会」〔産業図書〕

◇特別賞　　　　　宇野 利泰

"1990年「盗み」他, 長年の仕事に対して"

◇新進翻訳家賞　　雨沢 泰

"1990年「ぼくの美しい人だから」他, 近年の仕事に対して"

第2回（平4年度）

◇日本翻訳大賞　　柳瀬 尚紀〔訳〕, J.ジョイス〔著〕

「フィネガンズ・ウェイク」Ⅰ・Ⅱ〔河出書房新社〕

◇部門賞
- 文学

丹治 愛, 丹治 敏衛〔訳〕, J.バーンズ〔著〕

「10 1/2章で書かれた世界の歴史」〔白水社〕
- エンタテインメント

小尾 芙佐〔訳〕, S.キング〔著〕

「IT」〔文藝春秋〕
- ノンフィクション

池 央耿〔訳〕, C.ストール〔著〕

「カッコウはコンピュータに卵を産む」〔草思社〕

- 思想　　　巽 孝之〔編・訳〕, 小谷 真理〔訳〕, D.ハラウェイ, S.ディレイニー〔著〕
　　　　　　「サイボーグ・フェミニズム」〔トレヴィル〕

◇新進翻訳家賞　堀 茂樹
　　　　　　"「悪童日記」「ふたりの証拠」など, A・クリストフ著作の翻訳・紹介に対して"

　　　　　　芹澤 恵
　　　　　　"「暗闇の終わり」「幻の終わり」など, 近年の仕事に対して"

第3回（平5年度）
　◇日本翻訳大賞　堀 茂樹
　　　　　　"「第三の嘘」とアゴタ・クリストフ三部作の訳業に対して"

　◇部門賞
　　● 文学　　　生井 英考〔訳〕, T.オブライエン〔著〕
　　　　　　「カチアートを追跡して」I・II〔国書刊行会〕
　　● エンタテインメント
　　　　　　相原 真理子〔訳〕, P.コーンウェル〔著〕
　　　　　　「検屍官」（講談社文庫）〔講談社〕
　　● ノンフィクション
　　　　　　堀内 静子〔訳〕, D.キイス〔著〕
　　　　　　「24人のビリー・ミリガン」上・下〔早川書房〕
　　● 学術・芸術・思想
　　　　　　高山 宏〔訳〕, J.バルトルシャイティス〔著〕
　　　　　　「アナモルフォーズ」〔国書刊行会〕

　◇BABEL新人賞　河野 万里子
　　　　　　"「フィッツジェラルドをめざした男」他, 近年の訳業に対して"

渡辺 佐智江
"「血みどろ臓物ハイスクール」の翻訳・紹介に対して"

◇日本翻訳大賞・特別賞
北村 太郎
"長年にわたる翻訳家としての活躍と,翻訳文化の向上に貢献されたことに対して"

黒丸 尚
"長年にわたる翻訳家としての活躍と,翻訳文化の向上に貢献されたことに対して"

第4回(平6年度)
◇日本翻訳大賞　越川 芳明, 植野 達郎, 佐伯 泰樹, 幡山 秀明
"ピンチョン「重力の虹」Ⅰ・Ⅱ(国書刊行会)の訳業に対して"

◇部門賞
● 文学　　　　工藤 幸雄〔訳〕, パヴィチ〔著〕
「ハザール事典」〔東京創元社〕

● エンタテインメント
東江 一紀〔訳〕, スミス〔著〕
「ストーン・シティ」(新潮文庫)〔新潮社〕

● ノンフィクション
土屋 京子〔訳〕, ユン チアン〔著〕
「ワイルド・スワン」〔講談社〕

● 学術・芸術・思想
今村 仁司〔他訳〕, ベンヤミン〔著〕
「パサージュ論」Ⅰ〔岩波書店〕

◇BABEL新人賞　高橋 恭美子
"ケラーマン「水の戒律」(創元推理文庫)ほか,

近年の訳業に対して"

第5回（平7年度）
　◇日本翻訳大賞　　柴田 元幸
　　　　　　　　　　"オースター「ムーン・パレス」（新潮社）の訳業ならびに近年の現代アメリカ文学の翻訳紹介に対して"
　◇部門賞
　　● 文学　　　　　志村 正雄〔訳〕, バース〔著〕
　　　　　　　　　　「サバティカル―あるロマンス」〔筑摩書房〕
　　● エンタテインメント
　　　　　　　　　　上田 公子〔訳〕, デミル〔訳〕
　　　　　　　　　　「将軍の娘」〔文藝春秋〕
　　● ノンフィクション
　　　　　　　　　　柴田 京子〔訳〕, フリードリック〔著〕
　　　　　　　　　　「ハリウッド帝国の興亡」〔文藝春秋〕
　　● 学術・芸術・思想
　　　　　　　　　　宇野 邦一〔他訳〕, ドゥルーズ, ガタリ〔著〕
　　　　　　　　　　「千のプラトー」〔河出書房新社〕
　◇BABEL新人賞　　鴻巣 友季子
　　　　　　　　　　"ファイルズ「メリディアン144」（東京創元社）ほか, 近年の訳業に対して"

第6回（平8年度）
　◇日本翻訳大賞　　今村 仁司〔他〕
　　　　　　　　　　"ベンヤミン「パサージュ論」（全6巻）の訳業に対して"
　◇部門賞
　　● 文学　　　　　志村 正雄〔訳〕, バース〔著〕

「船乗りサムボディ最後の船旅（上・下）」〔講談社〕
- ●エンタテインメント

    酒井 昭伸〔訳〕，シモンズ〔著〕

    「ハイペリオン・ハイペリオンの没落」〔早川書房〕
- ●ノンフィクション

    高橋 武智〔訳〕，ランズマン〔著〕

    「SHOAH（ショアー）」〔作品社〕
- ●学術・芸術・思想

    林 一〔訳〕，ペンローズ〔著〕

    「皇帝の新しい心」〔みすず書房〕

◇BABEL新人賞　栩木 玲子

"マキャフリイ「アヴァン・ポップ」（筑摩書房，共訳），ジェイほか，近年の訳業に対して"

渡辺 了介

"フライシュマン「ジンゴ・ジャンゴの冒険旅行」（あかね書房），キドウェル著「目で見るデジタル計算の道具史」ほか，近年の訳業に対して"

第7回（平9年度）

◇日本翻訳大賞　宮脇 孝雄

"ダニング「死の蔵書」（ハヤカワ・ミステリ文庫）ほか，近年の訳業に対して"

◇部門賞
- ●文学　　丸谷 才一，高松 雄一，J.ジョイス〔著〕，永川 玲二〔訳〕

    「ユリシーズ I、II」〔集英社〕
- ●エンタテインメント

    佐々田 雅子〔訳〕，エルロイ〔著〕

「ホワイト・ジャズ」〔文藝春秋〕
- ノンフィクション
  村上 春樹〔訳〕, ギルモア〔著〕
  「心臓を貫かれて」〔文藝春秋〕
- 学術・思想　木田 元, 徳永 恂, 渡辺 祐邦, 三島 憲一, 須田 朗, 宮武 昭〔訳〕, アドルノ〔著〕
  「否定弁証法」〔作品社〕

◇BABEL新人賞　池田 真紀子
　　"ウェルシュ「トレインスポッティング」(青山出版社)ほか, 近年の訳業に対して"

第8回 (平10年度)
◇日本翻訳大賞　該当者なし
◇部門賞
- 文学　斎藤 兆史, 柴田 元幸〔訳〕, ロッジ〔著〕
  「小説の技巧」〔白水社〕
- エンタテインメント
  白石 朗〔訳〕, S.キング〔著〕
  「グリーン・マイル(1〜6)」(新潮文庫)〔新潮社〕
- ノンフィクション
  富岡 明美, 原 美奈子〔訳〕, フェダマン〔著〕
  「レスビアンの歴史」〔筑摩書房〕
- 学術・思想　鵜飼 哲〔著・訳〕, 大西 雅一郎, 細見 和之, 上野 成利〔訳〕, ルナン, フィフィテ, ロマン, バリバール〔著〕
  「国民とは何か」〔インスクリプト〕

◇BABEL新人賞　古沢 嘉通
　　"マクドナルド「火星夜想曲」(ハヤカワ文庫SF)ほか, 近年の訳業に対して"

第9回（平11年度）
　◇日本翻訳大賞　　　長谷川 宏
　　　　　　　　　　　　"G.W.F.ヘーゲル「精神現象学」（作品社）ほか，近年の訳業に対して"

　◇部門賞
　　●文学　　　　　　柴田 元幸〔訳〕，スティーヴン・ミルハウザー
　　　　　　　　　　　「三つの小さな王国」〔白水社〕
　　●エンタテインメント
　　　　　　　　　　　鴻巣 友季子〔訳〕，トマス・H.クック〔著〕
　　　　　　　　　　　「緋色の記憶」〔文芸春秋〕
　　●ノンフィクション
　　　　　　　　　　　本橋 哲也〔訳〕，レイ・チョウ〔著〕
　　　　　　　　　　　「ディアスポラの知識人」〔青土社〕
　◇BABEL新人賞　　栗原 百代
　　　　　　　　　　　　"レイ・ワイア，ティム・テイト「なぜ少女ばかりねらったのか」（草思社）ほか，近年の訳業に対して"

第10回（平15年度）
　◇日本翻訳大賞　　　嶋田 洋一
　　　　　　　　　　　　"「紙葉の家」（ソニーマガジンズ刊）の訳業に対し"
　◇BABEL新人賞　　該当者なし

第11回（平16年度）
　◇日本翻訳大賞　　　村上 春樹〔訳〕，J.D.サリンジャー〔著〕
　　　　　　　　　　　「キャッチャー・イン・ザ・ライ」〔白水社〕
　◇BABEL新人賞　　鈴木 仁子〔訳〕，W.G.ゼーバルト〔著〕
　　　　　　　　　　　「アウステルリッツ」〔白水社〕

37 ピーコ・デッラ・ミランドラ賞

イタリア語作品の優れた日本語の翻訳に対して贈られる。昭和63 (1988)年に創設されいったん中断されたが, 平成26 (2014)年, 後継として須賀敦子翻訳賞が新設されている。

【主催者】イタリア文化会館

<受賞者>

第1回 (昭63年)　　河島 英昭
　　　　　　　　　「ウンガレッティ全詩集」〔筑摩書房〕

第2回 (平1年)　　須賀 敦子
　　　　　　　　　「マンゾーニ家の人々」(ナタリア・ギンズブルグ)〔白水社〕

第3回 (平2年)　　平川 祐弘
　　　　　　　　　「いいなづけ 17世紀ミラーノの物語」(アレッサンドロ・マンゾーニ)〔河出書房新社〕

第4回 (平3年)　　福鎌 忠恕
　　　　　　　　　「ヴィーコ自叙伝」〔法政大学出版局〕

第5回 (平4年)　　武谷 なおみ
　　　　　　　　　「古代ローマの饗宴」(E.サルツァ・プリーナ・リコッティ)〔平凡社〕

第6回 (平9年)　　柴野 均
　　　　　　　　　「カヴールとその持代」(R.ロメーオ)〔白水社〕

第7回 (平10年)　　北村 暁夫
　　　　　　　　　「マフィアの歴史」(S.ルーポ)〔白水社〕

第8回 (平11年)　　須藤 祐孝
　　　　　　　　　「ルネサンス・フィレンツェ統治論 説教と論文」

(G.サヴォナローラ)〔無限社〕

第9回（平12年）　岡田 温司
　　　　　　　　「芸術論叢 1,2」(R.ロンギ)〔中央公論美術出版〕

第10回（平13年）　藤沢 道郎, 岩倉 具忠, 永井 三明
　　　　　　　　「マキァヴェッリ全集」(全6巻, 補巻)〔筑摩書房〕

第11回（平14年）　脇 功
　　　　　　　　「狂えるオルランド」(ルドヴィコ・アリオスト)〔名古屋出版会〕

第12回（平15年）　稲川 直樹
　　　　　　　　「ブラマンテ ルネサンス建築の完成者」(アルナルド・プルスキ)〔中央公論美術出版 2002〕

第13回（平16年）
　◇文学　　　　堤 康徳
　　　　　　　　「トリエステの謝肉祭」(イタロ・スヴェーヴォ)〔白水社 2002〕
　◇評論・研究書　加藤 守通
　　　　　　　　「ロバの力パラ」(ヌッチョ・オルディネ)〔東信堂 2002〕

第14回（平17年）
　◇文学　　　　中山 エツコ
　　　　　　　　「月ノ石」(トンマーゾ・ランドルフィ)〔河出書房新社 2004〕
　◇文学以外　　三森 のぞみ
　　　　　　　　「アッシジのフランチェスコ」(キアーラ・フルゴーニ)〔白水社 2004〕
　　　　　　　　山田 忠彰, 尾河 直哉
　　　　　　　　「エステティカ イタリアの美学クローチェ&パ

レイゾン」(クローチェ, パレイゾン)〔ナカニシヤ出版 2005〕

38　ビジネス書大賞

年間を代表するビジネス書を選出し表彰する, 日本初のビジネス書アワード。「ビジネス書のプレゼンスをさらに大きなものとすることで, 出版業界の活性化に貢献するとともに, 日本のビジネスパーソンの成長, ひいては日本の産業界の発展に貢献する」ことを目的に, 平成21年に創設。

【主催者】(株)ディスカヴァー・トゥエンティワン, アカデミーヒルズ六本木ライブラリー

【選考委員】ビジネス書に造詣の深い経済界の方, 書店員, 書評家, メディア関係者, 読者(アカデミーヒルズ六本木ライブラリー, ビジネス書大賞サイト利用者)

【選考方法】一次投票で10作品をノミネート作に選定。各選考委員が上位3作品に投票, 投票結果を踏まえた最終選考会にて審議・再投票

【締切・発表】〔対象〕前年1月から12月刊行のビジネス書(「日本のビジネスパーソンの成長, ひいては日本のビジネス界の発展」に寄与するものであれば, 展開場所, 判型問わずビジネス書に含める)

【URL】http://biztai.jp/index.html

【E-mail】biz-tai@d21.co.jp

<受賞者>

(平22年)
　　◇大賞・出版社賞　　タレブ, ナシーム・ニコラス, ダイヤモンド社
　　　　　　　　　　　「ブラック・スワン」
　　◇書店賞　　　　　　柳井 正, 新潮社

「成功は一日で捨て去れ」
◇ブロガー・マスコミ賞
　　　　　神永 正博, ディスカヴァー
　　　　　「不透明な時代を見抜く「統計思考力」」
◇読者賞　　勝間 和代, ダイヤモンド社
　　　　　「起きていることはすべて正しい」
◇新人賞　　小暮 真久, 日本能率協会マネジメントセンター
　　　　　「「20円」で世界をつなぐ仕事」

（平23年）
◇大賞　　　楠木 健, 東洋経済新報社
　　　　　「ストーリーとしての競争戦略」
　　　　　岩崎 夏海, ダイヤモンド社
　　　　　「もし高校野球の女子マネージャーがドラッカーの「マネジメント」を読んだら」
◇最優秀著者賞　佐々木 常夫
　　　　　「働く君に贈る25の言葉」「そうか、君は課長になったのか」〔WAVE出版〕
◇ベスト翻訳ビジネス書賞
　　　　　シーリグ, ティナ, 阪急コミュニケーションズ
　　　　　「20歳のときに知っておきたかったこと」

（平24年）
◇大賞　　　瀧本 哲史, 講談社
　　　　　「僕は君たちに武器を配りたい」
　　　　　アイザックソン, ウォルター, 講談社
　　　　　「スティーブ・ジョブズ（Ⅰ）（Ⅱ）」
◇優秀翻訳ビジネス書賞
　　　　　ガロ, カーマイン, 日経BP社
　　　　　「スティーブ・ジョブズ驚異のイノベーション」

◇書店賞　　　　鳥原 隆志, WAVE出版
　　　　　　　　「究極の判断力を身につける インバスケット思考」
◇特別賞　　　　西川 善文, 講談社
　　　　　　　　「ザ・ラストバンカー 西川善文回顧録」

（平25年）
◇大賞　　　　　グラットン, リンダ, プレジデント社
　　　　　　　　「ワーク・シフト」
◇優秀翻訳ビジネス書賞
　　　　　　　　マクゴニガル, ケリー, 大和書房
　　　　　　　　「スタンフォードの自分を変える教室」
◇書店賞　　　　河野 英太郎, ディスカヴァー・トゥエンティワン
　　　　　　　　「99%の人がしていない たった1%の仕事のコツ」
◇新人賞　　　　伊賀 泰代, ダイヤモンド社
　　　　　　　　「採用基準」

（平26年）
◇大賞経済書部門　西内 啓, ダイヤモンド社
　　　　　　　　「統計学が最強の学問である」
◇大賞経営書部門　三谷 宏治, ディスカヴァー・トゥエンティワン
　　　　　　　　「経営戦略全史」
◇書店賞　　　　佐々木 圭一, ダイヤモンド社
　　　　　　　　「伝え方が9割」
◇審査員特別賞　古賀 史健
　　　　　　　　"「嫌われる勇気」「ゼロ」などの執筆, 構成に対して"

（平27年）
◇大賞　　　　　ティール, ピーター, マスターズ, ブレイク, NHK

　　　　　　　　　出版
　　　　　　　　「ゼロ・トゥ・ワン」
　◇準大賞　　　シュミット，エリック，ローゼンバーグ，ジョナサン，イーグル，アラン，ペイジ，ラリー，日本経済新聞出版社
　　　　　　　　「How Google Works」
　◇書店賞　　　マキューン，グレッグ，かんき出版
　　　　　　　　「エッセンシャル思考」
　◇審査員特別賞　山形 浩生
　　　　　　　　"出版業界の枠を超えて社会現象とまでなった「21世紀の資本」をはじめ，数多くの経済書・ビジネス書の翻訳を通じて日本社会に貢献した功績に対して"

（平28年）
　◇大賞　　　　ホロウィッツ，ベン，日経BP社
　　　　　　　　「HARD THINGS」
　◇準大賞　　　中室 牧子，ディスカヴァー・トゥエンティワン
　　　　　　　　「「学力」の経済学」
　◇審査員特別賞　松尾 豊，KADOKAWA，中経出版
　　　　　　　　「人工知能は人間を超えるか」

（平29年）
　◇大賞　　　　ハラリ，ユヴァル・ノア〔著〕，柴田 裕之〔訳〕，河出書房新社
　　　　　　　　「サピエンス全史（上・下）」
　◇準大賞　　　グラットン，リンダ〔著〕，スコット，アンドリュー〔著〕，池村 千秋〔訳〕，東洋経済新報社
　　　　　　　　「LIFE SHIFT（ライフ・シフト）」
　◇審査員特別賞　森 健〔著〕，小学館

「小倉昌男 祈りと経営 ヤマト「宅急便の父」が闘っていたもの」

◇読者賞　　　　ダックワース, アンジェラ〔著〕, 神崎 朗子〔訳〕, ダイヤモンド社

「やり抜く力：人生のあらゆる成功を決める「究極の能力」を身につける」

(平30年)
　◇大賞　　　　ナイト, フィル
　　　　　　　　「SHOE DOG 靴にすべてを。」〔東洋経済新報社〕
　◇準大賞　　　山口 周
　　　　　　　　「世界のエリートはなぜ「美意識」を鍛えるのか？」〔光文社〕
　　　　　　　　ブレグマン, ルトガー
　　　　　　　　「隷属なき道」〔文藝春秋〕
　◇審査員特別賞　佐藤 航陽
　　　　　　　　「お金2.0 新しい経済のルールと生き方」〔幻冬舎〕

(令1年)
　◇大賞　　　　新井 紀子
　　　　　　　　「AI vs. 教科書が読めない子どもたち」〔東洋経済新報社〕
　◇経営者賞　　フレデリック・ラルー〔著〕, 鈴木 立哉〔訳〕, 嘉村 賢州〔解説〕
　　　　　　　　「経営組織」〔英治出版〕
　◇読者賞　　　スコット・ギャロウェイ〔著〕, 渡会 圭子〔訳〕
　　　　　　　　「the four GAFA 四騎士が創り変えた世界」〔東洋経済新報社〕

39 翻訳特別功労賞

日本学術文化に貢献し，特別の翻訳功労を認められた翻訳著作物等に贈られる賞。平成9年日本翻訳家協会（人見鉄三郎会長）が解散を決議し，賞も終了。

【主催者】日本翻訳家協会（人見鉄三郎会長）
【選考方法】公募（自薦，他薦）と新聞，雑誌社，出版社，学会等の推薦による
【締切・発表】〔対象〕前年8月1日から当該年8月31日までに公刊，発表された翻訳物，および翻訳に関する顕著な業績の中から，特別の翻訳功労を認められた翻訳著作物等
【締切・発表】8月31日締切（適宜。毎年の顕彰は特定しない）
【賞・賞金】賞状と賞牌（銅版彫刻）

<受賞者>

(昭49年)　　松陰女子学院大学学術研究会
　　　　　　「インドの第4次5ケ年計画」〔インド政府計画委員会編　黒沢一晃訳〕
　　　　　　サイマル出版会
　　　　　　「日本人をストップしろ」〔エフィーモフ著　萩野弘巳訳〕

(昭51年)　　新読書社
　　　　　　「ヤヴォーロフ詩集ふたつの情念」〔ヤヴォーロフ著　八百板洋子訳〕

(昭52年)　　サイマル出版会
　　　　　　「日本人―ユニークさの源泉」〔グレゴリー・クラーク著　村松増美訳〕

(昭53年)　　松陰女子学院大学
　　　　　　「翻訳について―20世紀英米小説を中心として」

〔加藤豊男著・訳〕

(昭54年) 毎日新聞社
「血の絆」〔ジャーネージョー・ママレー著 原田正春訳〕

(昭56年) イラク国立印刷所
「ATLAS OF HUMAN ANATOMY」〔アブドル・カリム・アブドル・ラザック著 益田栄訳〕

北星堂書店
「THE AUTOBIOGRAPHY OF FUKUZAWA YUKICHI - WITH PREFACE TO THE COLLECTED WORKS OF FUKUZAWA」〔福沢諭吉著 清岡暎一訳〕

医学書院
「Practical Fiberoptic Colonoscopy」〔酒井義浩著・訳〕

(昭57年) 小学館
「サンチェス=シルバの本 全6巻」〔江崎桂子訳〕

(昭58年) 晶文社
「道化と笏杖」〔ウィリアム・ウィルフォード著 高山宏訳〕

二見書房
「失われた祖国」〔ジョイ・コガワ著 長岡沙里訳〕

(昭59年) 青山館
「内観祈禱録―奥邃の人と思想」〔工藤直太郎著・訳〕

たまいらぼ
「ナラ王物語―「マハーバーラタ」より」〔妣田圭子,藤谷政躬訳〕

39 翻訳特別功労賞

(昭60年) 　　　東方文芸の会
　　　　　　　　「中国の女詩人」〔花崎采琰訳〕
　　　　　　東京大学出版会
　　　　　　　　「Fukuzawa Yukichi on Education」〔福沢諭吉著
　　　　　　　　清岡暎一訳〕
◇特選　　　　山本 武彦〔ほか製作〕
　　　　　　　　「「日→英語自動翻訳システム」の開発」〔山本武
　　　　　　　　彦著・訳〕
(昭61年) 　　　恒文社
　　　　　　　　「大地への祈り」〔リビウ・レブリャーヌ著 住谷
　　　　　　　　春也訳〕
(昭62年) 　　　筑摩書房
　　　　　　　　「ケサル大王物語」(チベット語)〔君島久子訳〕
(昭63年) 　　　三学出版
　　　　　　　　「バガヴァッド・ギーター神の詩」(インド)〔田
　　　　　　　　中嫻玉訳〕
　　　　　　渓水社
　　　　　　　　「白馬のバラッド」〔G.K.チェスタトン著 織田禎
　　　　　　　　造訳〕
(平1年) 　　　坂本 恭章
　　　　　　　　「カンボジア語辞典」
(平5年) 　　　土曜美術社
　　　　　　　　「陳千武詩集」〔陳千武著 秋吉久紀夫訳〕
　　　　　　講談社
　　　　　　　　「快楽亭ブラック」〔イアン・マッカーサー著 内
　　　　　　　　藤誠,堀内久美子訳〕
(平6年) 　　　原書房

196　翻訳の賞事典

（平7年）	「白衣の騎士団 上下」〔コナン・ドイル著 笹野史隆訳〕
	岩波書店
	「ミケランジェロの手紙」〔ミケランジェロ著 杉浦明平訳〕
（平8年）	岩波書店
	「新約聖書 全5冊」〔青野太潮ほか訳〕

40 翻訳ミステリー大賞

　海外作品の原著者と日本の読者の架け橋となっている翻訳者が,「翻訳者として読者のみなさんに特に読んでほしい翻訳ミステリー」を選ぶという点を最大の特徴にしたいと考え,翻訳ミステリーの年間ベスト1を選ぶ目的で平成21年に設立。

【主催者】翻訳ミステリー大賞シンジケート事務局
【選考委員】◇大賞〔投票資格〕(予備投票・本投票共通)フィクション,ノンフィクションを問わず訳書または共訳書が少なくとも一冊ある者。(※令和元年現在,再検討中)
【選考方法】◇大賞〔予備投票〕奥付の記載に準じて前年11月1日から該当年10月31日までに刊行された翻訳小説(新訳作品を含み,同一訳者による改訳・改訂・再刊作品や文庫化作品は含まない)のうち投票者がミステリーと見なす作品から『翻訳者として読者のみなさんに特に読んでほしい作品』を5作選び,順位をつけて記名投票する。5作に満たない投票,投票資格を満たさない者からの投票,無記名投票はいずれも無効。自訳書への投票は自由。予備投票の結果のうち投票のあった全作品を公表する。〔本投票〕投票資格者は,前記有資格者のうち大賞候補作すべてを本投票締切までに読了した者(予備投票をしたかどうかは問わない)。各投票者が候補作のうち「翻訳ミステリー大賞」にもっともふさ

わしいと考える1作に記名投票する。2作以上の投票,最終候補作以外の作品への投票,投票資格を満たさない者からの投票,無記名投票はいずれも無効。自訳書への投票は自由。最多得票作品に「翻訳ミステリー大賞」を授与,最多得票作品が2作ある場合は,2作同時受賞とする。本投票の結果については,投票者名,投票作品,各候補作の獲得点数を公表する。

【締切・発表】〔予備投票〕締切は例年11月末日。投票の点数配分を［1位5点,2位4点,3位3点,4位2点,5位1点］とし,各作品の獲得点数を集計。翻訳ミステリー大賞予選委員会が投票集計結果を参考に大賞候補作5作を選出,12月末までに発表。〔本投票〕締切は例年4月中旬。最終候補作5作より,有資格者の投票によって決定。例年4月中旬実施の翻訳ミステリー大賞授賞式&コンベンションにおいて発表。(※令和元年現在,再検討中)

【賞・賞金】大賞受賞作の訳者に正賞および,副賞として5万円分の図書カードを贈呈。大賞受賞作の原作者に記念品を贈呈。(※令和元年現在,再検討中)

【URL】http://honyakumystery.jp/

【連絡先】翻訳ミステリー大賞シンジケート事務局

【E-mail】honyakumystery@gmail.com

<受賞者>

第1回(2009/平21年度)
　◇大賞　　　　　ドン・ウィンズロウ〔著〕,東江 一紀〔訳〕
　　　　　　　　　「犬の力」

第2回(2010/平22年度)
　◇大賞　　　　　ジェラルディン・ブルックス〔著〕,森嶋 マリ〔訳〕
　　　　　　　　　「古書の来歴」

第3回(2011/平23年度)
　◇大賞　　　　　ケイト・モートン〔著〕,青木 純子〔訳〕

「忘れられた花園」

第4回（2012/平24年度）
　◇大賞　　　　スコット・トゥロー〔著〕, 二宮 馨〔訳〕
　　　　　　　　「無罪INNOCENT」

第5回（2013/平25年度）
　◇大賞　　　　S.キング〔著〕, 白石 朗〔訳〕
　　　　　　　　「11/22/63」

第6回（2014/平26年度）
　◇大賞　　　　ケイト・モートン〔著〕, 青木 純子〔訳〕
　　　　　　　　「秘密」

第7回（2015/平27年度）
　◇大賞　　　　アーナルデュル・インドリダソン〔著〕, 柳沢 由実子〔訳〕
　　　　　　　　「声」

第8回（2016/平28年度）
　◇大賞　　　　ジョー・ネスボ〔著〕, 鈴木 恵〔訳〕
　　　　　　　　「その雪と血を」

第9回（2017/平29年度）
　◇大賞　　　　R.D.ウィングフィールド〔著〕, 芹澤 恵〔訳〕
　　　　　　　　「フロスト始末」

第10回（2018/平30年度）
　◇大賞　　　　アンソニー・ホロヴィッツ〔著〕, 山田 蘭〔訳〕
　　　　　　　　「カササギ殺人事件」

41 本屋大賞〔翻訳小説部門〕

出版業界を現場から盛り上げていけないかという発案のもと,「売場からベストセラーをつくる!」を趣旨とし,全国書店員が選んだ「いちばん!売りたい本」として,平成16年創設。第9回(平成24年)より新訳を含む翻訳小説より選んだ「翻訳小説部門」を設置。第13回(平成26年)より既刊本市場の活性化を狙った「発掘部門」を設置し「超発掘本!」として発表。また,平成30年よりYahoo! ニュースと本屋大賞が連携して,作家への応援とよい作品と出会う機会を増やすことを目的に「ノンフィクション部門」を設置し「ノンフィクション本大賞」を発表。

【主催者】本屋大賞実行委員会,協力:本の雑誌,WEB本の雑誌
【選考委員】全国の新刊書店員
【選考方法】一人3作品まで投票可。「本屋大賞」発表時に,「翻訳部門」の上位3作品を発表
【締切・発表】各指定年度に出版された作品。〔対象〕翻訳:日本で刊行された翻訳小説
【締切・発表】翻訳:4月上旬(大賞,発掘共に),「本の雑誌」増刊「本屋大賞」と発表会で発表。
【URL】http://www.hontai.or.jp/
【連絡先】〒101-0051 東京都千代田区神田神保町1-37 友田三和ビル5F 本の雑誌社内 NPO本屋大賞実行委員会
【TEL】03-3295-1071
【FAX】03-3295-1121

<受賞者>

第9回(平24年)
　　◇1位　　　　フェルディナント・フォン・シーラッハ〔著〕,酒寄進一〔訳〕
　　　　　　　　「犯罪」〔東京創元社〕

41 本屋大賞〔翻訳小説部門〕

- ◇2位　サルバドール・プラセンシア〔著〕, 藤井 光〔訳〕
  「紙の民」〔白水社〕
- ◇3位　アンソニー・ドーア〔著〕, 岩本 正恵〔訳〕
  「メモリーウォール」〔新潮社〕
- ◇3位　ケイト・モートン〔著〕, 青木 純子〔訳〕
  「忘れられた花園（上・下）」〔東京創元社〕

第10回（平25年）

- ◇1位　テア・オブレヒト〔著〕, 藤井 光〔訳〕
  「タイガーズ・ワイフ」〔新潮社〕
- ◇2位　アーナルデュル・インドリダソン〔著〕, 柳沢 由実子〔訳〕
  「湿地」〔東京創元社〕

  モーリス・ルブラン〔著〕, 平岡 敦〔訳〕
  「ルパン、最後の恋」〔早川書房〕
- ◇3位　ロベルト・ボラーニョ〔著〕, 野谷 文昭, 内田 兆史, 久野 量一〔訳〕
  「2666」〔白水社〕

  ネレ・ノイハウス〔著〕, 酒寄 進一〔訳〕
  「深い疵」〔東京創元社〕

第11回（平26年）

- ◇1位　ローラン・ビネ〔著〕, 高橋 啓〔訳〕
  「HHhH―プラハ、1942年」〔東京創元社〕
- ◇2位　S.キング〔著〕, 白石 朗〔訳〕
  「11/22/63」〔文藝春秋〕

  フェルディナント・フォン・シーラッハ〔著〕, 酒寄 進一〔訳〕
  「コリーニ事件」〔東京創元社〕

  レイチェル・ジョイス〔著〕, 亀井 よし子〔訳〕

「ハロルド・フライの思いもよらない巡礼の旅」〔講談社〕

第12回（平27年）
　◇1位　　ピエール・ルメートル《Pierre Lemaitre》〔著〕，橘 明美〔訳〕
　　　　　「その女アレックス」〔文藝春秋〕
　◇2位　　ジョエル・ディケール〔著〕，橘 明美〔訳〕
　　　　　「ハリー・クバート事件」〔東京創元社〕
　　　　　アンディ・ウィアー〔著〕，小野田 和子〔訳〕
　　　　　「火星の人」〔早川書房〕
　◇3位　　ロビン・スローン〔著〕，島村 浩子〔訳〕
　　　　　「ペナンブラ氏の24時間書店」〔東京創元社〕
　　　　　ヨナス・ヨナソン〔著〕，柳瀬 尚紀〔訳〕
　　　　　「窓から逃げた100歳老人」〔西村書店〕

第13回（平28年）
　◇1位　　ガブリエル・ゼヴィン〔著〕，小尾 芙佐〔訳〕
　　　　　「書店主フィクリーのものがたり」〔早川書房〕
　◇2位　　ケン・リュウ〔著〕，古沢 嘉通〔訳〕
　　　　　「紙の動物園」〔早川書房〕
　　　　　ヨナス・ヨナソン〔著〕，中村 久里子〔訳〕
　　　　　「国を救った数学少女」〔西村書店〕
　◇3位　　ミシェル・ウェルベック〔著〕，大塚 桃〔訳〕
　　　　　「服従」〔河出書房新社〕
　　　　　呉 明益〔著〕，天野 健太郎〔訳〕
　　　　　「歩道橋の魔術師」〔白水社〕

第14回（平29年）
　◇1位　　トーン・テレヘン〔著〕，長山 さき〔訳〕

　　　　　　　「ハリネズミの願い」〔新潮社〕
　◇2位　　アンソニー・ドーア〔著〕，藤井 光〔訳〕
　　　　　　　「すべての見えない光」〔新潮社〕
　　　　　　ピーター・トライアス〔著〕，中原 尚哉〔訳〕
　　　　　　　「ユナイテッド・ステイツ・オブ・ジャパン」
　　　　　　　〔早川書房〕
　◇3位　　アンデシュ・ルースルンド，ステファン・トゥンベ
　　　　　　リ〔著〕，ヘレンハルメ 美穂，羽根 由〔訳〕
　　　　　　　「熊と踊れ」〔早川書房〕

第15回（平30年）
　◇1位　　ステファニー・ガーバー〔著〕，西本 かおる〔訳〕
　　　　　　　「カラヴァル―深紅色の少女」〔キノブックス〕
　◇2位　　陳 浩基〔著〕，天野 健太郎〔訳〕
　　　　　　　「13・67」〔文藝春秋〕
　◇3位　　ボストン・テラン〔著〕，田口 俊樹〔訳〕
　　　　　　　「その犬の歩むところ」〔文藝春秋〕

第16回（令1年）
　◇1位　　アンソニー・ホロヴィッツ〔著〕，山田 蘭〔訳〕
　　　　　　　「カササギ殺人事件」〔東京創元社〕
　◇2位　　トーン・テレヘン〔著〕，長山 さき〔訳〕
　　　　　　　「きげんのいいリス」〔新潮社〕
　　　　　　陸 秋槎〔著〕，稲村 文吾〔訳〕
　　　　　　　「元年春之祭」〔早川書房〕

42　正岡子規国際俳句賞

　俳句という文化を愛媛から世界に発信することを目指して創設。歴史

的及び国際的な観点から,世界的詩歌としての俳句(俳句的な精神を有する世界のあらゆる詩型を含む)の発展に貢献した人に賞を贈る。隔年開催。現在休止中。

【主催者】愛媛県文化振興財団,愛媛県,松山市
【締切・発表】〔資格〕国籍,言語を問わない
【締切・発表】(平成12年)8月発表,9月10日授賞式
【賞・賞金】大賞:賞金500万円

<受賞者>

第1回(平12年)
　　◇大賞　　　　　　イヴ・ボンヌフォア(フランス)
　　　　　　　　"俳句に対して深い理解と見識を持ち,それを自らの詩作に用いているほか,評論集「赤い雲」で芭蕉論を展開"
　　◇国際俳句賞　　　李 芒(中国)
　　　　　　　　"中国和歌俳句研究会会長などを務め,俳句の研究,紹介,翻訳に携わってきた"
　　　　　　　　バート・メゾッテン(ベルギー)
　　　　　　　　"句集を持つ俳人で,フランドル俳句センターの創設,雑誌の刊行などを手がけた"
　　　　　　　　ロバート・スピース(米国)
　　　　　　　　"雑誌「Modern Haiku」の編集長で,句集もある"
　　◇国際俳句EIJS特別賞
　　　　　　　　佐藤 和夫(早稲田大名誉教授,俳誌「風」同人)
　　　　　　　　"評論や翻訳,実際の交流事業を通じて,日本の俳句を海外に,海外俳句を日本に紹介し,双方向的な懸け橋となってきた"

第2回（平14年）
　◇国際俳句賞　　　　Heuvel, Cor van den（アメリカ俳句協会元会長）
　　　　　　　　　　　"「俳句選集（The Haiku Anthology）」を編集するなど，英語圏諸国における俳句の普及と理解の深化に大きく貢献"

　　　　　　　　　　　Verm, Satya Bhushan（ジャワハッラール・ネール大学名誉教授，インド）
　　　　　　　　　　　"俳句をヒンディ語に翻訳するほか，俳句とインドの詩との比較研究，俳句雑誌の刊行や俳句クラブの創設などを通じて，インドにおける俳句の普及と理解の深化に大きく貢献"

　◇国際俳句EIJS特別賞
　　　　　　　　　　　和田　茂樹（愛媛大学名誉教授，松山市立子規記念博物館前館長）
　　　　　　　　　　　"「子規全集」編集や子規記念博物館の設立，俳句を軸にした資料探索など，子規の研究と顕彰に大きく貢献"

第3回（平16年）
　◇大賞　　　　　　　ゲーリー・スナイダー（アメリカ）
　◇国際俳句賞　　　　ヒデカズ・マスダ（ブラジル）
　　　　　　　　　　　黄　霊芝（台湾）
　◇国際俳句EIJS特別賞
　　　　　　　　　　　筑紫　磐井（日本）

第4回（平20年）
　◇大賞　　　　　　　金子　兜太（日本）
　◇国際俳句賞　　　　河原　枇杷男（日本）
　◇スウェーデン賞　　内田　園生（日本）
　　　　　　　　　　　李　御寧（韓国）

43 マンガ翻訳コンテスト「Manga Translation Battle」

マンガ翻訳家志望者の活躍の場を増やし,世界のより広い層に質の高い日本のマンガ文化を発信するプラットフォームとなることを目指して,平成24年度から開催(文化庁メディア芸術連携促進事業における連携共同事業)。

【主催者】文化庁,デジタルコミック協議会

【選考委員】(第7回) Deb Aoki (MangaComicsManga.com編集者), Matt Alt (翻訳家), William Flanagan (マンガ翻訳家), 木村智子 (マンガ翻訳家/翻訳学校講師)

【選考方法】出版社をまたいで課題作品を3作選出,それぞれ指定ページの翻訳を募集。プロアマ問わず応募可能

【締切・発表】(第7回) コンテスト応募期間:平成30年9月7日~11月5日。授賞式:平成31年1月30日(水) 講談社において実施。海外でのマンガ出版動向,電子書籍事情などを国内外のマンガ編集者・出版関係者がディスカッションするシンポジウムと併催

【賞・賞金】賞状授与

<受賞者>

第1回(平24年度)

　◇大賞　　　　Shimizu, Shana (カナダ)
　　　　　　　〈対象作品〉「チョコレートコスモス」(春田なな)〔集英社〕
　◇作品優秀賞　pinkie-chan (米国サンディエゴ)
　　　　　　　〈対象作品〉「神童」(さそうあきら)〔双葉社〕
　　　　　　　Haley, Amanda (米国オハイオ州)
　　　　　　　〈対象作品〉「コッペリオン」(井上智徳)〔講談社〕

43 マンガ翻訳コンテスト「Manga Translation Battle」

第2回（平25年度）
　◇大賞　　　　　Kim Perry, Sarah
　　　　　　　　　〈対象作品〉「恋とは呼べない」（町屋はとこ，榎田尤利）

第3回（平26年度）
　◇作品優秀賞　　Loe, Casey
　　　　　　　　　〈対象作品〉「いばらの冠」（神尾葉子）

第4回（平27年度）
　◇大賞　　　　　Murphy, Monique（アメリカ）
　　　　　　　　　〈対象作品〉「いまどきのこども」（玖保キリコ）〔小学館〕
　◇作品優秀賞　　Ward, Jennifer（カナダ）
　　　　　　　　　「会社の奴には絶対知られたくない」（若竹アビシ）〔日本文芸社〕
　　　　　　　　　Classman, Ronald（カナダ）
　　　　　　　　　「蝶のみちゆき」（高浜寛）〔リイド社〕

第5回（平28年度）
　◇大賞　　　　　Summers, Eleanor（UK）
　　　　　　　　　〈対象作品〉「春はあけぼの月もなう空もなお」（サメマチオ）〔宙出版〕
　◇作品優秀賞　　Schumacker, Emma（US）
　　　　　　　　　〈対象作品〉「ずっと独身でいるつもり？」（おかざき真理作画，雨宮まみ原案）〔祥伝社〕
　　　　　　　　　Taylor, Emily（US）
　　　　　　　　　〈対象作品〉「ジャンプの正しい作り方！」（サクライタケシ）〔集英社〕

第6回（平29年度）
　◇大賞　　　　　Johnson-Chonkar, Preston（アメリカ）

〈対象作品〉「ニューヨーク・ニューヨーク」(羅川真里茂)〔白泉社〕

◇作品優秀賞　Kohler, Stephen (アメリカ)

〈対象作品〉「ハチ参る」(遠藤淑子)〔秋水社〕

Kwong, Cyrus (マレーシア)

〈対象作品〉「であいもん」(浅井りん)〔KADOKAWA〕

第7回(平30年度)

◇大賞　Karinen, Molly (アメリカ)

〈対象作品〉「みやこ美人夜話」(須藤佑実)〔祥伝社〕

◇作品優秀賞　Threlfo, Thomas, Liobis, Alex (オーストラリア)

〈対象作品〉「egg star」(戸田誠二)〔宙出版〕

Lin, Minna (カナダ)

〈対象作品〉「京都寺町三条のホームズ」(望月麻衣)〔双葉社〕

44　メディシス賞〔外国小説部門〕

フランス五大文学賞の一つ。1958年にギャラ・バルビザン(Gala Barbisan)とジャン・ピエール=ジロドゥ(Jean-Pierre Giraudoux)によって創設された。無名作家のデビュー作,または才能に見合う名声をまだ得ていない作家の作品を評価することを使命としている。70年に外国小説部門,85年にエッセイ部門が加わり,3部門で実施されている。以前はフェミナ賞(1904年創設,フランス五大文学賞)と同時期に同じ場所(パリのクリヨンホテル)で発表されていた。現在は,フェミナ賞の2日前または2日後にパリのオデオン広場のレストラン「ラ・メディテラ

ネ」(La Méditerranée) で発表されている。

【選考委員】 Emmanuèle Bernheim, Michel Braudeau, Dominique Fernandez (2010～12年 審査員長, アカデミー・フランセーズ会員), Anne F.Garréta (2012～14年 審査員長), Patrick Grainville, Frédéric Mitterand, Christine de Rivoyre, Alain Veinstein, Anne Wiazemski ※審査員長はアルファベット順に2年ごとに回る

【選考方法】 審査員による選考

【締切・発表】〔対象〕外国小説部門：フランス語に翻訳された小説。（他にフランス語で書かれた小説・物語, 短編小説集を対象とした本賞, エッセイ部門がある）

【締切・発表】 パリのレストラン「ラ・メディテラネ」で発表する。(2015年) 11月5日発表

【URL】 https://prixmedicis.wordpress.com/

<受賞者>

1970年	ルイージ・マレルバ《Luigi Malerba》(イタリア) "Saut de la mort"（原題：Salto mortale）
1971年	ジェイムズ・ディッキー《James Dickey》(アメリカ) 「わが心の川」 "Délivrance（原題：Deliverance）"
1972年	セベロ・サルドゥイ《Severo Sarduy》(キューバ) 「コブラ」 "Cobra（原題：Cobra）"
1973年	ミラン・クンデラ《Milan Kundera》(チェコスロバキア) 「生は彼方に」 "La vie est ailleurs（原題：Život je jinde）"
1974年	フリオ・コルタサル《Julio Cortázar》(アルゼンチ

ン）

"Livre de Manuel"（原題：Libro de Manuel）

1975年　スティーヴン・ミルハウザー《Steven Millhauser》（アメリカ）

「エドウィン・マルハウス：あるアメリカ作家の生と死」,La Vie trop brève d'Edwin Mulhouse（原題：Edwin Mullhouse, the Life and Death of an American Writer 1943-1954）

1976年　ドリス・レッシング《Doris Lessing》（イングランド）

「黄金のノート」"Le Carnet d'or（原題：The Golden Notebook）"

1977年　エクトール・ビアンショッティ《Hector Bianciotti》（アルゼンチン）

"Le Traité des saisons"

1978年　Zinoviev, Alexandre（ロシア）

"L'Avenir radieux"（原題：Светлое будущее）

1979年　アレホ・カルペンティエル《Alejo Carpentier》（キューバ）

「ハープと影」"La Harpe et l'Ombre（原題：El arpa y la sombra）"

1980年　アンドレ・ブリンク《André Brink》（南アフリカ）

「白く渇いた季節」"Une saison blanche et sèche（原題：A Dry White Season）"

1981年　ダヴィッド・シャハル《David Shahar》（イスラエル）

"Le Jour de la comtesse"

1982年　ウンベルト・エーコ（イタリア）

44 メディシス賞〔外国小説部門〕

「薔薇の名前」 "Le Nom de la rose（原題：Il nome della rosa）"

1983年　ケネス・ホワイト《Kenneth White》（スコットランド）

"La Route bleue"

1984年　エルサ・モランテ《Elsa Morante》（イタリア）

"Aracoeli"（原題：Aracoeli）

1985年　ジョセフ・ヘラー《Joseph Heller》（アメリカ）

"Dieu sait"（原題：God Knows）

1986年　ジョン・ホークス《John Hawkes》（アメリカ）

"Aventures dans le commerce des peaux en Alaska"（原題：Adventures in the Alaskan Skin Trade）

1987年　アントニオ・タブッキ《Antonio Tabucchi》（イタリア）

「インド夜想曲」 "Nocturne indien（原題：Notturno indiano）"

1988年　トーマス・ベルンハルト《Thomas Bernhard》（オーストリア）

「古典絵画の巨匠たち」 "Maîtres anciens（原題：Alte Meister：Komödie）"

1989年　アルバロ・ムティス《Álvaro Mutis》（コロンビア）

"La Neige de l'amiral"（原題：La nieve del almirante）

1990年　アミタヴ・ゴーシュ《Amitav Ghosh》（インド）

"Les Feux du Bengale"（原題：The Circle of Reason）

メディシス賞〔外国小説部門〕

1991年	ピエトロ・チタティ《Pietro Citati》（イタリア） "Histoire qui fut heureuse, puis douloureuse et funeste"（原題：Storia prima felice, poi dolentissima e funesta）
1992年	ルイス・ベグリイ《Louis Begley》（アメリカ） 「五十年間の嘘」"Une éducation polonaise（原題：Wartime Lies）"
1993年	ポール・オースター《Paul Auster》（アメリカ） 「リヴァイアサン」"Léviathan（原題：Leviathan）"
1994年	ロベルト・シュナイダー《Robert Schneider》（オーストリア） 「眠りの兄弟」"Frère Sommeil（原題：Schlafes Bruder）"
1995年	アレッサンドロ・バリッコ《Alessandro Baricco》（イタリア） "Châteaux de la colère"（原題：Castelli di rabbia）
1996年	ミハエル・クリューガー《Michael Krüger》（ドイツ） "Himmelfarb"（原題：Himmelfarb） リュドミラ・ウリツカヤ《Ludmila Oulitskaïa》（ロシア） 「ソーネチカ」"Sonietchka（原題：Сонечка）"
1997年	T.コラゲッサン・ボイル《T.Coraghessan Boyle》（アメリカ） "América"（原題：The Tortilla Curtain）
1998年	Coe, Jonathan（イングランド）

44 メディシス賞〔外国小説部門〕

	"La Maison du sommeil"（原題：The House of Sleep）
1999年	ビョーン・ラーション《Björn Larsson》（スウエーデン）
	"Le Capitaine et les Rêves"（原題：Drömmar vid havet）
2000年	マイケル・オンダーチェ《Michael Ondaatje》（カナダ）
	「アニルの亡霊」 "Le Fantôme d'Anil（原題：Anil's Ghost）"
2001年	アントニオ・スカルメタ《Antonio Skarmeta》（チリ）
	"La Noce du poète"（原題：La boda del poeta）
2002年	フィリップ・ロス《Philip Roth》（アメリカ）
	「ヒューマン・ステイン」 "La Tache（原題：The Human Stain）"
2003年	エンリーケ・ビラ＝マタス《Enrique Vila-Matas》（スペイン）
	"Le Mal de Montano"（原題：El Mal de Montano）
2004年	アハロン・アッペルフェルド《Aharon Appelfeld》（イスラエル）
	"Histoire d'une vie"（原題：Sippur hayim）
2005年	オルハン・パムク《Orhan Pamuk》（トルコ）
	「雪」 "Neige〈Gallimard〉（原題：Kar）"
2006年	ノーマン・マネア《Norman Manea》（ルーマニア）
	"Le Retour du hooligan: une vie"〈Seuil〉（原

翻訳の賞事典　213

題：întoarcerea huliganului）

2007年　　　　ダニエル・メンデルソーン《Daniel Mendelsohn》（アメリカ）

"Les Disparus"〈Flammarion〉（原題：The Lost）

2008年　　　　Sulzer, Alain Claude（スイス）

"Un garçon parfait"〈Jacqueline Chambon〉（原題：Ein perfekter Kellner）

2009年　　　　デイヴ・エガーズ《Dave Eggers》（アメリカ）

"Le Grand Quoi"〈Gallimard〉（原題：What Is the What：The Autobiography of Valentino Achak Deng）

2010年　　　　デイヴィッド・ヴァン《David Vann》（アメリカ）

"Sukkwan Island"〈Gallmeister〉（原題：Sukkwan Island）

2011年　　　　デイヴィッド・グロスマン《David Grossman》（イスラエル）

"Une femme fuyant l'annonce"〈Seuil〉

2012年　　　　アブラハム・イェホシュア《Avraham Yehoshua》（イスラエル）

"Rétrospective"〈Grasset〉

2013年　　　　Heijmans, Toine（オランダ）

"En mer"〈Christian Bourgois〉（原題：Op zee）

2014年　　　　リリー・ブレット《Lily Brett》（オーストラリア）

"Lola Bensky"〈La Grande Ourse〉（原題：Lola Bensky）

2015年	ハカン・ギュンディ《Hakan Günday》(トルコ) "Encore" 〈Galaade〉(原題:Daha)
2016年	スティーヴ・セム=サンドベルグ(スウェーデン) "Les Élus"(原題:De utvalda)
2017年	パオロ・コニェッティ《Paolo Cognetti》(イタリア) "Les Huit Montagnes"(原題:Le otto montagne)
2018年	レイチェル・クシュナー(アメリカ) "Le Mars Club"(原題:The Mars Room)

45　湯浅芳子賞〔翻訳・脚色部門〕

ロシア文学者の故湯浅芳子氏を記念して、平成6年に創設された。外国戯曲の翻訳で優れた成果をあげた団体と個人に資金を援助し、我が国の芸術文化の普及向上に寄与することを目的とする。他に戯曲上演部門がある。第15回で終了。

【主催者】湯浅芳子記念翻訳劇助成基金

【選考委員】岩波剛(演劇評論家)、小田島雄志(東京大学名誉教授)、瀬戸内寂聴(作家)、扇田昭彦(演劇評論家)、牧原純(チェーホフ研究者)、松岡和子(演劇評論家)、みなもとごろう(演劇評論家)

【締切・発表】〔対象〕翻訳・脚色部門:国内で上演された外国戯曲の原作であって翻訳または脚色が優れたもの

【賞・賞金】戯曲上演部門:50万円、翻訳・脚色部門:50万円×2名

<受賞者>

第1回(平5年度)　　吉田 美枝

45 湯浅芳子賞〔翻訳・脚色部門〕

  "「テレーズ・ラカン」（ゾラ作），「あわれ彼女は娼婦」（フォード作），「危険な関係」（ラクロ作），「スラブ・ボーイズ」（バーン作）の翻訳に対して"

 三田地 里穂

  "「小さな勝利」（ミューラー作），「ヴァニティーズ」（ハイフナー作）の翻訳に対して"

第2回（平6年度） 松岡 和子

  "「間違いの喜劇」「ロミオとジュリエット」「夏の夜の夢」（シェイクスピア作），「ローゼンクランツとギルデンスターンは死んだ」（ストッパード作）の翻訳に対して"

 八木 柊一郎

  "俳優座公演「カラマーゾフの兄弟」（ドストエフスキー原作）の脚色を手がけた"

 話劇人社中国現代戯曲集編集委員会

  "「中国現代戯曲集・第一集」〔晩成書房発行〕の編集・翻訳に対して"

第3回（平7年度） 小田島 恒志

  "「What a Sexy Dinner !」「GHETTO//ゲットー」「FUNNY MONEY」の翻訳に対して"

 青井 陽治

  "「ジェフリー」（ラドニック作），「ジェミニ」（イノラート作），「ソフィストリー（詭弁）」（シャーマン作），「ラブ・レターズ」（ガーニー作），「セイムタイム・ネクストイヤー」（スレード作）の翻訳に対して"

第4回（平8年度） 丹野 郁弓

  "「幸せの背くらべ」（オールビー作），「エニシン

グ・ゴーズ」(ウッドハウス作)の翻訳"

勝田 安彦
"「I DO! I DO!―結婚物語」(ジョーンズ作),「ラヴ」「フル・サークル」(レマルク作)の翻訳"

第5回(平9年度) 毛利 三弥
"イプセンの現代劇11本を個人全訳した「イプセン戯曲選集」"

小沢 僥謳
"劇団プロジェクトOIE公演「ヴェロニカの部屋」「リサの瞳の中に」(リーチ作)の翻訳"

第6回(平10年度) 高田 和文
"「ミランドリーナ・宿の女主人」(ゴルドーニ作),「天使たちがくれた夢は…?」(フォー作)の翻訳"

松本 修
"「プラトーノフ」(チェーホフ作)の脚色"

第7回(平11年度) 岩淵 達治
"「ブレヒト戯曲全集」全8巻の個人全訳に対して"

菱沼 彬晁
"「長江―乗合い船」「幸せの日々」(沈虹光作),「棋人」(過士行作)の翻訳に対して"

第8回(平12年度) 鵜沢 麻由子
"「青春・最終章~僕たちの決算」「ザ・ウィアー(堰)」の翻訳"

常田 景子
"「パウダー・ケグ」「パーフェクト・デイズ」「ツー・ポイント・ファイブ・ミニット・ライ

ド」の翻訳"

第9回(平13年度)　吉原 豊司
　　　"「ハイ・ライフ」「サラ」(マクドゥーガル作),「赤毛のアン」(モンゴメリ作)などの翻訳"

堀江 新二
　　　"「結婚」(ゴーゴリ作)の翻訳,モスクワ・エトセトラ劇場の来日公演「人物たち」(チェーホフ作)の翻訳と文芸協力"

第10回(平14年度)　小宮山 智津子
　　　"「ピッチフォーク・ディズニー」「宇宙でいちばん速い時計」(リドリー作),「ささやく声」(ペンホール作),「ヒカリ・カガヤク」の翻訳"

佐和田 敬司
　　　"「オナー」(マレースミス作),「ストールン」「嘆きの七段階」(ハリソン作)の翻訳"

第11回(平15年度)　山形 治江
　　　"シアターコクーン公演「エレクトラ」(ソポクレス作)の翻訳"

第12回(平16年度)　酒井 洋子
　　　"「ルームサービス」(マレー作),「十二人の怒れる男たち」(ボレッツ作)の翻訳とドラマトゥルグも務めた「THE CRISIS」(ローズ作)の翻訳"

目黒 条
　　　"「ピローマン」(マクドナー作)の翻訳"

第13回(平17年度)　白井 晃
　　　"「偶然の音楽」(オースター作)の脚色"

山内 あゆ子

"「エドモンド」(マメット作)の翻訳"

第14回(平18年度)　徐 賀世子
"「ヴァージニア・ウルフなんかこわくない？」(オールビー作)の翻訳"

鈴木 小百合
"「漂う電球」(アレン作)，「アラブ・イスラエル・クックブック」(ソーンズ作)の翻訳"

第15回(平19年度)　岩切 正一郎
"「ひばり」(アヌイ作)，「カリギュラ」(カミュ作)の翻訳"

石川 樹里
"「呉将軍の足の爪」(パク・ジョヨル作)の翻訳"

46　読売文学賞〔研究・翻訳部門〕

昭和24年，戦後の文芸復興と日本文学の振興を目的に制定された。第7回より研究・翻訳部門が加わり，ほか小説，戯曲，評論・伝記，詩歌俳句の合計5部門について授賞。第19回からは随筆・紀行を加え全6部門とし，第46回から戯曲を戯曲・シナリオ部門に改め現在に至っている。

【主催者】読売新聞社
【選考委員】（第70回）池澤夏樹（作家），荻野アンナ（作家，仏文学者），川上弘美（作家），川村湊（文芸評論家），高橋睦郎（詩人），辻原登（作家），沼野充義（文芸評論家，ロシア・東欧文学者），野田秀樹（劇作家），松浦寿輝（詩人，作家，批評家）渡辺保（演劇評論家）（五十音順）
【選考方法】推薦（毎年11月に既受賞者をはじめ文芸界の多数に文書で推薦を依頼し，12月に第一次選考会，1月に最終選考会）
【締切・発表】〔対象〕1年間（前年11月からその年の11月まで）に発

表・刊行された文学作品の中から各部門について最も優れた作品に授賞する。研究・翻訳のほか、小説、戯曲、随筆・紀行、評論・伝記、詩歌俳句の6部門からなる

【締切・発表】2月発表
【賞・賞金】正賞 硯,副賞200万円
【URL】https://info.yomiuri.co.jp/contest/clspgl/bungaku.html
【連絡先】〒100-8055 東京都千代田区大手町1-7-1 読売新聞東京本社 編集局 読売文学賞事務局
【TEL】03-3242-1111
【FAX】03-3217-8321

<受賞者>

第7回（1955年度）　　昇 曙夢
　　　　　　　　　　　　「ロシヤ・ソヴエト文学史」

第8回（1956年度）　　河野 与一（辞退）
　　　　　　　　　　　　"「プルターク英雄伝」訳"

第9回（1957年度）　　高橋 健二
　　　　　　　　　　　　"ヘッセ研究とその訳業"
　　　　　　　　　　　東郷 豊治
　　　　　　　　　　　　「良寛」

第10回（1958年度）　　呉 茂一
　　　　　　　　　　　　「イーリアス」訳（ホメーロス）

第11回（1959年度）　　渡辺 一夫, 佐藤 正彰, 岡部 正孝
　　　　　　　　　　　　"「千一夜物語」訳"

第12回（1960年度）　　福原 麟太郎
　　　　　　　　　　　　「トマス・グレイ研究抄」

第13回（1961年度）　　土居 光知

　　　　　　　　　　「古代伝説と文学」
　　　　　　　　　河盛 好蔵
　　　　　　　　　　「フランス文壇史」
第14回（1962年度）　星川 清孝
　　　　　　　　　　「楚辞の研究」
第15回（1963年度）　白洲 正子
　　　　　　　　　　「能面」
　　　　　　　　　中西 進
　　　　　　　　　　「万葉集の比較文学的研究」
第16回（1964年度）　渡辺 一夫
　　　　　　　　　　"「ガルガンチュワとパンタグリュエル物語」（ラブレー）訳"
第17回（1965年度）　中西 悟堂
　　　　　　　　　　「定本野鳥記」
第18回（1966年度）　朱牟田 夏雄
　　　　　　　　　　"「紳士トリストラム・シャンディの生涯と意見」（スターン）訳"
　　　　　　　　　松本 克平
　　　　　　　　　　「日本新劇史」
第19回（1967年度）　福田 恒存
　　　　　　　　　　"「シェイクスピア全集」訳"
第20回（1968年度）　受賞作なし
第22回（1970年度）　手塚 富雄
　　　　　　　　　　"「ファウスト」（ゲーテ）訳"
第23回（1971年度）　森 銑三
　　　　　　　　　　「森銑三著作集」

第24回（1972年度）　山本 健吉
　　　　　　　　　「最新俳句歳時記」
第25回（1973年度）　鈴木 力衛
　　　　　　　　　"「モリエール全集」訳"
第26回（1974年度）　尾形 仂
　　　　　　　　　「蕪村自筆句帳」
　　　　　　　　　佐藤 正彰
　　　　　　　　　「ボードレール雑話」
第27回（1975年度）　受賞作なし
第28回（1976年度）　秋庭 太郎
　　　　　　　　　「永井荷風傳」
　　　　　　　　　寿岳 文章
　　　　　　　　　"「神曲」（ダンテ）訳"
第29回（1977年度）　白井 浩司
　　　　　　　　　「アルベール・カミュ その光と影」
第30回（1978年度）　瀬沼 茂樹
　　　　　　　　　「日本文壇史」全六巻
第31回（1979年度）　小竹 武夫
　　　　　　　　　"「漢書」全三巻 訳"
第32回（1980年度）　中村 幸彦
　　　　　　　　　「此ほとり 一夜四歌仙評釈」
　　　　　　　　　柳田 聖山
　　　　　　　　　「一休「狂雲集」の世界」
第33回（1981年度）　柴生田 稔
　　　　　　　　　「斎藤茂吉伝」「続斎藤茂吉伝」

第34回（1982年度）　稲垣 達郎
　　　　　　　　　　「稲垣達郎學藝文集」全三巻
第35回（1983年度）　野間 光辰
　　　　　　　　　　「刪補 西鶴年譜考證」
　　　　　　　　　　井筒 俊彦
　　　　　　　　　　「意識と本質」
第36回（1984年度）　受賞作なし
第37回（1985年度）　菅野 昭正
　　　　　　　　　　「ステファヌ・マラルメ」
　　　　　　　　　　松平 千秋
　　　　　　　　　　"「アナバシス」（クセノポン）訳"
第38回（1986年度）　渡辺 保
　　　　　　　　　　「娘道成寺」
第39回（1987年度）　受賞作なし
第40回（1988年度）　中井 久夫
　　　　　　　　　　"「カヴァフィス全詩集」訳"
第41回（1989年度）　受賞作なし
第42回（1990年度）　茨木 のり子
　　　　　　　　　　"「韓国現代詩選」訳"
　　　　　　　　　　平川 祐弘
　　　　　　　　　　"「いいなづけ 17世紀ミラーノの物語」（マンゾーニ）訳"
第43回（1991年度）　森 亮
　　　　　　　　　　「森亮訳詩集晩国仙果Ⅰ Ⅱ Ⅲ」
第44回（1992年度）　受賞作なし

第45回（1993年度）　小川 和夫
　　　　　　　　　　"「ドンジュアン」（バイロン）訳"
　　　　　　　　　大野 晋
　　　　　　　　　　「係り結びの研究」

第46回（1994年度）　沢崎 順之助
　　　　　　　　　　"「パターソン」（W.C.ウィリアムズ）訳"

第47回（1995年度）　受賞作なし

第48回（1996年度）　篠田 勝英
　　　　　　　　　　"「薔薇物語」（ギヨーム・ド・ロリス/ジャン・ド・マン）訳"

第49回（1997年度）　受賞作なし

第50回（1998年度）　揖斐 高
　　　　　　　　　　「江戸詩歌論」
　　　　　　　　　工藤 幸雄
　　　　　　　　　　"「ブルーノ・シュルツ全集」訳"

第51回（1999年度）　受賞作なし

第52回（2000年度）　岩佐 美代子
　　　　　　　　　　「光厳院御集全釈」

第53回（2001年度）　清水 徹
　　　　　　　　　　「書物について」
　　　　　　　　　鈴木 道彦
　　　　　　　　　　"「失われた時を求めて」（プルースト）訳"

第54回（2002年度）　高松 雄一
　　　　　　　　　　「イギリス近代詩法」

第55回（2003年度）　谷沢 永一
　　　　　　　　　　「文豪たちの大喧嘩」

46 読売文学賞〔研究・翻訳部門〕

第56回（2004年度）	受賞作なし
第57回（2005年度）	受賞作なし
第58回（2006年度）	渡辺 守章
	"「ラシーヌ論」（ロラン・バルト）訳"
第59回（2007年度）	押川 典昭
	"「プラムディヤ・アナンタ・トゥール「人間の大地」四部作」（「プラムディヤ選集2〜7」）訳"
第60回（2008年度）	細川 周平
	「遠きにありてつくるもの」
第61回（2009年度）	丸谷 才一
	"「若い藝術家の肖像」（ジェイムズ・ジョイス）訳"
第62回（2010年度）	野崎 歓
	「異邦の香り―ネルヴァル「東方紀行」論」
第63回（2011年度）	受賞作なし
第64回（2012年度）	宮下 志朗〔訳〕
	「謎とき「悪霊」」亀山郁夫、ラブレー「ガルガンチュアとパンタグリュエル」全5巻
第65回（2013年度）	中務 哲郎〔訳〕
	「ヘシオドス 全作品」
第66回（平26年度）	井波 陵一〔訳〕
	「新訳 紅楼夢」全7冊（曹雪芹著）〔岩波書店〕
第67回（平27年度）	沓掛 良彦〔訳〕
	「黄金の竪琴 沓掛良彦訳詩選」〔思潮社〕
第68回（平28年度）	塩川 徹也〔訳〕

	「パンセ」全3冊（パスカル著）〔岩波書店〕
第69回（平29年度）	関口 時正〔訳〕
	「人形」（ボレスワフ・プルス著）〔未知谷〕
第70回（平30年度）	古井戸 秀夫
	「評伝 鶴屋南北」全2巻〔白水社〕

47 レッシング・ドイツ連邦共和国翻訳賞

ドイツ語から日本語への翻訳を増進する目的で設立。レッシング・ドイツ連邦共和国翻訳賞。

【主催者】 ドイツ大使館, ドイツ文化センター

【賞・賞金】 賞金50万円

＜受賞者＞

第1回（1998年）	長谷川 宏
	「精神現象学」（G.W.F.ヘーゲル著）
第2回（1999年）	内田 芳明
	「古代ユダヤ教」（マックス・ヴェーバー著）
第3回（2000年）	岩淵 達治
	「ブレヒト戯曲全集」（ベルトルト・ブレヒト著）
第4回（2001年）	石光 泰夫, 石光 輝子
	「グラモフォン・フィルム・タイプライター」（フリードリヒ・キットラー著）
第5回（2002年）	西川 賢一
	「わがユダヤ、ドイツ、ポーランド」（マルセル・ライヒ＝ラニツキ著）

第6回（2003年）	鈴木 仁子
	「アウステルリッツ」（W.G.ゼーバルト著）
第7回（2004年）	馬場 靖雄, 上村 隆広, 江口 厚仁
	「社会の法」（ニクラス・ルーマン著）
第8回（2005年）	田村 和彦
	「男たちの妄想」（クラウス・テーヴェライト著）
第9回（2006年）	平野 卿子
	「キャプテン・ブルーベアの13と1/2の人生」（ヴァルター・メアス著）
第10回（2007年）	青木 隆嘉
	「思索日記」（ハンナ・アーレント著）
第11回（2008年）	長谷川 博隆
	「ローマの歴史」（テオドール・モムゼン著）
第12回（2009年）	村岡 晋一, 細見 和之, 小須田 健
	「救済の星」（フランツ・ローゼンツヴァイク著）

受賞者名索引

【あ】

アイザックソン, ウォルター ‥ 190
合葉 修一 ……………………… 165
相原 真理子 …………………… 181
アヴリンヌ, ナターシャ ……… 110
青井 陽治 ……………………… 216
青木 幸子 ……………………… 49
青木 純子 ………………… 199,201
青木 隆嘉 ……………………… 227
青柳 悦子 ……………………… 111
青柳 瑞穂 ……………………… 130
青山 真知子 …………………… 6
青山 南 ………………………… 93
東江 一紀 ………… 175, 182, 198
秋月 準也 ……………………… 46
秋友 克也 ………… 56, 57, 63, 64
秋庭 太郎 ……………………… 222
秋山 伸子 ……………………… 87
秋吉 良人 ……………………… 113
アクロイド, ジョイス ………… 169
浅井 真男 ……………………… 155
浅川 要 ………………………… 169

朝比奈 弘治 …………………… 90
アザレロ, ブライアン ………… 56
アーシー, イアン ……………… 98
アシキャン, ブリジット・
　シャベール ………………… 72
アーダマ, ヴァーナ …………… 131
アッペルフェルド, アハロン ‥ 213
阿藤 智恵 ……………………… 45
アトラン, コリンヌ …………… 87
アドルノ ………………………… 185
アハマド ………………………… 94
アビラシェッド, ゼイナ ……… 64
アフロン, デヴィ ……………… 17
阿部 謹也 ……………………… 173
阿部 賢一 ……………………… 152
阿部 優子 ……………………… 95
阿部 良雄 ……………………… 84
アーマー, ピーター …………… 130
天沢 退二郎 …………………… 86
天野 健太郎 ……………… 202,203
アミトラーノ, ジョルジオ …… 177
雨沢 泰 ………………………… 180
あらい あつこ ………………… 6
新井 紀子 ……………………… 193
荒井 正道 ……………………… 3

新谷 昌宏 ……………………… 108	イェホシュア, アブラハム …… 214
有田 忠郎 ………………………… 86	伊賀 泰代 ……………………… 191
アリュー, イヴ=マリー ………… 88	イガラシ, マティアス ………… 105
アリュー, ブリジット …………… 88	生井 英考 ……………………… 181
アールグレン, ダニエル ………… 58	イーグル, アラン ……………… 192
アルスノー, イザベル …………… 62	池 央耿 ………………………… 180
アルドリッジ, マシュー・J.… 103	池内 紀 ………………………… 162
アレ・ガルザ ……………………… 65	池上 正治 ……………………… 173
アロースミス, ウィリアム …… 125	池田 廉 ………………………… 160
安 宇植 ………………………… 170	池田 真紀子 …………………… 185
安 在珉 ………………………… 105	池村 千秋 ……………………… 192
安西 祐一郎 …………………… 180	石井 晴一 ………………………… 88
アンスロー, カトリーヌ …. 90,177	石井 桃子 ……………………… 167
安藤 孝行 ………………… 154,165	石井 洋二郎 ……………… 86,108
安藤 裕介 ……………………… 119	石川 栄世 ……………………… 158
アントナン・ビヤール, ジャン .. 71	石川 京子 ……………………… 171
	石川 樹里 ……………………… 219
【い】	石川 裕人 ……… 55, 56, 62, 63
	石川 学 ………………………… 120
李 御寧 ………………………… 205	石川 素子 ………………………… 95
イ ヨンギョン …………………… 93	石津 ちひろ ……………………… 95
飯尾 正宏 ……………………… 168	石橋 正孝 ………………………… 91
飯田 利行 ……………………… 171	石丸 昭二 ……………………… 170
イェークストロム, オーサ ……… 60	石光 輝子 ……………………… 226
	石光 泰夫 ……………………… 226

イスキエルド,フェルナンド・
　ロドリゲス ………………… 177
井筒 俊彦 ……………………… 223
いずみ ちほこ ………………… 131
泉 美知子 ……………………… 118
磯野 友彦 ………………… 154,165
板井 澄枝 ………………………… 51
板垣 七重 ……………………… 128
市倉 宏祐 ……………………… 159
伊東 晶子 ………………………… 6
伊藤 成彦 ……………………… 168
伊藤 舞梨 ………………………… 62
伊東 泰治 ……………………… 156
稲賀 繁美 ……………………… 111
稲垣 達郎 ……………………… 223
稲垣 直樹 ……………………… 171
稲川 直樹 ……………………… 188
井波 陵一 ……………………… 225
稲村 文吾 ……………………… 203
犬飼 彩乃 ………………………… 66
井上 謙治 ……………………… 161
井上 修一 ……………………… 172
猪熊 葉子 …………………… 7,42
茨木 のり子 …………………… 223
揖斐 高 ………………………… 224

今橋 映子 ……………………… 109
今村 仁司 ………………… 182,183
彌永 信美 ……………………… 107
岩切 正一郎 …………………… 219
岩倉 具忠 ……………………… 188
岩佐 美代子 …………………… 224
岩崎 たまゑ ………………… 5,128
岩崎 夏海 ……………………… 190
いわじょう よしひと ………… 95
岩瀬 徳子 ……………………… 127
岩淵 達治 ………… 162, 217, 226
岩本 正恵 ……………………… 201
岩本 美智子 ……………………… 49
インドリダソン,アーナル
　デュル …………………… 199,201

【う】

ヴァルガス,フレッド ……… 16,17
ヴァレント,トニー …………… 62
ヴァン,デイヴィッド ………… 214
ウィアー,アンディ …………… 202
ウィーヴァー,ウィリアム …… 124
ウィーズナー,デヴィッド …… 43

ヴィデーウス, シャスティーン ……………………… 170	上村 忠男 ……………… 122
ウィトラム, ジョン・B. ……… 102	ウェルベック, ミシェル ……… 202
ウィニック, ジャド …………… 60	ヴェルマン, ファビアン ……… 59
ウィリアムズ, J.H. III ………… 60	ヴォス, パトリック・ドゥ … 176
ウィルキンソン, キャロル …… 93	ウォルフレン, C.ヴァン ……… 180
ウィン, フランク ……………… 17	ヴォーン, ブライアン・K. … 61,63
ウィングフィールド, R.D. …… 199	鵜飼 哲 ………………… 185
ウィンクラー, ドナルド ……………………… 73, 79, 80	牛島 信明 ……………… 180
ヴィンシュルス ………………… 56	牛原 眞弓 ……………… 128
ウィンズロウ, ドン …………… 198	薄井 坦子 ……………… 157
ヴィヴェス, バスティアン ……………………… 58, 60, 62	内田 園生 ……………… 205
ウェインハウス, オストリン … 124	内田 芳明 ……………… 226
植木 武 ………………………… 173	内田 吉彦 ………………… 4
ウェスタホーベン, ジャック … 177	内田 兆史 ……………… 201
上田 公子 ……………………… 183	内田 莉沙子 ……………… 8
植田 敏郎 ……………………… 156	内山 敬二郎 …………… 169
上田 真而子 ……………… 8,159	内山 将夫 ………………… 38
ウェタシンヘ, シビル ………… 42	ウッズ, ジョン・E. ……… 125
上野 成利 ……………………… 185	宇野 邦一 ……………… 183
植野 達郎 ……………………… 182	宇野 重規 ……………… 115
上野 美子 ……………………… 134	宇野 利泰 ……………… 180
上村 隆広 ……………………… 227	生方 頼子 ………………… 54
	梅澤 礼 ………………… 120
	梅津 済美 …………… 160,172
	梅本 洋一 ……………… 109

浦井 康男 ················ 163
浦辺 千鶴 ················ 46
ウリツカヤ, リュドミラ ······· 212
ウルフマン, マーブ ·········· 62

【え】

永窪 玲子 ················ 50
エイジャ, デイビッド ········ 59
エガーズ, デイヴ ··········· 214
江口 厚仁 ················ 227
江口 和美 ················ 127
江国 真美 ················ 49
エゲンベルグ, トーマス ······ 102
エーコ, ウンベルト ······ 179, 211
江崎 桂子 ················ 3
エシュルマン, クレイトン ····· 125
越前 亜紀子 ··············· 127
越前 美幸 ················ 54
エニス, ガース ······· 58, 59, 64
エベルソルト, シモン ········ 120
エムスワイラー, エバン ······· 102
エライユ, フランシーヌ ······· 87
エルロイ ················· 185

【お】

及川 真介 ················ 173
生地 竹郎 ················ 157
王 京 ··················· 102
大久保 貞子 ··············· 43
大久保 譲 ················ 64
大倉 純一郎 ··············· 172
大﨑 美佐子 ··············· 127
大作 道子 ················ 95
大下 英津子 ··············· 127
大島 かおり ··············· 162
大島 正 ·················· 157
大谷 悟 ·················· 113
大塚 珠奈 ··············· 49, 51
大塚 桃 ·················· 202
大塚 玲子 ················ 50
大槻 春彦 ················ 168
大坪 寛子 ················ 54
大西 愛子 ············ 57, 61, 63
大西 雅一郎 ··············· 185
大貫 隆 ·················· 163
大野 晋 ·················· 224

大橋 匡子 ……………… 52	押川 典昭 ……………… 225
大林 文彦 ……………… 170	オーシロ 笑美 ………… 50,51
大村 敦志 ……………… 110	オースター, ポール …… 212
大村 由紀 ……………… 129	織田 祐規子 …………… 128
大森 晋輔 ……………… 119	小田 涼 ………………… 118
大八木 敦彦 …………… 49	御代 しおり …………… 55,62
小笠原 豊樹 …………… 87	小竹 武夫 ……………… 222
岡田 温司 ……………… 188	小田島 恒志 …………… 216
尾形 仂 ………………… 222	小田島 雄志 …………… 133
岡部 正孝 ……………… 220	小谷 真理 ……………… 181
岡本 直正 ……………… 169	小野 耕世 ……………… 55,59
小川 文 ………………… 6	小野田 和子 …………… 202
小川 絵梨子 …………… 45	小野田 淑 ……………… 50
小川 和夫 ……………… 224	小野田 淑子 …………… 50
尾河 直哉 …………… 121,188	オノレ, パトリック …… 89,153
小木曽 圭子 …………… 127	小尾 芙佐 …………… 180,202
オクセンバリー, ヘレン … 42	オブライエン, T. ……… 181
奥田 清明 ……………… 168	オブレヒト, テア ……… 201
奥田 邦雄 ……………… 168	重田 園江 ……………… 117
奥田 祐士 ……………… 61	オラム, ハーウィン …… 42
奥田 洋子 ……………… 173	オルシ, マリーア・テレーザ .. 177
奥村 祥子 ……………… 53	オールズバーグ, C.V. …… 42
小倉 孝誠 ……………… 110	オルダーソン, ゲーリー … 103
小栗 友一 ……………… 156	オンダーチェ, マイケル … 213
小沢 僥謳 ……………… 217	

【か】

海法 紀光 ·················· 58,59
岳 遠坤 ························ 178
カークマン, ロバート ············ 57
加倉井 粛之 ··················· 156
掛川 恭子 ······················ 8
風間 賢二 ··················· 57,58
笠間 直穂子 ···················· 89
カサーレス, A.ビオイ ·········· 180
カーシル, カール ················ 63
柏木 英彦 ····················· 157
柏倉 俊三 ····················· 156
片岡 啓治 ····················· 170
ガタリ ························ 183
勝田 安彦 ····················· 217
勝間 和代 ····················· 190
嘉戸 法子 ······················ 6
加藤 かおり ···················· 91
加藤 守通 ····················· 188
角野 栄子 ····················· 43
門脇 弘典 ····················· 129
金井 裕 ··················· 88,162

金倉 円照 ····················· 171
金森 修 ······················· 110
カナレス, ファン・ディアス ····· 61,63
ガニエ, ポール ········· 75, 78, 80
金子 兜太 ····················· 205
金子 奈美 ····················· 153
金子 寛子 ····················· 48
ガーバー, ステファニー ········ 203
株式会社東芝 ··················· 37
カプロ, グレッグ ················ 58
カペル, マチュー ················ 90
ガボリオ, リンダ ······ 74, 79, 82
カミッレーリ, アンドレア ········ 17
神永 正博 ····················· 190
かみや にじ ···················· 93
神吉 敬三 ······················ 4
嘉村 賢州 ····················· 193
カムンコリ, ジュゼッペ ··········· 63
亀井 克之 ····················· 113
亀井 よし子 ··················· 202
亀山 正邦 ····················· 172
刈谷 吉克 ····················· 129
カール, エリック ··············· 131
カルカン, ジョン ··············· 103

かると

カルドネル, シルヴァン ………… 88

ガルニド, ファンホ ………… 61,63

カルペンティエル, アレホ …… 210

ガロ, カーマイン …………… 190

河合 忠 ………………………… 167

川出 良枝 ……………………… 111

河内 賢隆 ……………………… 174

川嶋 周一 ……………………… 116

河島 英昭 ……… 160, 179, 187

川澄 真生 ………………… 50〜52

河野 万里子 …………… 62,181

河野 与一 ……………………… 220

川端 香男里 …………………… 174

河原 枇杷男 …………………… 205

川村 陽子 ……………………… 129

河本 真理 ……………………… 116

河盛 好蔵 ……………………… 221

神崎 朗子 ………………… 128,193

かんざき いわお ……………… 43

神田 由布子 …………… 51,53

ガンドリー, デイビッド … 102,104

【き】

黄 霊芝 ………………………… 205

キイス, D. ……………………… 181

木内 宏昌 ……………………… 46

菊地 京子 ……………………… 49

菊池 晴彦 ……………………… 173

木坂 涼 ………………………… 95

岸本 良彦 ……………………… 163

木田 悟史 ……………………… 128

木田 元 ………………………… 185

北川 直子 ……………………… 49

北川 弘 ………………………… 157

北嶋 静江 ……………………… 171

北御門 二郎 …………………… 169

北村 暁夫 ……………………… 187

きたむら さとし ………… 42,132

北村 太郎 ……………………… 182

ギタール, アニエス …………… 76

ギッフェン, キース …………… 63

木下 祝夫 ……………………… 157

木下 眞穂 ……………………… 153

木原 善彦 ……………………… 153

ギベール, エマニュエル ………… 56
君島 久子 ……………………… 168
金 眞熙 ………………………… 105
金 順熙 ………………………… 103
金 命巡 ………………………… 103
木村 栄一 ………………………… 4
木村 三郎 ……………………… 108
木村 琢麿 ……………………… 114
ギャルド, ルネ ………………… 89
ギャロウェイ, スコット ……… 193
キューバート, アンディ ……… 57
ギュンディ, ハカン …………… 215
許 譯兮 ………………………… 105
清原 三保子 …………………… 50
吉 英淑 ………………………… 103
ギルモア ……………………… 185
キーン, デニス ………………… 176
キング, S. …… 180, 185, 199, 201
キング 茜 ……………………… 129
キング, トム …………………… 62
金原 瑞人 ……………………… 174

【く】

クアメ, ナタリー ……………… 112
グアルニエーリ, パオロ ……… 131
グイディ, グイド ……………… 61
クォン, ヨンジュ ……………… 178
クシュナー, レイチェル ……… 215
カトリン ユリア・クスノキ … 105
楠木 健 ………………………… 190
沓掛 良彦 ……………………… 225
クック, トマス・H. …………… 186
工藤 幸雄 ………………… 182,224
工藤 庸子 ……………………… 107
久野 量一 ……………………… 201
クーパー, フロイド …………… 94
グラヴロー, ジャック ………… 108
クラクストン, パトリシア … 70,75
グラス, アダム ………………… 60
グラットン, リンダ ……… 191,192
グリヴォ, アルノ ……………… 120
グリオレ, パスカル …………… 107
クリスタル, ショーン ………… 60
グリーソン, パトリック ……… 65

栗田 啓子 ……………… 109
栗原 成郎 ……………… 174
栗原 俊秀 ……………… 122
栗原 百代 ……………… 186
クリューガー, ミハエル ……… 212
グリル, ウィリアム …………… 132
グルーシュヴィッツ, ナディーン ……………… 97
クルーナン, ベッキー ………… 63
呉 茂一 ……………… 156,220
クレイ, サイモン ……………… 105
クレイグ, ウェス ……………… 62
グレイニェク, ミヒャエル ……… 131
クレシー, ニコラ・ド ………… 55
グレーディ, ウエイン ………… 71
グレーフェ, ウルズラ ………… 179
クレルク, リュシアン＝ロラン ……………… 120
グレンディ, エイプリル・A. … 101
クロウズ, ダニエル …………… 59
黒江 光彦 ……………… 83
黒澤 桂子 ……………… 128
黒沢 優子 ……………… 51
グロスマン, デイヴィッド …… 214
黒田 育美 ……………… 48

黒田 寿郎 ……………… 157
黒丸 尚 ……………… 182
クワイトリー, フランク …… 57,63
桑瀬 章二郎 ……………… 114
桑名 一博 ……………… 4
桑原 久美子 ……………… 53
桑山 由美 ……………… 52
クンデラ, ミラン ……………… 209

【け】

ケラスコエット ……………… 59
ケリー, ジョー ……………… 58
ケリガン, アンソニー ………… 125

【こ】

呉 明益 ……………… 202
コーイ, ラヘル・ファン ……… 95
小池 顕久 ……………… 64
高坂 和彦 ……………… 162
甲田 裕子 ……………… 128
河野 英太郎 ……………… 191
河野 純徳 ……………… 159

鴻巣 友季子 …………… 183,186	小林 美幸 ………………… 56
古永 真一 ………………… 56	五味 真紀 ………………… 54
古賀 史健 ………………… 191	五味 葉 …………………… 129
小門 穂 …………………… 119	小宮山 智津子 …………… 218
五木田 紳 ………………… 51	小八重 祥子 ……………… 6
谷 学謙 …………………… 175	小山 ゆうな ……………… 47
小暮 真久 ………………… 190	ブリジット・小山=リシャール …………………… 87
越川 芳明 ………………… 182	コラ, アラン・ルイ ……… 84
腰塚 悠子 ………………… 127	コリン, マクノートン …… 132
小島 明子 ………………… 6	コルタサル, フリオ ……… 210
小島 慎司 ………………… 118	コルホネン, カロリーナ … 64
ゴーシュ, アミタヴ ……… 211	小脇 奈賀子 ……………… 127
コステキ=ショー, ジェニー・スー ……………… 94	コワペル, オリビア ……… 63
古関 幹子 ………………… 52	コーワン, ジュディス …… 77
小玉 香津子 ……………… 157	コーンウェル, P. ………… 181
コダマ, クリスチーヌ …… 107	権藤 千恵 ………………… 128
児玉 哲子 ………………… 129	
こだま ともこ …………… 9,99	【さ】
小寺 実香 ………………… 51	
ゴドフロワ, ノエミ ……… 119	サイデンステッカー, エドワード・G. ‥ 124, 154, 155, 157, 165
ゴトリーブ, ジョルジュ … 111	斎藤 一郎 ………………… 85
コニェッティ, パオロ …… 215	齋藤 紘一 ………………… 163
小林 葵 …………………… 5	斎藤 智恵 ………………… 50
小林 晶子 ………………… 6	

斎藤 哲郎 …………………… 167	桜井 真砂美 ………………… 49
斎藤 正雄 …………………… 171	左近 毅 …………………… 161
斎藤 真理子 ………………… 152	佐々木 圭一 ………………… 191
斎藤 倫子 …………………… 9,99	佐々木 常夫 ………………… 190
斎藤 兆史 …………………… 185	佐々田 雅子 ………………… 185
佐伯 彰一 …………………… 158	笹山 隆 …………………… 83
佐伯 泰樹 …………………… 182	佐藤 和夫 …………………… 204
酒井 昭伸 …………………… 184	佐藤 航陽 …………………… 193
坂井 アンヌ ………………… 86	佐藤 範佳 …………………… 6
坂井 セシル ………………… 86	佐藤 正彰 ………………… 220,222
坂井 晴彦 …………………… 8	佐藤 真理子 ………………… 159
坂井 秀寿 …………………… 166	佐藤 康 …………………… 45
堺 三保 …………………… 57	佐野 洋子 …………………… 131
酒井 洋子 …………………… 218	サリンジャー, J.D. …………… 186
坂井 玲子 …………………… 167	サルドゥイ, セベロ …………… 209
坂倉 裕治 …………………… 112	猿丸 史枝 …………………… 52
坂下 昇 …………………… 170	沢崎 順之助 ………………… 224
酒詰 治男 …………………… 85	佐和田 敬司 ………………… 218
定方 晟 …………………… 166	澤田 直 …………………… 88
坂本 恭章 …………………… 196	沢登 君恵 …………………… 44
酒寄 進一 ………………… 200,201	サン=マリー, ジャン=ポール .. 72
相良 美織 …………………… 38	サンマルタン, ロリ … 75, 78, 80
相良 守峯 …………………… 158	サンラヴィル, ミカエル ……… 62
佐久間 聡子 ………………… 128	
さくま ゆみこ ……………… 8,131	

【し】

椎名 かおる 132
椎名 ゆかり ....
　　　　56, 58, 60, 61, 63〜65
シェスノウ, カリンヌ 87
シェーラー, カトリーン 132
ジェラール, フレデリック 109
塩川 徹也 107, 226
塩塚 秀一郎 90
ジオノ, ジャン 42
篠 智子 53
篠田 勝英 107, 224
篠原 勝 180
篠原 琢 152
ジノフ, アレクセイ 104
シノリンガ 19
柴田 京子 183
柴田 三千穂 128
柴田 元幸 ....
　　　　132, 163, 183, 185, 186
柴田 裕之 192
柴野 均 187
シフェール, ルネ 85

渋谷 豊 88
柴生田 稔 222
嶋田 洋一 186
島村 浩子 202
清水 徹 82, 89, 180, 224
清水 奈緒子 94
清水 正和 43
清水 眞砂子 8, 162
志村 正雄 183, 184
下城 弘子 50
霜田 静志 165
下田 麻紀 53
下山 大助 104
シモンズ 184
シャケット, アンドリュー 130
ジャトドエワ, エレーナ・カ
　　ゾベコブナ 104
シャハル, ダヴィッド 210
シャールシュミット, ジーク
　　フリード 176
シュウォーツ, ジョアン 95
寿岳 文章 172, 222
ジュスト, エルヴェ 73
シュターク, サラ 105
シュナイダー, ロベルト 212

シュミット,アルノ ……………… 66	シラノスキー,デイビッド・レオン ……………………… 102
シュミット,エリック ……… 192	シーリー,ティム …………… 62
朱牟田 夏雄 ……………… 158,221	シーリグ,ティナ …………… 190
シュルヴィッツ,ユリ ……… 131	ジルー,バンジャマン ……… 98
ジュ・ルンガ ………………… 174	ジルシャー,パトリック ……… 64
徐 賀世子 …………………… 219	陳岡 めぐみ ………………… 117
ジョイス,J. ……………… 180,184	神宮 輝夫 …………………… 9,99
ジョイス,レイチェル ……… 202	新谷 弘美 …………………… 173
蕭 慧文 ……………………… 105	
ジョゼ・テリオール,マリー …………………… 73,74	【す】
ジョナス,アン ………………… 43	
ジョバン,ポール …………… 114	スウェイト,A. ………… 154,165
ジョン,ニック ………………… 98	スエイン,D.L. …………… 158
ジョーンズ,D.G. ……………… 73	末次 エリザベート …………… 89
ジョーンズ,ジェフ ‥ 57,61,62,64	須賀 敦子 …………………… 187
ジョーンズ,フランク ……… 124	須賀 照雄 …………………… 173
ジョンソン,デイブ …………… 57	菅野 昭正 …………………… 223
白井 晃 ……………………… 218	スカルメタ,アントニオ …… 213
白井 浩司 …………………… 222	杉 富士雄 …………………… 159
白石 朗 …………… 185, 199, 201	杉江 扶美子 ………………… 104
白崎 容子 …………………… 121	杉本 詠美 …………………… 95
白洲 正子 …………………… 221	杉本 つとむ ………………… 170
シーラッハ,フェルディナント・フォン ……………… 200,201	杉本 良夫 …………………… 172

スクイテン,フランソワ …… 56,59
スコジ 泉 ………………… 128
スコット,アンドリュー …… 192
スコット,ハワード ………… 74
鈴木 敦子 …………………… 5
鈴木 あゆみ ……………… 128
鈴木 小百合 ……………… 219
鈴木 仁子 ………………… 227
鈴木 立哉 ………………… 193
鈴木 徹郎 ………………… 160
鈴木 仁子 ………………… 186
鈴木 裕之 ………………… 113
鈴木 雅生 ………………… 89
鈴木 昌広 ………………… 39
鈴木 道彦 …………… 162,224
鈴木 恵 …………………… 199
鈴木 優太 ………………… 129
鈴木 喜美 ………………… 129
鈴木 力衛 ……… 155, 167, 222
須田 朗 …………………… 185
スタインバック,ケビン …… 104
スティーグミュラー,フランシス ………………… 125
ステイプルズ,フィオナ … 61,63
ステーヌー,イヴァン …… 70,77
ステープルトン,O. ………… 180
須藤 鈴 …………………… 45
須藤 祐孝 ………………… 187
ストゥルーヴ,ダニエル …… 87
ストラトフォード,フィリップ ‥ 71
ストール,C. ……………… 180
スナイダー,ゲーリー ……… 205
スナイダー,スコット ……… 58
スピース,ロバート ………… 204
スペンサー,ナイジェル
  ……………………… 76, 78, 79
スミス ……………………… 182
スミス,シドニー …………… 95
隅田 英一郎 ……………… 38
住吉 千夏子 ………………… 6
都・スロコンブ …………… 90
スロット,ダン ……………… 63
スローン,ロビン ………… 202

【せ】

セイズレ,エリック ………… 108
セイル,ティム ……………… 58
ゼヴィン,ガブリエル ……… 202

セギ, クリスチャンヌ ………… 110
関 敬吾 …………………………… 171
関 美冬 …………………………… 50
関口 英子 ………………………… 121
関口 時正 ………………… 153,226
せきぐち ともこ ……………… 131
関口 裕昭 ………………………… 94
関口 涼子 ………………… 64,153
関澄 かおる ……………………… 59
セゲラ, マチュー ……………… 118
瀬田 貞二 ………………… 7,157
薛 珠麗 …………………………… 45
ゼッツ, クレメンス・J. ……… 66
瀬戸 鞏吉 ………………………… 170
瀬沼 茂樹 ………………………… 222
妹尾 有里 ………………… 52,53
セバストプロ, ディミ ………… 102
ゼーバルト, W.G. ……………… 186
セム＝サンドベルグ, スティーヴ …………………………… 215
芹澤 恵 …………………… 181,199

【そ】

徐 洪 ……………………………… 105
左右田 直規 ……………… 59,61
曽川 恵子 ………………… 128,129
曽根 元吉 ………………………… 172
ソーブル, ジョナサン ………… 102
西門 敏 …………………………… 103
染田 秀藤 ………………………… 4
ジャン ソーンヒル …………… 93

【た】

ダイケストラ・K.好子 ……… 171
ターヴィル, アンガス ………… 103
タウンゼンド, ジョン・G.B. … 103
互 盛央 …………………………… 117
高木 菜々 ………………………… 55
高木 亮 …… 56〜58, 60, 62, 64
高坂 和彦 ………………………… 85
高階 絵里加 ……………………… 113
高田 綾子 ………………………… 127
高田 勇 …………………………… 159

高田 英樹 ………………… 163	田口 俊樹 ………………… 203
高田 和文 ………………… 217	武 裕美子 ………………… 128
高橋 邦太郎 ……………… 166	武石 詩雅子 ……………… 50
高橋 恭美子 ……………… 182	竹内 信夫 ………………… 107
高橋 啓 …………………… 201	竹内 はんな ……………… 60
高橋 健二 ……………… 7,220	竹友 藻風 ………………… 122
高橋 武智 ………………… 184	竹中 幸史 ………………… 115
高橋 知伽江 ……………… 45	竹中 良二 ………………… 174
高橋 英夫 ………………… 156	武谷 なおみ ……………… 187
高橋 正宣 ………………… 166	田島 伸悟 ………………… 171
高橋 安光 ………………… 162	橘 明美 …………………… 202
高浜 富美子 ……………… 49	ダックワース, アンジェラ … 193
高松 雄一 …………… 184,224	巽 孝之 …………………… 181
高見 英一 ………………… 3	伊達 聖伸 ………………… 117
高村 学人 ………………… 116	田中 嫻玉 ………………… 167
たかもり ゆか …………… 175	田中 桂子 ………………… 5
高柳 優子 ………………… 53	田中 成和 ………………… 87
高山 鉄男 ………………… 83	田中 清太郎 ……………… 156
高山 宏 …………………… 181	タナカ, メリッサ ………… 105
高山 裕二 ………………… 118	谷 賢一 …………………… 46
滝沢 正 …………………… 107	谷川 俊太郎 ……………… 168
滝沢 寛子 ………………… 49	谷口 幸男 ………………… 156
滝野原 南生 ……………… 61	谷沢 永一 ………………… 224
瀧本 哲史 ………………… 190	田ノ口 誠悟 ……………… 47
田口 卓臣 ………………… 117	田畑 あや子 ……………… 127

受賞者名索引

タブッキ, アントニオ ………… 211
玉井 礼一郎 …………………… 170
田村 和彦 ……………………… 227
ダリシエ, ミッシェル ………… 116
ダルトア=アコウ, ミリアン …… 90
タレック, オリヴィエ …………… 94
タレブ, ナシーム・ニコラス … 189
タン, ショーン …………………… 56
譚 仁岸 ………………………… 105
ダン, チャールズ・J. ………… 156
丹治 愛 ………………………… 180
丹治 敏衛 ……………………… 180
丹野 郁弓 ……………………… 216
丹波 明 ………………………… 168
ダンリー, ロバート・ライアンズ ……………………………… 126

【ち】

チェン ジャンホン ……………… 93
チェン, リリチャン …………… 125
チタティ, ピエトロ …………… 212
千葉 茂樹 …………… 8, 94, 99, 132
チハルチシヴィリ, グリゴーリィ …………………………… 178

チュディン, ジャン=ジャック … 90
崔 之銀 ………………………… 103
チョウ ンヨン ………………… 132
張 泉 …………………………… 102
張 勇 …………………………… 105
張 蕾 …………………………… 105
チョウ, レイ …………………… 186
長南 実 …………………………… 3
陳 謙臣 ………………………… 171
陳 浩基 ………………………… 203
陳 舜臣 ………………………… 171
陳 薇 …………………………… 177

【つ】

ツェーフェルト, ジーグリット …………………………………… 94
塚本 勲 ………………………… 171
塚本 昌則 ………… 86, 112, 163
月村 辰雄 ……………………… 109
筑紫 磐井 ……………………… 205
辻 昶 …………………………… 171
辻村 みよ子 …………………… 108
津谷 喜一郎 …………………… 175
ツチダ, ブルース・T. ………… 157

土持 貴栄 …………………… 127
土屋 京子 …………………… 182
筒井 佳子 …………………… 128
鼓 直 ………………………… 3
堤 美佳子 …………………… 53
堤 康徳 ……………………… 188
恒川 邦夫 …………………… 89
恒吉 法海 …………………… 161
角田 文子 …………………… 129
壺井 雅子 …………………… 51
坪井 善明 …………………… 108
坪野 圭介 …………………… 63

【て】

デイ, マイケル ……………… 98
ティアニー, ロバート・T. …… 101
デイヴィーズ, D.J. …………… 94
ディケール, ジョエル ……… 202
ティーズデイル, クリスチ
　アーヌ …………………… 70,74
ディッキー, ジェイムズ …… 209
ディニ, ポール ……………… 56
デイビス, アラン …………… 59
デイビス, シェーン ………… 60
ティム, ブルース …………… 56
ティール, ピーター ………… 192
ディレイニー, S. …………… 181
ティワリー, ヴィヴェック・J. … 61
テオリン, ヨハン …………… 17
出口 保夫 …………………… 157
デーゲン, ラルフ …………… 102
デ・シェーヌ, ジュード …… 73
手塚 富雄 ……………… 155,221
手塚 リリ子 ………………… 171
デビエフ, ティボー ………… 92
デミル ………………………… 183
デュコール, ジェローム …… 88
デュテイユ・オガタ, ファビ
　エンヌ …………………… 114
テュルク, ドミニク ………… 107
寺岡 襄 ………………… 42,131
寺岡 由紀 …………………… 6
寺戸 淳子 …………………… 115
デ・ラ・ペーニャ, マット … 95
テラン, ボストン …………… 203
テレヘン, トーン …………… 203

【と】

ドーア, アンソニー ……… 201,203
土井 虎賀寿 …………………… 158
土居 光知 ……………………… 221
柊 占英 ………………………… 102
湯 薇薇 ………………………… 102
東郷 豊治 ……………………… 220
トゥシェ, エリザベト・ドゥ … 113
当麻 ゆか ……………………… 43
ドゥルーズ ……………………… 183
トゥロー, スコット …………… 199
トゥンベリ, ステファン ……… 203
鵇沢 麻由子 …………………… 217
常田 景子 ……………………… 217
徳永 紀美子 …………………… 49
徳永 恂 ………………………… 185
徳山 美由紀 …………………… 129
戸田 理香 ……………………… 5
ドダヌ, クレール ……………… 113
栩木 玲子 ……………………… 184
トッピ, セルジオ ……………… 58
ドデリス, パスカル・ヴァレ
リ ……………………………… 101

砺波 紀子 ……………………… 62
トマシ, ピーター・J. ………… 65
富岡 明美 ……………………… 185
富岡 近雄 ……………………… 161
富永 晶子 ……………………… 57,59
富永 由美 ……………………… 45
冨原 眞弓 ……………………… 63
トライアス, ピーター ………… 203
ドラモット, ギブール ………… 116
鳥海 基樹 ……………………… 115
鳥越 文蔵 ……………………… 156,166
鳥原 隆志 ……………………… 191
鳥山 定嗣 ……………………… 120
トンプソン, クレイグ ………… 58

【な】

ナイト, フィル ………………… 193
内藤 小絵 ……………………… 54
内藤 真代 ……………………… 61〜63
ナオウラ, ザラー ……………… 94
なおじろう ……………………… 7
仲 亮子 ………………………… 6
中井 はるの …………………… 94

中井 久夫 …………… 223	中原 尚哉 …………… 203
永井 真貴子 ………… 112	中村 朝子 …………… 160
永井 三明 …………… 188	中村 久里子 ………… 202
長石 忠三 …………… 167	中村 元 ……………… 173
中尾 千奈美 ………… 127	中村 妙子 ……………… 8
中川 和也 …………… 174	中村 徳三郎 ………… 156
なかがわ ちひろ …… 132	中村 まり子 ………… 46
中沢 俊介 …… 58, 59, 61, 65	中村 幸彦 …………… 222
中沢 宣夫 …………… 168	中室 牧子 …………… 192
中沢 護人 …………… 158	中山 エツコ ………… 188
仲嶋 雅子 …………… 127	長山 さき …………… 203
中島 悠爾 …………… 158	中山 洋平 …………… 113
中田 有紀 ……………… 6	奈良 毅 ……………… 167
長谷 安生 …………… 167	南條 郁子 …………… 164
中谷 義和 …………… 174	ナンタ, アルノ ……… 115
中地 義和 …………… 108	
中務 哲郎 …………… 225	

【に】

中西 悟堂 …………… 221	
中西 進 ……………… 221	新居 洋子 …………… 120
中野 定雄 …………… 160	新野 守広 …………… 45
中野 里美 …………… 160	ニイムラ, ケン ……… 58
中野 順子 ……………… 6	新本 史斉 …………… 66
中野 知律 …………… 112	西内 啓 ……………… 191
中野 美代 …………… 160	西川 賢一 …………… 226
永野 ゆう子 ………… 50	

西川 長夫 ························ 113

西川 善文 ························ 191

ニシーザ, ファビアン ············ 64

西永 良成 ························ 86

西野 有春 ························ 105

西野 嘉章 ························ 109

西村 孝次 ························ 172

西本 かおる ····················· 203

二宮 馨 ·························· 199

二宮 由紀子 ····················· 130

二瓶 邦夫 ························ 129

【ぬ】

沼崎 雅行 ························ 170

【ね】

ネスボ, ジョー ··················· 199

ネーマン, シルヴィ ··············· 94

ネムロフ, ハワード ·············· 125

【の】

ノイハウス, ネレ ················· 201

ノゲララモス, マルタン ········· 119

野崎 昭弘 ························ 159

野崎 歓 ·························· 225

野沢 協 ········· 83, 85, 161, 170

野田 謙介 ························ 56

野谷 文昭 ························ 201

野中 耕一 ························ 159

昇 曙夢 ·························· 220

野間 光辰 ························ 223

野谷 文昭 ························· 4

【は】

バー, ガブリエル ················· 60

ハイジック, J. ··················· 174

ハーヴィー, ジェームズ ········· 60

パヴィチ ························· 182

バギュリー, ブレイク ············ 105

朴 垠貞 ·························· 105

朴 昇熙 ·························· 105

白馬 明 ……………… 173	バーニィ, ベティ・G. ……… 94
橋本 勝雄 ……………… 122	ハニン, ミケル ……………… 62
橋本 周子 ……………… 118	バーニンガム, ジョン ……… 132
橋本 博之 ……………… 111	羽根 由 ………………… 203
橋本 美穂 ………………… 49	馬場 勝弥 ……………… 156
橋本 雄一 ……………… 174	ハーパー, ステファン・W. …101
バース ……………… 183,184	馬場 靖雄 ……………… 227
ハース, クリストファー …… 104	パピノー, ジャン ……………72
パストーレ, アントニエッタ ‥ 178	浜口 稔 ………………… 180
長谷川 秀樹 …………… 114	浜島 義博 ……………… 168
長谷川 宏 …………… 186,226	浜名 優美 ……………… 161
長谷川 博隆 ………… 162,227	パムク, オルハン …………… 213
長谷川 義史 …………… 132	林 立騎 …………………… 45
はたさわ ゆうこ ……………94	はやし はじめ ……………… 159
パタン, クレア ……………… 118	林 一 …………………… 184
バック, フレデリック ……… 42	林 洋子 ……………… 116
服部 研二 ……………… 173	バヤール・サカイ, アンヌ …… 178
バード, ウィニフレッド ……… 98	原 大地 ………………… 115
バトル, エリック ………………60	原 千代海 ……………… 160
バートン, スザンヌ ……………95	原 正人 ……………… 55〜60,62
バートン, ポリー ………………97	原 美奈子 ……………… 185
花崎 采琰 …………… 166,173	ハラウェイ, D. …………… 181
花園 聡麿 ……………… 174	原田 憲雄 ……………… 161
花野 富蔵 ……………… 155	原田 勝 ………………9,99

バラック ………………………… 62
ハラリ, ユヴァル・ノア ……… 192
波利井 清紀 …………………… 170
ハリス, ジェーン・ゲーリー ‥ 125
バリッコ, アレッサンドロ ….. 212
バリバール ……………………… 185
ハル吉 …………………………… 58
ハルサール, アルベール・W. … 72
バルシア, ホセー・ルビン …… 125
バルトルシャイティス, J. …… 181
パルバース, ロジャー ………… 178
バルバロ, フェデリコ ………… 156
バルベリー, カルロ …………… 60
パルメ, ドミニク ……………… 85
春山 清純 ……………………… 160
ハワード, リチャード ………… 126
幡山 秀明 ……………………… 182
バンシュ, H. …………………… 94
バーンズ, J. …………………… 180
パンス, アルチュール・ド …… 57
バーンズ, チャールズ ………… 58
坂東 宏 ………………………… 168

【ひ】

ビアンショッティ, エクトール ……………………………… 210
ビエイヤール・バロン, ミッシェル …………………… 114
稗田 奈津江 …………………… 59
檜枝 陽一郎 …………………… 163
ピエール=ノイヤール, パウレ ‥ 76
東谷 穎人 ……………………… 4
東村 京子 ……………………… 52
永川 玲二 ……………………… 184
菱木 晃子 ……………………… 8
菱沼 彬晃 ……………………… 217
ピジョー, ジャクリーヌ …… 85,90
ビズレー, サイモン …………… 63
ピーターセン, デイビッド …… 61
ビネ, ローラン ………………… 201
日野 紹運 ……………………… 174
ヒメネス, ファン ……………… 57
日向 靖子 ……………………… 129
平井 呈一 ……………………… 155
平井 正穂 ……………………… 158
平尾 浩三 …………………… 158,160

平岡 敦	90, 93, 94, 201	フィエーベ, ニコラ	111
平岡 瑤子	166	フィッシュマン, シーラ	74
平川 祐弘	187, 223	フィフィテ	185
平川 大作	45	フィロメーヌ, マリー	170
平田 公夫	160	フィンチ, デイビッド	62
平田 悠果	60	フェダマン	185
平田 寛	155	フォークト, ユッタ・M.	102
平野 耿	166	フォス, ラングドン	65
平野 卿子	227	フォンダ, カリン・J.F.P.	101
平野 聖子	52	福井 美緒子	127
平間 久美子	53	福鎌 忠恕	173, 187
ビラ=マタス, エンリーケ	213	福田 昇八	164
ビラル, エンキ	57	福田 恆存	155, 221
ビーリッヒ, ノラ	179	福原 麟太郎	220
ヒル, ラクエル	104	福本 友美子	95, 132
広瀬 美智子	48	袋谷 丈夫	39
広田 昭子	171	藤井 慎太郎	46
広田 敦郎	45	藤井 光	153, 201, 203
ひろまつ ゆきこ	132	フシェ, マリー	104
		藤川 吉美	166
		藤澤 透	129

【ふ】

ファトゥーフ	94
ファルジャ, アナイス	98
藤沢 道郎	188
藤田 健治	158
藤田 成子	128

藤林 広超 …………………… 170
藤本 明子 …………………… 52
藤本 隆志 …………………… 166
藤原 貞朗 …………………… 116
藤原 直武 …………………… 175
藤原 やすこ ………………… 53
プッツ, オットー …………… 177
舟知 恵 ……………………… 169
船渡 佳子 …………………… 48
船山 信一 …………………… 168
プペ, カリン ………………… 116
ブライアリ, ジェーン ……… 71,76
ブライソン, ケネス・J. …… 103
ブラウン, ジェフリー ……… 57,59
ブラウン, シドニー ………… 171
ブラウン, フィリップ ……… 97
ブラウン, マーシャ ………… 131
フラクション, マット ……… 59
フラクソン, ジャン＝ピエール …………………………… 101
ブラゼル, カレン …………… 124
プラセンシア, サルバドール ‥ 201
ブラッドリー, キンバリー・ブルベイカー ………………… 95
フランク, ゲイリー ………… 61,64

プランケット, キリアン …… 57
ブランジェ, フランソワ …… 98
ブリッセ, クレール＝碧子 … 117
ブリット, ファニー ………… 62
プリード, ハビエル ………… 59
フリードリック …………… 183
ブリンク, アンドレ ………… 210
古井戸 秀夫 ………………… 226
古沢 嘉通 …………………… 185,202
ブルックス, ジェラルディン ‥ 198
ブルックス, ロン …………… 131
古永 真一 …………………… 58,59
古橋 香子 …………………… 5
古見 日嘉 …………………… 154,165
ブレグマン, ルトガー ……… 193
プレストン, ナサニエル …… 104
フレッチャー, ブレンデン … 63
ブレット, リリー …………… 214
ブロー, ジャック …………… 75
ブロイ, セバスティアン …… 97
フロレ, エリザベート ……… 107

【へ】

ベイカー, カイル ………………… 61
ペイジ, ラリー …………………… 192
ペク ヒナ ………………………… 132
ベクダル, アリソン ……………… 56
ベグリイ, ルイス ………………… 212
ペーション, レイフ・G.W. ……… 17
ソフィー・ベスコン ……………… 91
ベスター, ジョン ………………… 176
ペータース, ブノワ …………… 56,59
ペータース, フレデリック ……… 58
ベット, サム ……………………… 98
ヘードチャーン, ヨナタン ……… 60
ペニントン, ケイト ……………… 94
ヘフィル, ロバート・H. ………… 101
ペマ・ギャルポ ………………… 175
ヘラー, ジョセフ ………………… 211
ペラン, ヴェロニック ……… 86,176
ヘルストレム, ベリエ …………… 17
ペルティエ, フィリップ ……… 112
ベルメホ, リー …………………… 56
ベルント, ユルゲン ……………… 176
ベルンハルト, トーマス ……… 211
ペレス, ジョージ ………………… 62
ペレス=レベルテ, アルトゥーロ ……………………………… 17
ヘレンハルメ 美穂 ……………… 203
ベンソン, マイク ………………… 60
ベンヤミン ……………………… 182
ベンル, オスカー ………………… 155
ペンローズ ……………………… 184

【ほ】

ボイル, T.コラゲッサン ………… 212
宝迫 典子 ………………………… 96
ホークス, ジョン ……………… 211
保坂 一夫 ………………………… 170
星 文 ……………………………… 6
星川 清孝 ………………………… 221
星埜 守之 …………………… 86,112
細川 周平 ……………………… 225
細見 和之 ……………………… 185
ポタポフ, アレクセイ ………… 104
ポーティス, アントワネット … 132
ボーデイン, アンソニー ………… 65

ホドロフスキー, アレハンド
　ロ 55,57
ホートン, クリス 95
ボーナス, G. 154,165
ポムピュイ, マリー 59
ホーメル, ディヴィット 73,75
ボーメール, ニコラ 117
ボラーニョ, ロベルト 201
堀 茂樹 181
堀内 静子 181
堀江 新二 218
ホルツワース, ディディエ 71
ホロヴィッツ, アンソ
　ニー 199,203
ホロウィッツ, ベン 192
ホワイト, ケネス 211
ホン, エドナ 124
ホン, ハワード 124
洪 明花 46
本多 平八郎 155
ボンヌフォア, イヴ 204

【ま】

マイヤー, ハラルド・G. 103
前沢 明枝 51
前田 和美 174
前田 英樹 108
牧野 佐二郎 168
マキューン, グレッグ 192
マクゴニガル, ケリー 191
マクドナルド, イアン・M. 101
マクドネル, パトリック 132
マクニーブン, スティーブ ...55,64
マクレア, キョウ 95
マクレラン, エドウィン ...158,177
マグワイア, リチャード 64
マシューズ, ジャクソン 125
マスダ, ヒデカズ 205
マスターズ, ブレイク 192
マチュー, マルク＝アントワー
　ヌ 57
松鵜 功記 46
松浦 茂晴 154,165
松浦 寿輝 110

松尾 豊 …………………… 192
松岡 和子 …………………… 216
松岡 享子 …………………… 8,131
マッカーシー, シェーン ……… 61
マッケイ, ウィンザー ………… 59
マツケリー, デビッド ………… 56
松沢 和宏 …………………… 109
松澤 慶香 …………………… 62
松島 あおい ………………… 97
松平 千秋 …………………… 223
イザベル・渚・マッテス …… 98
松永 美穂 …………………… 132
松波 史子 …………………… 50
松原 文子 …………………… 166
松本 修 ……………………… 217
松本 克平 …………………… 221
松本 健二 …………………… 153
マネア, ノーマン …………… 213
マノッティ, ドミニク ………… 16
丸谷 才一 ……………… 184,225
マレルバ, ルイージ ………… 209
マーンキ, ダグ ……………… 60
マンデルボーム, アラン …… 124
マンハイム, ラルフ ………… 124

【み】

三笠宮 崇仁 ………………… 165
三神 勲 ……………………… 157
ミジェリンスカ, アレクサンドラ …………………………… 95
ミジェリンスキ, ダニエル …… 95
三島 憲一 …………………… 185
ミシュラン, フランク ……… 119
水谷 八也 …………………… 46
水橋 衛 ……………………… 174
三田地 里穂 ………………… 216
三谷 宏治 …………………… 191
ミチェルスカ, マウゴジャタ …… 95
光岡 三ツ子 ………………… 56
満谷, マーガレット ………… 126
三森 のぞみ ………………… 188
水戸 洋子 …………………… 128
南 亮三郎 …………………… 172
皆本 飛鳥 …………………… 98
峯田 敏幸 …………………… 54
ミヒャエル, パウル …………… 39
美馬 しょうこ ……………… 94
宮川 絵理子 ………………… 6

宮崎 正明 ………………………… 169
宮下 志朗 ……………………… 89,225
宮下 雄一郎 ……………………… 120
宮武 昭 …………………………… 185
宮野 節子 ………………………… 54
宮脇 孝雄 ………………………… 184
ミラー,バート …………………… 104
ミラー,フランク ………………… 56
ミラー,マーク ………… 55〜57,64
ミルハウザー,スティーヴ
　ン ……………………… 186,210
ミンスキー,M. ………………… 180

【む】

ムーア,アラン …………………… 60
ムーア,ジェニファー・C. …… 101
ムティス,アルバロ …………… 211
武藤 脩二 ……………………… 158
ムーニー,スティーブン ……… 62
村上 清 ………………………… 174
村上 真完 ……………………… 173
村上 春樹 ………… 42, 185, 186
村上 光彦 ……………………… 82

村上 由哥 ………………………… 53
村田 祐子 ………………………… 49
村田 陽一 ……………………… 171
村松 正俊 ……………………… 156
村山 利恵子 ……………………… 49
ムーン,ファビオ ………………… 60

【め】

メイゼルス,ロバート …………… 75
メイソン,マーガレット・H. … 94
メクレアン,マルク ……………… 89
目黒 条 ………………………… 218
メスナー,ケイト ………………… 94
メゾッテン,バート …………… 204
メトカーフ,ポーラ ……………… 95
メビウス ……………………… 55,57
メランソン,シャルロット … 72,75
メランソン,ロベール …………… 72
メンデルソーン,ダニエル …… 214

【も】

毛利 三弥 ……………………… 217

モーガン, ジェイソン ………… 105
もき かずこ ……………………… 93
モースタッド, ジュリー ………… 95
母袋 夏生 ……………………… 9,99
本川 弘一 ……………………… 166
本橋 哲也 ……………………… 186
モートン, ケイト ………… 199,201
モランテ, エルサ ……………… 211
森 一郎 ………………………… 163
森 健 …………………………… 193
森 銑三 ………………………… 221
森 千香子 ……………………… 119
森 亮 …………………………… 223
もりうち すみこ ………………… 94
森岡 恭彦 ……………………… 172
守上 三奈子 …………………… 48
森川 弘子 ……………………… 94
森澤 美抄子 …………………… 127
森嶋 マリ ……………………… 198
モリソン, グラント ………… 57,63
森田 エレーヌ ………………… 108
森松 健介 ……………………… 161
森村 敏己 ……………………… 110
森本 公誠 ……………………… 164
守屋 駿二 ……………………… 160

もん ……………………………… 131
モンゴメリー, サイ ……………… 95
モンロー, クリス ……………… 131

【や】

八百板 洋子 …………………… 175
八木 恭子 ……………………… 95
八木 柊一郎 …………………… 216
柳下 毅一郎 …………………… 60
矢後 和彦 ……………………… 112
安井 琢磨 ……………………… 159
安川 一夫 ……………………… 167
保田 卓夫 ……………………… 128
安田 徳太郎 …………………… 169
柳井 薫 ………………………… 94
柳井 正 ………………………… 190
柳 亨英 ………………………… 58
柳澤 はるか …………………… 64
柳沢 由実子 ………………… 199,201
柳田 邦男 ……………………… 131
柳田 聖山 ……………………… 222
柳田 真坂樹 …………………… 61
柳谷 武夫 ……………………… 158

柳瀬 尚紀 ···· 159, 161, 180, 202
ヤーニッシュ, H. ················· 94
山内 千恵子 ······················ 51
山形 和美 ······················ 160
山形 治江 ······················ 218
山形 浩生 ······················ 192
山口 晃 ························ 174
山口 周 ························ 193
山口 瑞鳳 ······················ 166
山口 裕之 ······················ 114
山口 文生 ······················· 42
山崎 庸一郎 ····················· 82
山下 肇 ···················· 170,174
山下 英秋 ······················ 169
山下 雅之 ······················ 110
山田 忠彰 ······················ 188
山田 友子 ······················ 127
山田 稔 ························· 85
山田 蘭 ···················· 199,203
山中 巌 ···················· 155,165
山根 和子 ························ 6
山内 あゆ子 ···················· 219
山元 育代 ······················· 52
山本 桂子 ···················· 52,54
山本 健吉 ······················ 222

山本 武彦 ······················ 196
山本 千恵 ······················· 49
山本 裕子 ······················· 48
ヤン ユンオク ·················· 178
ヤンソン, トーベ ················ 63
ヤンソン, ラルス ················ 63

【ゆ】

湯浅 信之 ······················ 161
ユゴー, ロマン ·················· 57
湯槙 ます ······················ 157
ユン ソクチュン ················· 93
ユン チアン ···················· 182

【よ】

吉岡 一彦 ······················ 172
吉岡 知哉 ······················ 108
吉川 敬子 ······················ 159
吉川 順子 ······················ 118
吉川 凪 ························ 153
吉川 悠 ························· 62
吉崎 泰世 ······················· 54

吉田 晶子 ……………………… 128
吉田 秀太郎 …………………… 4
吉田 美枝 ……………………… 216
吉原 達也 ……………………… 160
吉原 豊司 ……………………… 218
ヨナソン, ヨナス ……………… 202
米川 和夫 ……………………… 168
米山 とも子 …………………… 127
ヨルディ, トマス ……………… 105
鎧 淳 …………………………… 165

【ら】

羅 冠升 ………………………… 102
ラクーザ, イルマ ……………… 66
ラーション, ビョーン ………… 213
ラゼル, ルーク ………………… 103
ラット ………………………… 59, 61
ラーデガスト, アンニャ ……… 105
ラバサ, グレゴリー …………… 124
ラフ, ペーター ………………… 102
ラムーア, ルイ ………………… 125
ラルー, フレデリック ………… 193
ラルーズ, ジャック …………… 177

ラロズ, ジャック ……………… 88
ランズマン ……………………… 184
ランドマン, ビンバ …………… 131

【り】

李 芒 …………………………… 204
リー, ポール …………………… 60
リーヴィ, アイアン・ヒデオ … 126
陸 求実 ………………………… 178
陸 秋槎 ………………………… 203
リチャーズ, テッド …………… 103
リード, フレッド・A. … 72, 75, 77
リーマン, A.V. ………………… 163
リメンダー, リック …………… 62
リャン・アナトリ S. …………… 104
リュウ, ケン …………………… 202
リュケン, ミカエル …………… 114
リュドマン, セバスチャン …… 92
リン シャオペイ ……………… 96
リンク, コンスタンス ………… 125
リンケ 珠子 …………………… 158
リンハルトヴァ, ヴェラ ……… 85

【る】

ルケン, ミカエル 89
ルース, バンダー・ジー 131
ルースルンド, アンデシュ‥ 17,203
ルデール, ミシェル・ド 101
ルナン 185
ルパージュ, エマニュエル 57
ルービン, ジェイ 178
ルブラン, モーリス 201
ルマック, ナタリア 104
ルメートル, ピエール 17,202

【れ】

レイン, ヘレン・R. 124
レヴィ, ジャック 86,178
レヴィ, ジャニス 131
レヴィン 幸子 48
レッシング, ドリス 210
レニエー, ピエール 101
レームツマ, ヤン=フィリップ‥ 66
レントファー, キャサリン・W. 102

【ろ】

ロカ, パコ 55
ロシェ, アラン 87
ロス, ナンシー・H. 103
ロス, フィリップ 213
ロズラン, エマニュエル
　................ 90, 111, 115
ローゼン, マイケル 42
ローゼンバーグ, ジョナサン‥ 192
ロッジ 185
ロバートソン, ダリック 64
ロビンソン, アンドルー・C. 61
ロビンソン, クリスチャン 95
ローブ, ジェフ 58
ロブソン, ディーン・M. 101
ロベール, ジャン・ノエル 108
ロベルト, インノチェンティ‥ 131
ロマン 185
ロミータ, ジョン Jr. 56

【わ】

ワイルド, マーガレット ……… 131
若林 真 ……………………… 172
若松 由子 …………………… 51
脇 明子 ……………………… 8
脇 功 …………………… 162,188
和田 旦 ……………………… 169
ワダ, グニッラ・リンドベリィ ……………………… 177
和田 茂樹 …………………… 205
和田 修二 …………………… 167
和田 洵 ……………………… 66
和田 真一 …………………… 129
和田 美樹 …………………… 127
和田 勇一 …………………… 166
渡辺 育子 …………………… 128
渡辺 一夫 ……… 122, 220, 221
渡辺 和雄 …………………… 159
渡辺 佐智江 ………………… 182
渡辺 茂男 …………………… 7
渡辺 保 ……………………… 223
渡辺 啓貴 …………………… 109
渡辺 守章 ……… 83, 87, 162, 225
渡辺 優 ……………………… 119
渡辺 祐邦 …………………… 185
渡辺 了介 …………………… 184
渡部 智子 …………………… 49
渡会 圭子 …………………… 193

【英数】

Abadia, Guy ………………… 11
Aronoff, Phyllis ……………… 81
Avasilichioaei, Oana ………… 81
Berthon, Patrick ……………… 10
Brèque, Jean-Daniel ……… 11,13
BUMWOOSA ………………… 26
Calas Julien ………………… 104
Chabalier, Claire …………… 78
Chabalier, Louise …………… 78
Charrier, Michelle …………… 14
Classman, Ronald ………… 207
Coe, Jonathan ……………… 213
Collon, Hélène ……………… 10
Coolidge Rousmaniere, Nicole ……………………… 164
Couton, Patrick ……………… 11
Doke, Sara …………………… 15

Durastanti, Pierre-Paul ······ 12	Marcel, Patrick ············ 13
Dusoulier, Patrick ············ 14	Mariot, Brigitte ············ 12
Duval, Claire ···················· 12	Martinez, Rachel ············ 77
Ego, Catherine ·················· 81	Mège, Nathalie ·········· 13,14
Fazi, Mélanie ···················· 13	Miller, Sylvie ················ 14
Feldstein, Peter ················· 80	Mullins, Rhonda ············· 80
Gagné, Paul ····················· 82	Murphy, Monique ··········· 207
Goullet, Gilles ·················· 14	Noyart, Paule ················ 78
Haas, Dominique ············· 10	Ouriou, Susan ················ 78
Haley, Amanda ················ 206	Pagel, Michel ················ 12
Hazelton, Hugh ················· 77	Penerbitan Titian Ilmu Bandung ···················· 26
Heijmans, Toine ··············· 214	pinkie-chan ················· 206
Heuvel, Cor van den ········· 205	Poliquin, Daniel ·········· 80,81
Hilling, Simone ················· 11	Pugi, Jean-Pierre ············ 12
Hodgson, Deborah A. ········ 102	PUNPEE ······················ 63
Howard Scott ··················· 81	Roy, Alain ···················· 79
Johnson-Chonkar, Preston ··· 208	Saint-Germain, Michel ······· 76
Karinen, Molly ················ 208	Saint-Martin, Lori ············ 82
Kim Perry, Sarah ·············· 207	Schöche, Heike ·············· 174
Kohler, Stephen ··············· 208	Schumacker, Emma ·········· 207
Kwong, Cyrus ·················· 208	Serval, Nathalie ·············· 11
Lederhendler, Lazer ······· 78,81	Shimizu, Shana ··············· 206
Lin, Minna ····················· 208	Sigaud, Bernard ·············· 15
Liobis, Alex ···················· 208	Stanko-Rupp Karine ········· 104
Loe, Casey ····················· 207	Sulzer, Alain Claude ········· 214
Mankell, Henning ·············· 17	

Summers, Eleanor ……… 207

Surgers, Marie …………… 15

Taylor, Emily ……………… 207

Threlfo, Thomas …………… 208

Verm, Satya Bhushan……… 205

Voillot, Sophie ………… 77, 79, 80

Ward, Jennifer …………… 207

Warda, Maryse …………… 79

Wolfgang, Schamoni ……… 173

Zinoviev, Alexandre ………… 210

受賞作品名索引

【あ】

アイスランド・サガ 139
アヴァン・ポップ 184
アウステルリッツ 186,227
青い薬 58
赤い雲 204
赤毛のアン 218
悪童日記 181
悪魔たち 45
赤穂浪士 88
アジア新世紀(全8巻) 30
アソシアシオンへの自由─〈共和国〉の論理 116
あたらしいおふとん 43
新しい中国文学(全6巻) 144
アッシジのフランチェスコ ... 188
アナと雪の女王 ステキな毎日(まるごとディズニーブックス) 63
アナバシス 223
アナモルフォーズ 181
アニルの亡霊 213
あの年の春は早くきた 8
雨をまちながら 18
あめだま 132
雨ニモマケズ 178
アメリカ古典文庫全集(全23巻) 138
アメリカ西漸史《明白なる運命》とその未来 150
アライバル 56
嵐無常物語 87
アラビアン・ナイト 8
アラブ・イスラエル・クックブック 219
アランの戦争 アラン・イングラム・コープの回想録 56
アルベール・カミュ その光と影 222
アーレント=ヤスパース往復書簡 1926-1969(全3巻) 162
泡となった日本の土地 110
あわれ彼女は娼婦 216
アン・ゲデスの1・2・3 20
アンチ・オイディプス 159
アンデルセン小説・紀行文学全集(全10巻) 160
アンナ・カレーニナ 169
暗夜行路 89

【い】

いいなづけ 17世紀ミラーノの
　物語 ………… 143, 187, 223
イエズス会士と普遍の帝国
　在華宣教師による文明の翻
　訳 ……………………… 120
イエルマ ………………………4
異界の海——芳翠・清輝・天心
　における西洋 …………… 113
怒りをこめてふり返れ ………46
生き生きした絵画・浮世絵論
　及び芸術観 ………………89
イギリス近代詩法 …………224
生きる権利と死ぬ権利 ……172
石, 紙, 鋏 ……………………87
意識と本質 …………………223
石と空 …………………………3
石の来歴 ……………………177
伊豆の踊り子 ………………155
イスラム帝国夜話（上下）……164
イスラーム哲学史 …………157
イソップ寓話集（全2巻）……159
偉大なる時のモザイク ……122
一位韓国出版家的中国之旅 …28

一万頌般若経 ………………146
一休「狂雲集」の世界 ………222
慈しみの女神たち（上下2巻）…149
異都憧憬——日本人のパリ …109
稲垣達郎學藝文集 …………223
犬の力 ………………………198
井上靖文集 ……………………20
いばらの冠 …………………207
イプセン戯曲選集 …………217
イプセン戯曲全集 ……143,160
異邦の香り——ネルヴァル「東
　方紀行」論 ……………… 225
いまどきのこども …………207
今は亡きヘンリー・モス ……45
イメージ・シンボル事典 …141
いもうとガイドブック ………95
イーリアス …………………220
インカの反乱 …………………4
インガルス一家の物語（全5
　巻）………………………… 136
インディアス史 ………………3
インディヴィジュアル・プロ
　ジェクション ………………86
インディゴ ……………………66
インド音楽序説 ………………19
インドネシア農村社会の変容 …22

インドネシアの民話―比較研究序説 ……………… 171
インドの驚異譚 10世紀〈海のアジア〉の説話集（全2巻：東洋文庫）………………… 149
インドの第4次5ケ年計画 …… 194
インド夜想曲 ………………… 211
インド＝ヨーロッパ諸制度語彙集（全2巻）…………… 142
韻文訳 妖精の女王（上下）…… 164

【う】

ヴァージニア・ウルフなんかこわくない？………………… 219
ヴァニティーズ ……………… 216
ヴァレリーの「旧詩帖」初期詩篇の改変から詩的自伝へ ………………………… 120
ヴィーコ自叙伝 … 143, 173, 187
ウィトゲンシュタイン全集（全10巻）………………… 139
ヴィヨン詩集成 ……………… 86
ウイリアムの見た農夫ピァズの夢 ……………………… 157
ウィルを待ちながら …………… 47
ウィーン精神 ………………… 172

ヴェロニカの部屋 …………… 217
ウォーキング・デッド 1 ……… 57
ヴォルテール書簡集 ………… 162
失われた祖国 ………………… 195
失われた時を求めて …… 162, 224
嘘つき男と泣き虫女 …………… 25
宇宙でいちばん速い時計 …… 218
宇宙の調和 …………………… 149
美しき日本の残像 ……………… 20
ウパニシャッド ……………… 146
馬の脚 ………………………… 90
海の男 ………………………… 28
海のドラマ …………………… 138
うみべのまちで ……………… 95
ウルヴァリン：オールドマン・ローガン ………………… 64
ウンガレッティ全詩集 ……… 187
運命の馬ダークリング ………… 8
運命の騎士 …………………… 7

【え】

AI vs. 教科書が読めない子どもたち …………………… 193

栄光と夢（アメリカ現代史）
　（全5巻）……………… 139
英訳 MANNYOSHU ………… 155
エウロペアナ：二〇世紀史概
　説 ……………………… 152
エゴイスト ………………… 158
エステティカ イタリアの美学
　クローチェ＆パレイゾン …… 188
エッセンシャル思考 ……… 192
エッダ（古代北欧歌謡集）…… 156
エドウィン・マルハウス：あ
　るアメリカ作家の生と死 … 210
江戸期の四国巡礼 ………… 112
江戸詩歌論 ………………… 224
江戸時代翻訳日本語辞典 …… 170
エドモンド ………………… 219
エニシング・ゴーズ ……… 216
母（エミ）………………… 170
エリカ 奇跡のいのち ……… 131
エリザベス女王のお針子 …… 94
エレクトラ ………………… 218
エンジニア・エコノミスト―
　フランス公共経済学の成
　立 ……………………… 109
艶笑滑稽譚 ………………… 88
塩素の味 …………………… 58

【お】

黄金の堅琴 沓掛良彦訳詩選 ‥ 225
黄金のノート ……………… 210
王女の詩、散文、絵画 ……… 18
王朝四代記（全5巻）……… 159
大亀ガウディの海 …………… 20
お金2.0 新しい経済のルール
　と生き方 ……………… 193
起きていることはすべて正し
　い ……………………… 190
お気に召すまま …………… 47
小倉昌男 祈りと経営 ヤマト
　「宅急便の父」が闘ってい
　たもの ………………… 193
オシアン（ケルト民族の古
　歌）…………………… 156
おじいさんは106歳 ………… 27
おじいちゃんの手 …………… 94
お静かに、父が昼寝しており
　ます―ユダヤの民話 ……9,99
オスカー・ワイルド全集 …… 172
オーストラリア・アボリジニ
　の伝説―ドリームタイム …… 21
おそるべき親たち …………… 46
オーダー・メイドの街づくり ‥ 115

| 落葉 ………………………… 3
| お月さまってどんなあじ？ …… 131
| オーデュボン・ソサイエティ・ブック（野生の鳥，野生の花，野生の樹，海の野生動物）………………… 140
| 男たちの妄想 ……………… 227
| オナー ……………………… 218
| おばあちゃんと バスにのって ‥ 95
| オペラ座の怪人 ……………… 90
| 思い出のオーウェル ………… 142
| おらが春 …………………… 88
| オリエンタリストの憂鬱─植民地主義時代のフランス東洋学者とアンコール遺跡の考古学 ………………… 116
| オリエンタル・ピアノ ……… 64
| おりの中のひみつ …………… 8
| おりの中の秘密 ……………… 99
| オールスター：スーパーマン ‥ 63
| おろしや国酔夢譚 …………… 87
| 女坂 ………………………… 86

【か】

かあさんまだかな …………… 28
カイエ1957〜1972 ………… 88,162
絵画の黄昏─エドゥアール・マネ没後の闘争 …………… 111
会社の奴には絶対知られたくない ………………………… 207
「蓋然性」の探求 …………… 164
快楽亭ブラック ……………… 196
カイロ三部作（全3巻）……… 150
カヴァフィス全詩集 ………… 223
カヴールとその時代 ………… 187
科学者たちのポール・ヴァレリー ……………………… 145
科学哲学 …………………… 166
科学の名著（第1期10巻）…… 140
係り結びの研究 ……………… 224
花間集 ……………………… 166
花冠（訳詩集）……………… 156
「学力」の経済学 …………… 192
過去と思索（全3巻）………… 146
カササギ殺人事件 ……… 199,203
かさどろぼう ……………… 42
カステラ …………………… 152
火星の人 …………………… 202
火星夜想曲 ………………… 185
カタカタカタ おばあちゃんのたからもの ……………… 96

カチアートを追跡して ……… 181
家畜人ヤプー ………………… 88
カッコウはコンピュータに卵を産む ……………………… 180
活動的生 …………………… 163
カトリーヌ・ド・メディシス（上下） ………………… 143
カナダ・イヌイットの食文化と社会変化 ……………… 68
カナダ：大いなる孤高の地—カナダ的想像力の展開 …… 68
カナダ政治入門 ……………… 67
カナダのナショナリズム …… 68
カフカ小説全集（全6巻）…… 162
紙の民 ……………………… 201
紙の動物園 ………………… 202
かようびのよる ……………… 43
カラヴァル—深紅色の少女 … 203
から騒ぎ ……………………… 47
カラマーゾフの兄弟 ………… 216
狩りをするエイラ ……………… 8
カリギュラ ………………… 219
カリブ海偽典 ……………… 163
ガルヴェイアスの犬 ………… 153
ガルガンチュアとパンタグリュエル …………… 89,225

ガルガンチュワとパンタグリュエル物語 ………… 221
カレワラタリナ—フィンランド民族叙事詩 …………… 167
かわいい闇 …………………… 59
かわいそうな私の国（全11巻）………………………… 141
韓国絵画史 ………………… 142
韓国居住地域におけるデザインと展望 ……………… 28
韓国現代詩選 ……………… 223
韓国の西洋思想受容史—哲学的オーケストラの実現のために ……………………… 34
韓国の藁と草の文化 ………… 31
韓国服飾文化事典 …………… 31
韓国文化シンボル事典 ……… 30
韓国歴史地図 ………………… 30
漢書 ………………………… 222
完全成形術 マスタープラスティー ……………………… 60
カント全集 第15巻・自然地理学 …………………… 134
元年春之祭 ………………… 203
カンボジア語辞典 ………… 196
カンポンボーイ ……………… 59

完訳 日本奥地紀行（全4巻：東洋文庫）………… 150
完訳・歴史の研究（全25巻）… 136
寛容についての書簡 ………… 166

【き】

木を植えた男 ……………… 42
危険な関係 ………………… 216
きげんのいいリス ………… 203
棋人 ………………………… 217
奇蹟 ………………………… 178
貴族の徳, 商業の精神―モンテスキューと専制批判の系譜 ………………………… 111
来たるべき時代の教育 …. 155,165
キック・アス ……………… 56
キーツ全詩集（全4巻）……… 157
キツネ ……………………… 131
木戸孝允日記 ……………… 171
きのこの名優たち ………… 112
木の葉のホームワーク …… 94
希望の原理 ………………… 170
きみのいもうと …………… 88
キャッチャー・イン・ザ・ライ ………………………… 186

キャプテン・ブルーベアの13と1/2の人生 ……………… 227
究極の判断力を身につけるインバスケット思考 …… 191
吸血鬼の花よめ …………… 175
救済の星 …………………… 227
99％の人がしていない たった1％の仕事のコツ ……… 191
ギュスターヴ・フローベール「感情教育」草稿の生成批評研究序説―恋愛・金銭・言葉」…………………… 109
京劇が消えた日Infatuated with Peking Opera ………… 35
行政法学と行政判例―モーリス・オーリウ行政法学の研究 ………………………… 111
京都寺町三条のホームズ … 208
きょうはみんなでクマがりだ ‥ 42
きょうりゅうめいろ ……… 31
嫌われる勇気 ……………… 191
ギリシャ悲劇全集 ………… 169
キリスト伝 ………………… 156
金色の影 …………………… 44
銀河鉄道の夜 ……………… 177
金匱要略 …………………… 141

近代以前の日本の建築と都市
　　―京の町の建築空間と14,
　　15世紀の将軍の住まい …… 111
銀のうでのオットー …………… 7

【く】

偶然と共同―日本の哲学者、
　　九鬼周造 ………………… 120
偶然の音楽 ………………… 218
クシュラの奇跡 …………… 141
国を救った数学少女 ……… 202
グノーシスと古代末期の精神
　　（全2巻）………………… 163
熊と踊れ …………………… 203
雲。家。 …………………… 45
クライシス・オン・インフィ
　　ニット・アース ………… 62
グラモフォン・フィルム・タ
　　イプライター …………… 226
暗闇の終わり ……………… 181
クララ先生、さようなら … 95
クリスタ・ヴォルフ選集（全7
　　巻）………………………… 145
グリム兄弟言語論集 ……… 151
クリュス選集（全5巻）…… 156
グリーン・マイル（1～6）…… 185

狂えるオルランド ……… 162,188
グレイソン ………………… 62
クレモニエール事件 ……… 87
グレン・グールド―孤独なピ
　　アニストの心象風景 …… 79

【け】

経営戦略全史 ……………… 191
経営組織 …………………… 193
形而上学 ………………… 154,165
芸術論 ……………………… 4
芸術論叢 1, 2……………… 188
ゲオルゲ全詩集 …………… 161
汚れなき悪戯 ……………… 3
ケーキマン ………………… 45
ケサル大王物語 …………… 196
ケストナー少年少女文学全集 … 7
結婚 ………………………… 218
ゲーテル・エッシャー・バッ
　　ハ ………………………… 159
ゲド戦記 ………………… 8,162
ケーブル&デッドプール：銀
　　の衝撃 …………………… 64
ケベックの生成と「新世界」…… 68

元型と象徴の事典 ………… 145	国訳一切経（全225巻）……… 142
言語と精神 ………………… 141	此ほとり 一夜四歌仙評釈 … 222
言語の都市 ………………… 158	ここまでわかった ………… 25
検屍官 ……………………… 181	心の社会 …………………… 180
現代アジア児童文学選（全2巻）……………………… 140	心ふさがれて ……………… 89
	五山禅詩集 ………………… 84
現代アジアの女性作家秀作シリーズ（全12巻）………… 147	五十年間の嘘 ……………… 212
	呉将軍の足の爪 …………… 219
現代インドネシア詩集・恋人は遠い島に ……………… 169	古書の来歴 ………………… 198
	コースト・オブ・ユートピア ユートピアの岸へ ……… 45
原典 ルネサンス自然学（上下）……………………… 151	古代から19世紀初頭までの蝦夷地をめぐる交流, 支配と対外関係 ………………… 119

【こ】

	古代中世科学文化史（全5巻）… 155
恋する二人 ………………… 27	古代伝説と文学 …………… 221
恋とは呼べない …………… 207	五体不満足 ………………… 22
恋の文学誌—フランス文学の原風景を求めて ………… 109	古代ユダヤ教 ……………… 226
	古代ローマの饗宴 ………… 187
光厳院御集全釈 …………… 224	答えのない質問 …………… 169
皇帝の新しい心 …………… 184	こちらマガーク探偵団 8巻 … 139
抗日戦争図誌（全3巻）…… 18	国家理論 …………………… 174
声 …………………………… 199	ゴッサム・アカデミー …… 63
古英詩大観—頭韻詩の手法による ……………………… 144	コッペリオン ……………… 206
	古典絵画の巨匠たち ……… 211
国民とは何か ……………… 185	孤島の鬼 …………………… 90

孤独なる散歩者の夢想 130
言葉の国のアリス―あなたに
　もわかる言語学 111
子ども 90
この世でいちばんすばらしい
　馬 93
ゴハおじさんのゆかいなお話 .. 94
コーヒーの水 86,112
コブラ 209
コミンテルン資料集 171
コリーニ事件 201
五輪の薔薇 146
コルシカの形成と変容―共和
　主義フランスから多元主義
　ヨーロッパへ 114
コレット著作集 12巻 139
語録・人間の権利 156
コロノスコピー 173
ゴンクールの日記 85
コンディヤックの思想―哲学
　と科学のはざまで 114
コントとデュルケームのあい
　だ―1870年代のフランス社
　会学 110
こんにちは あかぎつね! 131

【 さ 】

西鶴置土産 87
最後の授業 19
最後の精神分析-フロイトVS
　ルイス- 46
最新俳句歳時記 222
財政法理論の展開とその環境
　―モーリス・オーリウの公
　法総論研究 114
斎藤茂吉伝 222
差異と反復 144
ザイフリート・ヘルブリング
　―中世ウィーンの覇者と騎
　士たち 160
サイボーグ・フェミニズム ... 181
西遊記 168
採用基準 191
サヴァイヴァル：現代カナダ
　文学入門 68
ザ・ウィアー（堰） 217
サーガ 3 63
サーガ vol.1 / サーガ vol.2 61
作庭記 114
桜の森の満開の下 177

ササフラス・スプリングスの
　七不思議 ………………… 94
ささやく声 ………………… 218
挿絵入新聞「イリュストラシ
　オン」にたどる19世紀フラ
　ンス夢と創造 …………… 110
サッシャ・ギトリ―都市・演
　劇・映画 ………………… 109
殺人者の記憶法 …………… 153
ザ・デスレイ ……………… 59
サドにおける言葉と物 …… 113
サトラップの息子 ………… 87
ザ・ヌード（裸体芸術論）…… 136
サバティカル―あるロマン
　ス ………………………… 183
サハリン―日・中・ソ抗争の
　歴史 ……………………… 167
サピエンス全史（上・下）…… 192
ザ・フィフスビートル ブライ
　アン・エプスタインストー
　リー ……………………… 61
ザ・ボーイズ ……………… 64
さようならウサギⅠ・Ⅱ …… 161
さよなら, おじいちゃん…ぼ
　くはそっといった ……… 43
さよなら セプテンバー 1／
　さよなら セプテンバー 2／
　さよなら セプテンバー 3 …… 60

サラ ………………………… 218
ザ・ラストバンカー 西川善文
　回顧録 …………………… 191
さりながら ………………… 88
サルトルの世紀 …………… 147
三月は深き紅の淵を ……… 178
三国志の世界 ……………… 24
算数の解き方77 …………… 29
サンチェス＝シルバの本 全6
　巻 ………………………… 195
3秒 ………………………… 57
三秒間の死角 ……………… 17
刪補 西鶴年譜考證 ………… 223
三位一体論 ………………… 168

【し】

幸せの背くらべ …………… 216
幸せの日々 ………………… 217
シェイクスピア …………… 83
シェイクスピア戯曲選集
　（フォリオ）……………… 157
シェイクスピア全集 ……… 221
シェイクスピア全集（全8巻）…… 135
シェイマス・ヒーニー全詩集
　（全2巻）………………… 145

受賞作品名索引

- シェークスピア全集（全15巻） …………………… 155
- ジェフリー …………………… 216
- シェヘラザード 千夜一夜物語 ‥ 58
- ジェミニ …………………… 216
- ジェーンとキツネとわたし ……62
- シカゴよりとんでもない町 ‥9,99
- 時間割 …………………… 82
- 色彩を持たない多崎つくると、彼の巡礼の年 ………… 178
- 子規全集 …………………… 205
- 死国 …………………… 26
- 地獄の一三三六日─ポル・ポト政権下での真実 ……… 148
- 思索日記 …………………… 227
- 市場のための紙上美術館─19世紀フランス,画商たちの複製イメージ戦略 ……… 117
- 辞書の世界史 …………………… 146
- 湿地 …………………… 201
- 十長生をたずねて ……………34
- 失楽園 …………………… 158
- シートン動物誌（全12巻） …… 146
- 詩におけるルネ・シャール …… 86
- 死神の友達 …………………… 4
- 詩のジャポニスム─ジュディット・ゴーチエの自然と人間 …………………… 118
- 死の蔵書 …………………… 184
- 死の棘 …………………… 89
- ジハード ─Djihad─ ………… 47
- シビル・ウォー …………………… 55
- シベリアと流刑制度 ………… 161
- 社会の教育システム ………… 147
- 社会の法 …………………… 227
- ジャカルタ・クーデターの分析 …………………… 28
- シャクルトンの大漂流 ……… 132
- シャザム！：魔法の守護者（THE NEW 52!） …………… 61
- ジャータカ全集 …………………… 173
- シャンカラの哲学 …………… 171
- ジャン・コクトー全集 … 142,172
- ジャン=ジョゼフ・スュラン─一七世紀フランス神秘主義の光芒 …………………… 119
- ジャンプの正しい作り方! …… 207
- ジャン メリエ遺言書 ………… 148
- 宗教と魔術の衰退（上下） …… 144
- 十五世紀プロヴァンス絵画研究─祭壇画の図像プログラムをめぐる一試論 ………… 109

囚人と狂気 一九世紀フランスの監獄・文学・社会 …… 120	女性生活百科（全8巻）……… 137
十二人の怒れる男たち …… 218	ショッキングピンク・ショック！ ……………………… 95
十八世紀社会主義 ………… 170	ジョットという名の少年：羊がかなえてくれた夢 …… 131
自由への長い道―ネルソン・マンデラ自伝 ………… 175	書店主フィクリーのものがたり ……………………… 202
宗門無盡燈論 ……………… 173	書物について …………… 224
重力の虹 …………………… 182	書物の狩人 ……………… 174
しゅくだい ………………… 29	ジョルジュ・クレマンソーと極東 ………………… 118
繻子の靴 ……………… 87, 162	ジョルジュ・バタイユ 行動の論理と文学 ………… 120
シュペリオール・ドーナツ … 45	ジョン・ダン全詩集 …… 161
小学館ランダムハウス英和大辞典（全4巻）………… 137	ジル ……………………… 172
傷寒論 ……………………… 139	白い机 モダンタイムス …… 145
商業・専制・世論―フランス啓蒙の「政治経済学」と統治原理の転換 ………… 119	白い机 若い時 …………… 145
将軍の娘 …………………… 183	白く渇いた季節 ………… 210
小説の技巧 ………………… 185	白っていうより銀 ………… 97
象徴のラビリンス（全9巻）… 145	皺（しわ）………………… 55
少年少女世界の美術館（全12巻）……………………… 136	針灸学 ……………… 138, 169
紙葉の家 …………………… 186	新疆シルクロード 李学亮写真集 ………………… 30
諸王の賦 …………………… 140	神曲 ………………… 172, 222
ジョーカー ………………… 56	神曲―地獄界 …………… 122
食堂かたつむり …………… 90	人権の歴史 ……………… 19
抒情小曲集 ………………… 3	人工知能は人間を超えるか … 192

人口論名著選集 ………………… 172
ジンゴ・ジャンゴの冒険旅行‥ 184
紳士トリストラム・シャン
　ディの生涯と意見 ………… 221
人生使用法 ……………………… 85
人生と運命（全3巻）…………… 163
心臓を貫かれて ………………… 185
身体の歴史（全3巻）…………… 149
新天文学 楕円軌道の発見 …… 163
神童 ……………………………… 206
新版フランス企業の経営戦略
　とリスクマネジメント …… 113
神秘の島 ………………………… 43
人物たち ………………………… 218
新訳 紅楼夢 ……………………… 225
新約聖書 全5冊 ………………… 197
森林大国カナダからの警鐘─
　脅かされる地球の未来と生
　物多様性 ……………………… 69
人類の美術・シュメール …… 134
神話と古代宗教 ………………… 156
神話の詩学 ……………………… 148

【す】

水曜日の本屋さん ………………94

スウィフト政治,宗教論集 …… 143
スオミの詩（フィンランド原
　典）…………………………… 172
図解 新エネルギーのすべて …30
スタインベック全集（全20
　巻）…………………………… 146
スターメイカー ………………… 180
スタンフォードの自分を変え
　る教室 ……………………… 191
ずっと独身でいるつもり？…… 207
スティーブ・ジョブズ
　（Ⅰ）（Ⅱ）…………………… 190
スティーブ・ジョブズ驚異の
　イノベーション …………… 190
ステファヌ・マラルメ ……… 223
ストーリーとしての競争戦
　略 …………………………… 190
ストリートの歌─現代アフリ
　カの若者文化 ……………… 113
ストールン ……………………… 218
ストーン・シティ ……………… 182
スパイダーバース ……………… 63
スーパーマン：サン・オブ・
　スーパーマン -REBIRTH- … 65
スーパーマン：フォー・オー
　ルシーズン ………………… 58
スーパーマン：レッド・サン ‥57

素晴らしきソリボ ……………… 153
すべての見えない光 …… 153,203
スラブ・ボーイズ ……………… 216

【せ】

世紀末ウィーン＝政治と文
　化 …………………………… 159
成功は一日で捨て去れ ……… 190
政治哲学へ―現代フランスと
　の対話 ……………………… 115
青春・最終章〜僕たちの決算 .. 217
青春ジュール・ベルヌ論 …… 144
"青春の思い出"とその研究 … 159
聖書年代学 …………………… 165
聖書の世界（本巻6冊，別巻4
　冊）………………………… 137
精神現象学 ……………… 186,226
制度と自由―モーリス・オー
　リウによる修道会教育規制
　法律批判をめぐって ……… 118
聖フランシスコ・ザビエル全
　書簡 ………………… 142,159
セイムタイム・ネクストイ
　ヤー ………………………… 216
西洋の没落（全2巻）………… 156

精霊たちの家 ……………………… 4
生は彼方に …………………… 209
世界幻想文学大系（第1期15
　巻）………………………… 137
世界こども百科（全16巻）…… 136
世界児童名作集（全8巻）…… 137
世界珠算辞典 ………………… 20
世界シンボル大辞典 ………… 145
世界神話大事典 ……………… 146
世界大恐慌 …………………… 175
世界大航海時代叢書 ………… 135
世界伝統医学大全 …………… 175
世界動物百科（全192巻）…… 136
世界のエリートはなぜ「美意
　識」を鍛えるのか? ………… 193
世界の巨匠シリーズ ………… 108
世界の至宝（全12巻）………… 141
世界の文豪叢書（全25巻）… 138
世界の民話（全12巻）………… 138
世界文学大系 第76巻・パミ
　ラ …………………………… 134
世界ワンダー百科（全12巻）… 137
セガレン著作集6―碑, 頌, チ
　ベット ……………………… 86
切断の時代―20世紀における
　コラージュの美学と歴史 … 116

狭き門を通って ……………… 175	叢書・ウニベルシタス ……… 144
セリーヌ伝 ………………… 145	創造者 ………………………… 3
セリーヌの作品（全15巻）…… 162	壮大なる宇宙の誕生 ………… 141
ゼロ ………………………… 191	続・古英詩大観 ……………… 144
ゼロ・トゥ・ワン …………… 192	続斎藤茂吉伝 ………………… 222
千一夜物語 ………………… 220	則天武后外伝 鏡花縁 ……… 170
1912年から1921年の森鷗外・林太郎 ………………… 111	楚辞の研究 …………………… 221
宣教師ニコライの全日記（全9巻）………………………… 148	ソーネチカ …………………… 212
	その犬の歩むところ ………… 203
戦後日本の君主制と民主主義 ……………………… 108	その女アレックス ………… 17,202
戦後フランス政治の実験 …… 113	その雪と血を ………………… 199
戦争と平和 …………………… 169	ソフィストリー（詭弁）…… 216
選択本願念仏集 ………………… 88	ゾーヤ・ペーリツのアパート‥46
千日手 …………………………… 98	ソリちゃんのチュソク ……… 22
千のプラトー …………… 145,183	
全文英訳万葉集 ……………… 173	**【た】**
全訳小泉八雲作品集（全12巻）………………………… 155	
	大悪党 ………………………… 4
【そ】	大英国―歴史と風景 ………… 171
	タイガーズ・ワイフ ………… 201
草家 …………………………… 29	第三の嘘 ……………………… 181
そうか、君は課長になったのか ……………………………… 190	大自然科学史 ………………… 169
	大聖ラーマクリシュナ「不滅の言葉」……………………… 167
	代代孫孫2016 ………………… 46

大地への祈り	196
大統領閣下	4
ダイドーと父ちゃん	9,99
太平洋	173
太平洋戦争直前の仏領インドシナと日本の南進	119
タイ民衆生活誌	139
太陽が死ぬ日まで	141
タウンボーイ	61
高瀬川	29
ダース・ヴェイダーとプリンセス・レイア	59
ダース・ヴェイダーとルーク（4才）	57
正された歴史―日系カナダ人への謝罪と補償	68
漂う電球	219
ダチョウのくびはなぜながい？	131
脱グローバル化	27
たった一人の反乱	177
谷崎潤一郎全集1	85
ターヘル・アナトミアと解体新書	142
ダルタニアン物語（全11巻）	155
だれか、そいつをつかまえろ	130
誰がモーセを殺したか	160

【ち】

ちいさな国で	91
小さな勝利	216
チェコの伝説と歴史	163
チェスタトン著作集 10巻	139
知恵の七柱（全3巻）	156
陳千武詩集	196
地球から月へ 月を回って 上も下もなく	91
地上の見知らぬ少年	89
地中海	145,161
地中海巡游	29
チック	47
ちっちゃな淑女たち	166
血の絆	195
チベットの精神医学	174
チベットの文化	166
血みどろ臓物ハイスクール	182
チャイルドクラフト（全15巻）	138
チャペック戯曲全集	148
中国科学技術史（上・下）	21
中国近郊農村の発展戦略	27

ちゅう

中国現代戯曲集・第一集 …… 216
中国人（上下）………………… 141
中国神話・伝説大辞典 ………… 21
中国大豆栽培史 ………………… 21
中国の女詩人 ………………… 196
中国ふしぎ話（全8巻）………… 19
中国仏教の石窟寺院 …………… 29
中国野生ラン図鑑 ……………… 31
中国老人医学 ………………… 173
注釈特許法 ……………………… 18
中世オランダ語 狐の叙事詩 … 163
中世思想原典集成（全20巻,別巻1）………………………… 147
忠誠と反逆 ……………………… 21
中世文化のカテゴリー ……… 174
中世歴史人類学試論身体・祭儀・夢幻・時間 …………… 148
チューリングの大聖堂 コンピュータの創造とデジタル世界の到来 ………………… 150
長江―乗合い船 ……………… 217
朝鮮語大辞典 ………………… 171
蝶のみちゆき ………………… 207
チョコレートコスモス ……… 206
著作集 ………………………… 178
沈黙するソシュール ………… 108

【つ】

通辞ロドリゲス ……………… 143
月を見つけたチャウラ ピランデッロ短篇集 …………… 121
月の獣 ………………………… 46
月ノ石 ………………………… 188
伝え方が9割 ………………… 191
ツー・ポイント・ファイブ・ミニット・ライド ………… 217

【て】

であいもん …………………… 208
デアデビル：ボーン・アゲイン ………………………… 56
ディアスポラの知識人 ……… 186
D・Hロレンス詩集（全6巻）… 156
ディスタンクシオン ………… 108
デイトリッパー ………………… 60
ディドロ 限界の思考―小説に関する試論― …………… 117
定本湛然居士文集訳 ………… 171
定本野鳥記 …………………… 221

テイル・オイレンシュピーゲルの愉快ないたずら ……… 173
テキサコ ……………………… 112
哲学逍遥 ……………… 154,165
哲学的急進主義の成立 Ⅰ, Ⅱ, Ⅲ ……………………… 151
哲学とはなにか ……………… 122
デッドプール：スーサイドキングス ……………………… 60
デッドリー・クラス 1 ………… 62
鉄の歴史 17巻 ……………… 158
出番を待ちながら …………… 45
テレーズ・ラカン …………… 216
天空のビバンドム …………… 55
天使たちがくれた夢は…？ … 217
電子物性の基礎 ……………… 174
転身物語 ……………………… 135
天人五衰 ……………………… 176
テンプル・グランディン 自閉症と生きる ……………… 95

【と】

トゥーキュディーデス戦史（全3冊）……………… 135
東京タワー …………………… 89
東京の下町における日常生活の中の宗教 ……………… 114
東京湾景 ……………………… 178
統計学が最強の学問である … 191
道化と笏杖 …………………… 195
どうする ジョージ! ………… 95
どうぶつがすき ……………… 132
動物生理学 環境への適応 ［原書第5版］……………… 148
遠きにありてつくるもの …… 225
十勝山之恋 …………………… 20
トクヴィルの憂鬱—フランス・ロマン主義と〈世代〉の誕生 ……………………… 118
徳川家康 13 ………………… 178
独仏関係と戦後ヨーロッパ国際秩序：ドゴール外交とヨーロッパの構築 1959-1963 …………………… 116
床屋嫌いのパンセ …………… 98
ド・ゴール大戦回顧録（1-6巻）………………………… 82
都市生活 ……………………… 97
とはずがたり ………………… 87
トマス・グレイ研究抄 ……… 220
トマス・ハーディ全詩集（全2巻）………………………… 161

トーマス・マン日記（全10巻） ……………… 150
ドラゴンキーパー 最後の宮廷龍 …………… 93
トランスフォーマー：オール・ヘイル・メガトロン …… 61
トリエステの謝肉祭 ………… 188
取り替え子（チェンジリング） ……………… 179
とりかへばや物語 …………… 89
トリスタンとイゾルデ ……… 137
トリストラム・シャンディ … 134
トレインスポッティング …… 185
ドン キホーテ（全4巻） ……… 148
敦煌—シルクロードの仏教美術 …………………… 20
敦煌石窟（全10巻） ………… 23
ドンジュアン ………………… 224
とんぼ ………………………… 35
トンマッコルへようこそ …… 46

【な】

内観祈禱録—奥邃の人と思想 …………………… 195
ナイチンゲール著作集（全3巻） …………………… 157

永井荷風選集 ………………… 177
永井荷風傳 …………………… 222
中原中也全詩歌集 …………… 88
中村真一郎（夏） ……………… 85
嘆きの七段階 ………………… 218
なしくずしの死 ……………… 85
梨の花が白く散っていた夜に … 26
なぜ少女ばかりねらったのか ……………………… 186
謎とき「悪霊」 ……………… 225
夏の闇 ………………………… 177
夏の夜の夢 …………………… 216
ナノテクノロジーとは何か？ … 28
涙売り ………………………… 98
ナラ王物語—「マハーバーラタ」より ……………… 195
汝・人の子よ ………………… 4

【に】

ニイル著作集 ………………… 165
にげろ!にげろ? ……………… 93
西風号の遭難 ………………… 42
西田幾多郎—統一の哲学 …… 116
20世紀の日本美術 …………… 114

西と東の神秘主義 …………… 174	日本の政治体制の再編—1990年代以降の政治システムにおける官僚制 ……………… 120
21世紀児童英語大観園 ………… 20	
21世紀の資本 ………………… 192	
「20円」で世界をつなぐ仕事‥ 190	日本の村落社会におけるカトリック教と潜伏キリシタン ……………………………… 119
24人のビリー・ミリガン …… 181	
「日→英語自動翻訳システム」の開発 ……………………… 196	
	日本の防衛政策の決定要因と政治ゲーム ………………… 116
日蝕 …………………………… 178	
日中文化交流史叢書(全10巻)‥19	日本美術市場の社会学的アプローチ 美術品の販売,流通,普及,価値形成のための仲介業者ネットワーク ……… 118
ニートメタル ………………… 58	
日本/権力構造の謎 …………… 180	
日本史 …………………………… 139	
日本詩歌集 ……………… 154,165	日本—ヒロヒトの時代 ……… 108
日本史(全5巻) ……………… 158	日本文壇史 …………………… 222
日本酒 日本固有の歴史,文化の地理学(Le sake une exception japonaise) ……… 117	日本列島の住民の起源に関する人類学的・考古学的考察—1870〜1990年 …………… 115
日本書紀 ……………………… 136	ニャールのサガ ……………… 139
日本人をストップしろ ……… 194	乳腺外科の要点と盲点 ……… 28
日本新劇史 …………………… 221	ニューヨーク・ニューヨーク‥ 208
日本人—ユニークさの源泉 … 194	ニューロン人間 ……………… 108
日本におけるアイヌの社会文化的変容 ………………… 120	人形 …………………… 153,226
	人間知性論 …………………… 168
日本の小説の1世紀 …………… 111	認知と指示 定冠詞の意味論‥ 118

ぬすみ　　　　　　受賞作品名索引

【ぬ】

盗み …………………………… 180

【ね】

ねじまき鳥クロニクル ……… 87, 178
眠りの兄弟 …………………… 212

【の】

農村開発顚末記 ……………… 159
能面 …………………………… 221
能登─人に知られぬ日本の辺境 …………………………… 169
ノーベル賞文学全集（全25巻）………………………… 135

【は】

俳句選集（The Haiku Anthology）……………… 205

排除と抵抗の郊外： フランス「移民」集住地域の形成と変容 …………………… 119
ハイペリオン・ハイペリオンの没落 …………………… 184
俳優の仕事（全3巻）………… 149
ハイ・ライフ ………………… 218
パウダー・ケグ ……………… 217
パウル・ツェラン全詩集 …… 160
バガヴァッド・ギーター神の詩 ………………………… 196
白衣の騎士団 上下 …………… 197
白蛇伝 ………………………… 20
白馬のバラッド ……………… 196
博物学ドキュメント（全10巻）………………………… 144
幕末日本図絵 ………………… 166
パサージュ論 ………… 182, 183
ハザール事典 ………………… 182
はじめてのおつかい ………… 19
はしれ、トト！ ……………… 132
長谷川泉日本文学論著選・森鷗外論考 ………………… 175
パターソン ………… 171, 224
20歳のときに知っておきたかったこと ……………… 190
働く君に贈る25の言葉 ……… 190

ハチ参る ················ 208
バットマン：アンダー・ザ・
　レッドフード ············· 60
バットマン：梟の法廷／梟の
　街／梟の夜 ··············· 58
バットマン：マッドラブ／
　ハーレイ＆アイビー ········ 56
発熱 ······················· 83
はてしない物語 ············ 159
バーナード・リーチ詩画集 ··· 137
花のにおう町 ··············· 27
花の文化詞 ················ 173
パパのカノジョは ·········· 131
パーフェクト・デイズ ······ 217
ハープと影 ················ 210
バーム・イン・ギリヤド ····· 45
薔薇の名前 ·· 143, 160, 179, 211
ハラボジのタンベトン ······· 26
薔薇物語 ············· 144, 224
ハリウッド帝国の興亡 ······ 183
ハリー・クバート事件 ······ 202
バリーターク ··············· 47
ハリネズミの願い ·········· 203
パーリ仏教辞典 ············ 149
パルチヴァール ············ 156
ハルトマン作品集 ·········· 158

春の雪 ···················· 177
春はあけぼの月もなう空もな
　お ······················ 207
ハーレムの闘う本屋 ······· 9, 99
バロック論 ·················· 4
ハロルド・フライの思いもよ
　らない巡礼の旅 ·········· 202
ハンガリー史 ·············· 140
叛旗―小説「李自成」 ······ 171
犯罪 ······················ 200
パンセ ···················· 226
パンタグリュエル物語 ······ 122
パンタレオン大尉と女達 ······ 3
パントン（マレーシア原典）··· 172
ハンフリー・クリンカ ······ 167
韓流 人が動く MKタクシー
　青木定雄の成功哲学 ······· 26

【ひ】

緋色の記憶 ················ 186
ピエール・クロソウスキー 伝
　達のドラマトゥルギー ····· 119
ピエール・ベール著作集 ····· 85
ピエール・ベール著作集（全8
　巻）······················ 161

ひかく　　　　　　受賞作品名索引

美学入門 …………………… 154,165
東アジア人文書100 …………… 33
東ヨーロッパの文学（第1期・
　全34冊）………………… 143
ヒカリ・カガヤク ……………… 218
光のない。……………………… 45
光のないⅡ ……………………… 45
美食家の誕生―グリモと「食
　のフランス革命」………… 118
聖 ………………………………… 86
ピーター・ラビットの絵本 … 167
羊をめぐる冒険 ……………… 176
ピッチフォーク・ディズニー… 218
ヒットマン2 …………………… 59
否定弁証法 …………………… 185
人質 ……………………………… 83
ひとりぼっちの白い子ラクダ… 28
火の顔 ………………………… 45
ピノキオ ………………………… 56
ひばり ………………………… 219
批評の解剖 …………………… 140
秘密 …………………………… 199
ひみつだから!………………… 132
秘密はうたう A Song at
　Twilight ………………… 45
百年の孤独 ……………………… 3

ヒューマン・ステイン ……… 213
病牀六尺 ………………………… 90
評伝 鶴屋南北 ……………… 226
平等原理と社会主義 ………… 143
ピランデッロ短編集 カオス・
　シチリア物語 …………… 121
ヒルクレストの娘たち ………… 8
ビルマータイ鉄道建設捕虜収
　容所（医療将校ロバート・
　ハーディ博士の日誌）…… 174
広島・長崎の原爆災害（広島
　市・長崎市原爆災害誌編集
　委員会著の英訳版）… 140,158
ピローマン …………………… 218
瀕死の王 ……………………… 45

【ふ】

ファウスト …………………… 221
ファウスト第一部，第二部・
　ウルファウスト ………… 174
ファン・ホーム ～ある家族の
　悲喜劇～ ………………… 56
フィッツジェラルドをめざし
　た男 ……………………… 181
フィニアスとファーブ 最強
　ゴキゲンコミック ……… 62

フィネガンズ・ウェイク ‥ 161,180
風土 ‥‥‥‥‥‥‥‥‥‥‥ 29
フォイエルバッハ全集 ‥‥‥‥ 168
フォーエバー・イービル
　（THE NEW 52!）‥‥‥‥‥ 62
フォークナー全集（全24巻）‥ 135
フォルディナン・ド・ソ
　シュール―〈言語学〉の孤
　独, 「一般言語学の」の夢‥ 117
深い疵 ‥‥‥‥‥‥‥‥‥‥ 201
服従 ‥‥‥‥‥‥‥‥‥‥‥ 202
藤田嗣治 作品をひらく 旅・
　手仕事・日本 ‥‥‥‥‥‥ 116
藤原道長の日記 三巻 ‥‥‥‥ 87
蕪村自筆句帳 ‥‥‥‥‥‥‥ 222
ふたりの証拠 ‥‥‥‥‥‥‥ 181
ふつうに学校にいくふつうの
　日 ‥‥‥‥‥‥‥‥‥‥‥ 132
復活 ‥‥‥‥‥‥‥‥‥‥‥ 169
仏訳「銀河鉄道の夜」‥‥‥‥ 108
不透明な時代を見抜く「統計
　思考力」 ‥‥‥‥‥‥‥‥ 190
船乗りサムボディ最後の船旅
　（上・下）‥‥‥‥‥‥‥‥ 184
冬の灯台が語るとき ‥‥‥‥ 17
フラゴナールの婚約者 ‥‥‥ 85
ブラックサッド アマリロ ‥‥ 63

ブラックサッド 黒猫探偵 /
　ブラックサッド 極北の国 ‥‥ 61
ブラック・スワン ‥‥‥‥‥ 189
ブラック・ホール ‥‥‥‥‥ 58
フラッシュ・ポイント ‥‥‥ 57
プラトーノフ ‥‥‥‥‥‥‥ 217
プラハの墓地 ‥‥‥‥‥‥‥ 122
ブラマンテ ルネサンス建築
　の完成者 ‥‥‥‥‥‥‥‥ 188
プラムディヤ・アナンタ・
　トゥール「人間の大地」四
　部作 ‥‥‥‥‥‥‥‥‥‥ 225
フランス革命事典（全2巻）‥‥ 145
フランス革命と結社 ‥‥‥‥ 115
フランス革命の憲法原理 ‥‥ 108
フランス再興と国際秩序の構
　想―第二次世界大戦期の政
　治と外交 ‥‥‥‥‥‥‥‥ 120
フランス中世文学集（全3巻）‥ 144
フランスにおける公的金融と
　大衆貯蓄 預金供託金庫と
　貯蓄金庫1816-1944 ‥‥‥‥ 112
フランスにおけるルソーの
　「告白」‥‥‥‥‥‥‥‥‥ 114
フランス認識論の系譜―カン
　ギレム, ダゴニエ, フー
　コー ‥‥‥‥‥‥‥‥‥‥ 110

フランスの解体?―もうひとつの国民国家論 ………… 113
フランスの生命倫理法 生殖医療の用いられ方 ……… 119
フランスの遺言 ……………… 86
フランス文壇史 ……………… 221
フランス民話集Ⅰ・Ⅱ・Ⅲ・Ⅳ‥ 150
ブリタニカ国際大百科事典（全28巻）………………… 137
フリードリヒばあさん ……… 94
プリニウスの博物誌（全3巻）………………… 142,160
プリミティブ アート ……… 149
フル・サークル ……………… 217
プルースト 感じられる時 … 112
プルターク英雄伝 …………… 220
ブルーノ・シュルツ全集 …… 224
ブレイク全著作 ………… 160,172
フレーゲ著作集（全6巻）…… 147
ブレヒト戯曲集（全8巻）…… 162
ブレヒト戯曲全集 ……… 217,226
フロイト最後の日記1929-1939 ……………………… 147
フロスト始末 ………………… 199
プロメテア 1 ………………… 60

文化遺産としての中世―近代フランスの知・制度・感性に見る過去の保存 ………… 118
文学と国民性―19世紀日本における文学史の誕生 ……… 115
文豪たちの大喧嘩 …………… 224
分析哲学入門 ………………… 167

【ヘ】

平家物語 ……………………… 136
平面論―1880年代西欧 ……… 110
平和のときも,戦いのときも …… 4
ヘシオドス 全作品 ………… 225
ヘスペルス …………………… 161
ペトラルカ カンツォニエーレ ……………………… 160
ペナンブラ氏の24時間書店 … 202
ヘビについてⅠ、Ⅱ、Ⅲ ……… 97
ヘルダーリン全集 ……… 155,166
ベルトルト・ブレヒトの仕事（全6巻）……………… 136
ヘルマン・ヘッセ全集（全16巻）…………………… 148
べんきょうなんてやるもんか!‥ 30
変貌した世界の哲学（全4巻）‥ 158

【ほ】

法源・解釈・民法学—フランス民法総論研究 ……… 110
方丈記 ……………………… 136
ホガース …………………… 138
ポカポンタスのいる湖の風景 ‥66
ホークアイ：マイ・ライフ・アズ・ア・ウェポン ……… 59
墨東綺譚 …………………… 136
ぼくとヨシュと水色の空 …… 94
ぼくの美しい人だから ……… 180
ぼくのともだち …………… 88
ぼくはおこった …………… 42
僕は君たちに武器を配りたい ………………………… 190
母権制（上下） …………… 160
星ノ数ホド ………………… 46
発心集 ……………………… 90
歩道橋の魔術師 …………… 202
仏のことば ………………… 173
ボードレール雑話 ………… 222
ボードレール全集 ………… 84
炎 アンサンディ ………… 46
ホーフマンスタール選集（全4巻） ……………………… 137
ポーランドのボクサー …… 153
ポーランド文学史 ………… 147
ポリーナ …………………… 60
ホロコースト大事典 ……… 147
ほろ苦い勝利：戦後日系カナダ人リドレス運動史 ……… 67
ホワイト・ジャズ ………… 185
ボワロー「諷刺詩」 ……… 160
翻訳について—20世紀英米小説を中心として ………… 194

【ま】

マイがいた夏 ……………… 8
マイモニデス伝 …………… 148
マウス・ガード 1152 秋 … 61
マキァヴェッリ全集 ……… 188
まくべっと ………………… 46
マザー・グースのうた—英国の伝承童話 ……………… 168
魔女セレスティナ ………… 157
間違いの喜劇 ……………… 216
まって ……………………… 132

マッティのうそとほんとの物
　語 ……………………… 94
マッティは今日も憂鬱 ……… 64
マディソン通りの少女たち …… 8
窓から逃げた100歳老人 …… 202
マハーバーラタ（全9巻）…… 146
マフィアの歴史 ……………… 187
幻の終わり …………………… 181
マラルメの想像的宇宙 ……… 87
マリアナ・ピネーダ …………… 3
マルコ・ポーロ ルスティケッ
　ロ・ダ・ピーサ 世界の記
　「東方見聞録」対校訳 …… 163
マルティン・フィエロ ……… 170
万延元年のフットボール …… 27
マンゾーニ家の人々 ………… 187
万葉集 ………………… 85,163
万葉集の比較文学的研究 …… 221

【み】

ミケランジェロの手紙 ……… 197
三島由紀夫短編集 …………… 176
湖の騎士 ランツェレト …… 149
水の戒律 ……………………… 182

「みちくさ生物哲学―フラン
　スからよせる「こころ」の
　イデア論」………………… 113
三つの小さな王国 …………… 186
ミッテラン時代のフランス … 109
緑の家 ………………………… 4
みやこ美人夜話 ……………… 208
明恵上人―鎌倉時代・華厳宗
　の一僧 ……………………… 109
ミランドリーナ・宿の女主人 … 217
みんなの翻訳 ………………… 37

【む】

無罪INNOCENT ……………… 199
ムシェ 小さな英雄の物語 … 153
無人島からの脱出 …………… 29
娘道成寺 ……………………… 223
ムチャチョ ある少年の革命 … 57
ムーミン・コミックス セレク
　ション1ムーミン谷へよう
　こそ ………………………… 63
ムーン・パレス ……………… 183

【め】

明暗 …………………………… 136
明治期における日本新聞史 … 110
メイスン&ディクスン ……… 163
名誉と快楽―エルヴェシウスの功利主義 …………… 110
メタ・バロンの一族 上 …… 57
目で見るデジタル計算の道具史 …………………………… 184
メヒコ 歓ばしき隠喩 ………… 90
芽むしり仔撃ち ……………… 177
メモリーウォール …………… 201
メリディアン144 …………… 183
メルヴィル全集 ……………… 170

【も】

毛沢東の中国 ………………… 135
もう一つの宇宙 ……………… 141
もし高校野球の女子マネージャーがドラッカーの「マネジメント」を読んだら … 190
モジョ ミキボー ……………… 45
もっと海を …………………… 66
モムゼンローマの歴史 ……… 162
モラエス全集(全4巻) ……… 155
モリエール全集 …… 87, 167, 222
森銑三著作集 ………………… 221
森亮訳詩集晩国仙果 I Ⅱ Ⅲ .. 223
モレルの発明 ………………… 180
門 ……………………………… 136
モンゴル医学史 ……………… 174
モンゴル現代史 ……………… 25
モン・サン・ミシェルとシャルトル ………………………… 147
モンスター 完全版 …………… 57

【や】

ヤヴォーロフ詩集ふたつの情念 …………………………… 194
役者論語 ……………………… 156
野性の一族 …………………… 67
山の神 ………………………… 145
闇の国々 …………………… 56,59
ややっ、ひらめいた! 奇想天外発明百科 ………………… 95

やり抜く力：人生のあらゆる成功を決める「究極の能力」を身につける …… 193

【ゆ】

夕鶴 …………………………… 3
幽霊 ………………………… 176
ゆき ………………………… 131
雪 …………………………… 213
雪国 ………………………… 155
ユゴー詩集 ………………… 171
油彩画の技術 ……………… 83
ユナイテッド・ステイツ・オブ・ジャパン ……………… 203
指輪物語 ………………… 7,157
ユリシーズ Ⅰ、Ⅱ ………… 184
ユーロマンガ vol. 7 ……… 57

【よ】

容疑者Xの献身 …………… 179
杏子 ………………………… 176
妖精の女王 …………… 135,166
ヨギヘスへの手紙 ………… 168

横須賀海軍工廠の創立1865—1882 フランスから日本への技術移転 ……………… 113
与謝野晶子—情熱の歌人・日本女性解放運動の先駆 …… 113
よじはん よじはん ………… 93
ヨハンナの電車のたび …… 132
ヨーロッパ精神の危機 …… 83
ヨーロッパ中世古文書学 … 146
ヨーロッパはプラハで死んだ—ヒトラー、スターリン支配下の文学風景 …………… 151
4こうねんのぼく ………… 30

【ら】

ライシテ, 道徳, 宗教学—もうひとつの19世紀フランス宗教史 ……………………… 117
ライフ写真年鑑（全10巻）… 141
ライプニッツ著作集（全10巻）………………………… 146
ライフ人間世界史・古代ギリシア ……………………… 135
ラヴ ………………………… 217
ラシーヌ論 ………………… 225
ラ・ジャポネジー ………… 112

ラストマン1 ……………… 62
ラディアン1 ……………… 62
ラテン・アメリカの文学（全18巻） ……………… 141
ラブ・レターズ …………… 216
ラモーナと新しい家族 ……… 8
ランサム・サーガ ………… 9,99
懶惰の説（らんだのせつ）… 98
ランボー全詩集 …………… 144

【り】

リヴァイアサン …………… 212
理解の鋳型 ………………… 144
李賀歌詩編（全3巻）……… 161
リサの瞳の中に …………… 217
リトル・ツインズ・シリーズ（全12巻）………………… 19
リトル・ニモ 1905-1914 … 59
リモンの子供たち ………… 90
リヤカーを曳いて ………… 97,98
良寛 ………………………… 220
リルケ全集 ………………… 143

【る】

ルソーの教育思想―利己的情念の問題をめぐって ……… 112
ルネサンス・フィレンツェ統治論 説教と論文 ………… 187
ルパン、最後の恋 ………… 201
ルームサービス …………… 218
ルルド傷病者巡礼の世界 … 115

【れ】

隷属なき道 ………………… 193
歴史哲学「諸国民の風俗と精神について序論」………… 143
歴史の探究（上下）………… 140
レーザーと光（全5巻）…… 136
レズビアンの歴史 ………… 185
連帯の哲学Ⅰ―フランス社会連帯主義 ………………… 117
連邦主義の思想と構造 …… 67
連邦制入門 ………………… 69

【ろ】

六道遊行 …………………… 90
ロシア教会史 ……………… 143
ロシア原初年代記 ………… 143
ロシアの昔話 ………………… 8
ロシヤ・ソヴエト文学史 …… 220
魯迅の言葉 ………………… 35
ローゼンクランツとギルデン
　スターンは死んだ ………… 216
ロッキーの麓の学校から―第
　2次世界大戦中の日系カナ
　ダ人収容所の学校教育 …… 69
ロッシーニ伝 ……………… 144
ロートレアモン全集 …… 86,146
ロートレアモン―他者へ …… 115
ロバの力パラ ……………… 188
ローマ政治家伝 …………… 150
ローマ帝国 ………………… 135
ローマ帝国衰亡史(全11巻) … 144
ローマの歴史 ……………… 227
ロミオとジュリエット ……… 216
ロンサール詩集 …………… 159
論理哲学論考 ……………… 166

【わ】

ワイルド・スワン ………… 182
ワインバーグ・がんの生物学 .. 149
若い藝術家の肖像 ………… 225
わが心の川 ………………… 209
吾輩は猫である …………… 177
わが輩は猫である ………… 136
わがユダヤ、ドイツ、ポーラ
　ンド ……………………… 226
ワーク・シフト …………… 191
ワシントン村 大使は走る―
　体験的対米交渉の教訓 …… 68
忘れ川をこえた子どもたち …… 43
忘れ残りの記 ……………… 177
忘れられた花園 ………… 199,201
わたしがいどんだ戦い1939年 .. 95
わたしのすてきなたびする目 .. 94
ロウドウクミアイノアタラシ
　イスピリット ……………… 114

【英数】

100 Buddhas in Chinese Buddhism ……… 20
100 Chinese Gods ……… 18
10 1/2章で書かれた世界の歴史 ……… 180
11/22/63 ……… 199,201
13・67 ……… 203
1Q84 ……… 179
20000ページ ……… 46
21st Century Houses：150 of the World's Best ……… 34
2666 ……… 201
A DARK NIGHT'S PASSING（英訳・志賀直哉作「暗夜行路」）……… 158
A Dictionary of Literary Devices：Gradus, A-Z ……… 72
A Dream of Red Mansions ……… 33
After the Fire ……… 17
A Grand Japanese-Chinese Dictionary ……… 24
A king and his fried egg ……… 26

A la croisee du texte et de l'image：cryptiques et poemes caches（Ashide）dans le Japon classique et medieval ……… 117
Alex ……… 17
All about Planning ……… 24
América ……… 212
Âmes perdues ……… 11
Aracoeli ……… 211
Arno Schmidt's Evening Edged in Gold ……… 125
Arracher les montagnes ……… 74
Asian Port Cities, 1600-1800：Local and Foreign Cultural Interactions ……… 32
A Statistical analysis in life ……… 25
ATLAS OF HUMAN ANATOMY ……… 195
Atlas of Peculiar Cases of Oesophagus Diseases ……… 25
Augustino and the Choir of Destruction ……… 78
Aventures dans le commerce des peaux en Alaska ……… 211
Bambi and Me ……… 74
Bangka Tin and Mentok Pepper ……… 31
Begin Smart series（Volume 1）……… 31

Bendigo Shafter ················ 125

Biochemical Engineering ······· 165

BIOGRAPHICAL DICTIONARY OF JAPANESE LITERATURE（英語版「日本文学人名辞典」············ 138

Birds of a Kind ··············· 82

BJORNARNA PA NAMETOKOYAMA（宮沢賢治著・童話「なめとこ山の熊」ほか10編と詩36編）·· 170

BongBong's Comic English ····· 23

Brecht's Saint Joan of the Stockyards ················ 124

Calvino's Cosmicomics ········ 124

Camille ····················· 17

Categorics One, Two and Three ······················ 73

Celebrovascular Disease ······· 172

Celine's Castle to Castle ······· 124

Cesare Pavese's Hard Labor ·· 125

Cesar Vallejo's The Complete Posthumous Poetry ·········· 125

Charles Baudelaire's Les Fleurs du Mal ················ 126

Châteaux de la colère ········· 212

Child of All Nations ··········· 21

Chinese Culture Series ········· 31

Clinical Aspects of THE PLASMA PROTEINS（日本文からの英訳）············ 167

CLOUDS ABOVE THE HILL ························ 150

Cobra ······················ 209

Codes of Life ················ 21

Color atlas of cancer cytology ··················· 166

Complications ················ 15

Congenital Anomalies of the Heart ······················ 169

Countermeasure of Foam Economy ·················· 23

Daily Life English by Cartoon ··················· 34

DAS KEGON SUTRA（独訳・大方広華厳経）·········· 158

DCユニバース：リバース ······· 64

Dead Dead Demon's Dedededede Destruction ········ 92

Délivrance ·················· 209

DENKEN IN JAPAN ········· 142

Dermatology ················ 22

Dernières notes ··············· 78

Descent into Night ············ 81

Dieu sait ···················· 211

Early Interactions Between South and Southeast Asia: Reflections on Cross-Cultural Exchange・・・・・・ 35

Ecological Destruction, Health and Development: Advancing Asian Paradigms ・・・・・・ 27

Ecological Enginneering・・・・・・ 26

egg star ・・・・・・ 208

Eine Digambara—Dogmatik・・ 168

Elrostro ajeno・・・・・・ 177

Enchantment and Sorrow: The Autobiography of Gabrielle Roy ・・・・・・ 70

Encore ・・・・・・ 215

Endymion ・・・・・・ 11

Engineering Statics・・・・・・ 23

En mer ・・・・・・ 214

Entre l'ordre et la liberte ・・・・・・ 73

Fairy Ring ・・・・・・ 75

Feng Shui for Homebuyers-Exterior・・・・・・ 34

Forests ・・・・・・ 79

Frère Sommeil ・・・・・・ 212

Frontier Facets ・・・・・・ 30

Fukuzawa Yukichi on Education ・・・・・・ 196

Functional anatomy and histology of the lung ・・・・・・ 167

FUNNY MONEY・・・・・・ 216

Gabrielle Roy: A Life・・・・・・ 75

Ganes'a - Gitā (サンスクリット原典) ・・・・・・ 165

GET JIRO! ・・・・・・ 65

GHETTO/ゲットー ・・・・・・ 216

Ghost Riders of Ordebec ・・・・・・ 17

Glenn Gould ・・・・・・ 79

Glenn Gould—une vie・・・・・・ 77

Golden Kamui, Satoru Noda, Ki-oon ・・・・・・ 92

Grandpa and I (ぼくとおじいちゃん) ・・・・・・ 33

Great Names ・・・・・・ 32

Habibi I ・・・・・・ 58

HARD THINGS ・・・・・・ 192

Harmony: Poems for the Earth ・・・・・・ 26

Heike Monogatari平家物語・・・・・・ 35

HERE ヒア ・・・・・・ 64

HHhH—プラハ、1942年 ・・・・・・ 201

Higuchi Ichiyo's In the Shade of Spring Leaves・・・・・・ 126

Himmelfarb ・・・・・・ 212

Hiroshima ・・・・・・ 27

Histoire d'une vie ・・・・・・ 213

Histoire qui fut heureuse, puis douloureuse et funeste ・・・・・・ 212

Histoire universelle de la
　chasteté et du célibat ………… 76
History of Art in Japan ……… 164
HITMAN1 …………………………… 58
Holy Foolery in the Life of
　Japan …………………………… 151
How Google Works …………… 192
How Program works
　（Program Wa Naze
　Ugokunoka）…………………… 24
HUMAN CHROMOSOMES ‥ 168
I DO! I DO!―結婚物語 ……… 217
Ikebukuro West Gate Park …… 178
I KILL GIANTS ………………… 58
ILLUSTRATED
　TECHNIQUES IN MI-
　CRONEUROSURGERY …… 173
Imagining the Middle East …… 72
IMMUNOHISTOPATHOLOGY ‥ 168
Integration of Architecture
　Detail …………………………… 22
Interférences …………………… 14
Intrabasses ……………………… 15
ISABELLA BIRD and
　JAPAN : A
　REASSESSMENT …………… 151
IT ………………………………… 180
Jack Faust ……………………… 12
Jacques Monod's Chance and
　Necessity ……………………… 124

Japanese Studies Series ……… 172
Japan's Asian Diplomacy …… 151
Jésus Vidéo ……………………… 12
Job Stress Management ……… 33
Josh, My Best Friend ………… 22
JR ………………………………… 153
Julio Cortazar's Hopscotch
　Willard Trask - Casanova's
　History of My Life …………… 124
Just Fine ………………………… 75
Juvenile Detective Series ……… 21
KOJIKI（独訳「古事記」）…… 157
Korean-Chinese-English
　Oriental Medicine
　Dictionary …………………… 23
Koriyan Lok Kathayian ……… 23
La chute des fils ………………… 11
La Cuisine Provencale ………… 22
La destruction des Indiens
　des Plaines : maladies,
　famines organisées,
　disparition du mode de vie
　autochtone …………………… 81
La Fille automate ……………… 15
La Harpe et l'Ombre ………… 210
La Jeune détective et autres
　histoires étranges …………… 14
La Maison du sommeil ……… 213

La mémoire postmoderne.
　Essai sur l'art canadien
　contemporain ················ 72
La Neige de l'amiral ········ 211
La Noce du poète ············ 213
La paix éternelle ·············· 12
La Route bleue ················ 211
LA STRUCTURE
　MUSICALE DU NÔ ········ 168
Last Walk in Naryshkin Park ·· 21
La Tache ························ 213
L'Avenir radieux ·············· 210
La vie est ailleurs ············ 209
La Vie trop brève d'Edwin
　Mulhouse ···················· 210
Le cafard ························ 79
Le Capitaine et les Rêves ······ 213
Le Carnet d'or ················ 210
Le Don ··························· 14
Le Fantôme d'Anil ············ 213
Le Grand Quoi ················ 214
Le Jour de la comtesse ········ 210
Le livre de Cendres ············ 13
Le Mal de Montano ············ 213
Le Mars Club ·················· 215
Le miel d'Harar ················ 78
Le Monde selon Barney ······ 82
Le mythe du sauvage ········· 73
L'Enfant arc-en-ciel ············ 11

L'enfant du jeudi ··············· 80
Le Nom de la rose ············ 211
Le Quatuor de Jérusalem ······ 13
Le Retour du hooligan : une
　vie ····························· 213
Le rhinocéros qui citait
　Nietzsche ······················ 12
Les Âges de l'amour ··········· 71
Les Annales du Disque-
　Monde ························· 11
Les Disparus ··················· 214
Le Second Rouleau ············ 72
Les Élus ························ 215
Les Enfants d'Aataentsic :
　l'histoire du peuple huron ···· 72
Les Enfers virtuels ············· 14
Les Feux du Bengale ········· 211
Les Huit Montagnes ·········· 215
Les Indes accidentelles ········ 77
LES JAPONAIS 日本人 ······ 116
Les Livres Magiques de
　Xanth ·························· 10
Les Sources du moi - La
　Formation de l'identité
　moderne ······················· 75
Le Traité des saisons ·········· 210
Le Vampire ····················· 91
Léviathan ······················ 212
L'Homme des jeux ············ 10

L'homme qui se croyait aimé … 70

L'I.A. et son double ……………… 12

LIFE SHIFT（ライフ・シフト）…………………………… 192

Lignes de vie ………………… 13

L'INCAL アンカル …………… 55

L'Indien malcommode：un portrait inattendu des Autochtones d'Amérique du Nord ………………………… 80

Little Goblins ………………… 25

Livre de Manuel ……………… 210

LOBO ポートレイト・オブ・ア・バスティッチ …………… 63

L'Oeuvre du Gallois ………… 73

Lola Bensky …………………… 214

Lorraine Connection ………… 16

MADE IN JAPAN …………… 142

Mai at the Predators' Ball …… 79

Maîtres anciens ……………… 211

Manual Games in Forest …… 24

Mask, the Other Face of Humanity …………………… 24

Master Tung's Western Chamber Romance ………… 125

Medical Herbs and Materials in Vietnam ………………… 29

Memoirs of a Less Travelled Road：A Historian's Life …… 76

Messages from a strangers …… 25

MICROVASCULAR TISSUE TRANSFER ………………… 170

Miguel D.Unamuno's The Agony of Christianity and Essays on Faith ……………… 125

Mirabel ………………………… 77

Miracle ………………………… 178

MIRACULOUS TALES OF THE LOTUS SUTRA FROM ANCIENT JAPAN - The Dainihonkoku Hokekyokenki of Priest Chingen ……………………… 171

Modern Haiku ………………… 204

Modernism Vol 1, 2 ………… 174

Mongolia David Pianezze …… 32

Mori Ogai Deutschlandtagebuch ……… 174

MORI OGAI IM UMBAU …… 173

My First World Culture Map … 32

My Name is Eric ……………… 31

My Place in Space …………… 25

Neige …………………………… 213

New Century Chinese-Japanese Dictionary ………… 33

Nikolski ………………………… 78

Nocturne indien ……………… 211

No Logo: La Tyrannie des marques ……… 76
Nucléus ……… 71
Number Theory 1: Fermat's Dream and Class Field Theory（岩波講座現代数学の基礎 18 数論 1 Fermatの夢）……… 33
Octavio Paz's Alternating Current ……… 124
On the Eigth Day ……… 71
Opening the Edo Body 江戸の身体を開く ……… 31
Osip E.Mandelstam's Complete Critical Prose and Letters ……… 125
Palmistry Revolution─的中手相術 ……… 19
Partita for Glenn Gould ……… 79
Paul-Émile Borduas: A Critical Biography ……… 80
Paul Valery's Monsieur Teste ……… 125
Perdido Street Station ……… 13
Physiology of color and pattern vision─色覚および形態覚の生理 ……… 166
Pieces of Me ……… 78
Pocket Monsters Paper Folding ……… 23

Practical Fiberoptic Colonoscopy ……… 195
Radiological Aspects of the Liver and Biliary Tract ……… 168
Readopolis ……… 81
Resource-oriented Water Management (2ndedition) ……… 29
Rétrospective ……… 214
Roentgenologic Anatomy of the Lung ……… 169
Sanhae Gyeong ……… 27
Saut de la mort ……… 209
Second Chance ……… 71
SHOAH（ショアー）……… 184
SHOE DOG 靴にすべてを。……… 193
Showrooms Display ……… 22
Silk Weaving ……… 24
Singapore A Biography ……… 32
Solomon Gursky ……… 80
Sonietchka ……… 212
Soren Kierkegaard's Journals and Papers ……… 124
…So, Survive Like Me! ……… 22
Stone and Ashes ……… 74
Sukkwan Island ……… 214
Sur un fond blanc（白地に）……… 85

Systèmes de survie - Dialogue sur les fondements moraux du commerce et de la politique ······ 74

Tales from outer suburbia ······ 33

The 1000 Science Questions Answered ······ 32

The actor's analects―役者論語 ······ 166

The Aeneid of Virgil ······ 124

The Akita Ranga School and The Cultural Context in Edo Japan ······ 151

The Art of Dunhuang ······ 24

THE AUTOBIOGRAPHY OF FUKUZAWA YUKICHI - WITH PREFACE TO THE COLLECTED WORKS OF FUKUZAWA ······ 195

The Best of Will Power ······ 25

The Chalk Circle Man ······ 17

The Chinese art of employing men and driving men to work ······ 24

The Confessions of Lady Nijo ······ 124

THE CRISIS ······ 218

The Darkest Room ······ 17

The Donkey's Cute Bags ······ 23

The Dying Detective ······ 17

The Emissary ······ 126

The Epic of Janggar ······ 35

The Euguelion ······ 74

the four GAFA 四騎士が創り変えた世界 ······ 193

The Gift of Life ······ 34

The Gossamer Years (英訳「蜻蛉日記」) ······ 154

The Gossamer Years (蜻蛉日記英訳) ······ 165

The Great Swindle ······ 17

The History of Chinese Myth ······ 34

THE IWAKURA EMBASSY (米欧回覧実記) (全5巻) ······ 147

The Letters of Gustave Flaubert ······ 125

The Life and Place ······ 34

The Lyric Generation ······ 73

The Major Verbs ······ 80

The New Year's Poetry Patry at the Imperial Court (新年歌会始) ······ 170

The opening of an ultra long-span bridge ······ 26

The Party Wall ······ 81

The Potter's Field ······ 17

The Reluctant Admiral: 山本五十六伝 ······ 140

The Siege ······ 17

The Sign of the Seahorse ········ 27
THE TALE OF GENJI（英訳
「源氏物語」） ····················· 157
The Tales of The Heike（英訳
「平家物語」 ······················ 157
The Ten Thousand Leaves：
A Translation of The
Man'Yoshu, Japan's
Premier Anthology of
Classical Poetry ··············· 126
The Three Evangelists ··········· 16
Three Seconds ······················ 17
Through the Eyes of King：
The Travels of King
Chulalongkorn to Malaya ····· 32
Thunder and Light ················ 76
Times 新中国語辞典 ··············· 19
Tokyo Shonen Konchu Zukan
（東京少年昆虫図鑑） ·········· 35
TOLD ROUND A
BRUSHWOOD FIRE＝折
たく柴の記 ····················· 169
Too precious water to waste ···· 33
Toxique ou L'incident dans
l'autobus ························ 79
Tracey en mille morceaux ······· 78
Transfiguration ···················· 75
Tribes トライブス ················· 46

Truth or Death：The Quest
for Immortality in the
Western Narrative
Tradition ························ 77
TUN HUANG（英訳・井上靖
作「敦煌」 ······················ 138
Twenty-One Cardinals ··········· 80
Umeko ······························· 36
Un amour de Salomé ············· 76
Un barbare en Chine
nouvelle ·························· 81
Une éducation polonaise ······· 212
Une femme fuyant l'annonce ·· 214
Une saison blanche et sèche ··· 210
Un garçon parfait ················ 214
Un jardin de papier ··············· 77
Un parfum de cèdre ··············· 75
Uwe George's In the Deserts
of This Earth ·················· 125
Vetiver ······························· 77
Vision aveugle ······················ 14
WAR CRIMINAL（英訳・城
山三郎作「落日燃ゆ」 ······· 138
Wash this Blood Clean from
my Hand ························ 16
WE3 ウィースリー ················ 57
What a Sexy Dinner! ··········· 216
Whizkids Computer Literacy
Program ························· 26

WHY	受賞作品名索引

Why?Environment ………… 30

Why Must a Black Writer
　Write About Sex? ………… 73

WMy Favorite Science and
　Adventure Comic Books …… 32

Wonderful Animal World,
　Colorful Animal World ……… 23

Xi Jinping, Biography ………… 35

Yasunari Kawabata's The
　Sound of The Mountain …… 124

Yellow-Wolf and Other Tales
　of the Saint Lawrence ……… 71

原著者名索引

【あ】

アイザックソン, ウォルター ‥ 190
アイスキュロス ………………… 169
アイソーポス ………………… 159
アウエ, ハルトマン・フォン ‥ 158
アウグスティヌス …………… 168
アウル …………………………… 8
阿川 弘之 ……………………… 140
アガンベン, ジョルジョ ……… 122
芥川 龍之介 …………………… 90
浅井 りん ……………………… 208
浅野 いにお …………………… 92
アザール, ポール ……………… 83
アザレロ, ブライアン ………… 56
アジェンデ, イサベル ………… 4
アストリアス …………………… 4
アーダマ, ヴァーナ …………… 131
アダムズ, ヘンリー …………… 147
アッカー, キャシー …………… 182
アップダイク, ジョン ………… 161
アッペルフェルド, アハロン … 213
アトウッド, マーガレット …… 68

アドルノ ……………………… 185
アヌイ, ジャン ………………… 219
アバーテ, カルミネ …………… 122
アハマド ……………………… 94
アビラシェッド, ゼイナ ……… 64
アブドゥル・ハディ・W.M … 169
アブドル・カリム・アブド
　ル・ラザック ………………… 195
阿部 和重 ……………………… 86
安部 公房 ……………………… 177
アヘンドラ・グプタ …………… 167
アーマー, ピーター …………… 130
雨宮 まみ ……………………… 207
アームストロング, カレン …… 175
新井 白石 ……………………… 169
アラルコン ……………………… 4
アラン, ニーナ ………………… 15
アリオスト, ルドヴィコ … 162,188
アールグレン, ダニエル ……… 58
アルスノー, イザベル ………… 62
アレヴィ, エリー ……………… 151
アレン, ウディ ………………… 219
アーレント, ハンナ ‥ 162,163,227
アンソニイ, ピアズ …………… 10
アンダーソン, ジョージ ……… 69

アンタル, F. 138
アンデルセン, ハンス・クリ
　スチャン 160
アンベール, エーメ 166

インドリダソン, アーナル
　デュル 199,201
インファンテ, ガブレラ 4

【う】

ヴァレス, ジュール 90
ヴァレリー, ポール 89
ヴァレント, トニー 62
ヴァン, デイヴィッド 214
ヴァンヴェニスト, エミール .. 142
ウィアー, アンディ 202
ヴィガレロ, G. 149
ヴィーコ 143, 173, 187
ウィーズナー, デヴィッド 43
ヴィトゲンシュタイン 139,166
ウィニック, ジャド 60
ヴィヨン, フランソワ 86
ウィリアムズ, J.H., Ⅲ 60
ウィリアムズ, W.C. 224
ウィリアムズ, ウィリアム・
　カーロス 171
ウィリス, ジーン 8,99
ウィルキンソン, キャロル 93

【い】

イ ヨンギョン 93
イェークストロム, オーサ 60
イェホシュア, アブラハム 214
イェリネク, エルフリーデ 45
イーグル, アラン 192
石川 淳 90
石田 衣良 178
泉 麻人 35
井上 智徳 206
井上 靖 20, 87, 138
イノラート, アルバート 216
井原 西鶴 87
イプセン 143, 160, 217
今橋 理子 151
いもと ようこ 29
イヨネスコ, ウジェーヌ 45
イラーセク, アロイス 163

ウィルフォード, ウィリアム ‥ 195
ウィングフィールド, R.D. ‥‥ 199
ヴィンシュルス ‥‥‥‥‥‥‥ 56
ウィンズロウ, ドン ‥‥‥‥‥ 198
ヴィヴェス, バスティアン
　‥‥‥‥‥‥‥‥‥ 58, 60, 62
ウエスターフェルド, スコット ‥ 12
ウェタシンヘ, シビル ‥‥‥‥ 42
ヴェーヌ, ポール ‥‥‥‥‥‥ 86
ヴェーバー, マックス ‥‥‥‥ 226
ウェルシュ ‥‥‥‥‥‥‥‥ 185
ヴェルヌ, ジュール ‥‥‥‥‥ 91
ウェルベック, ミシェル ‥‥‥ 202
ヴェルマン, ファビアン ‥‥‥ 59
ヴォール ‥‥‥‥‥‥‥‥‥‥ 8
ウォルシュ, エンダ ‥‥‥‥‥ 47
ウォルシュ, ジル・ペイトン ‥‥ 53
ヴォルテール ‥‥‥‥‥ 143,162
ヴォルフ, クリスタ ‥‥‥‥‥ 145
ウォルフレン, C.ヴァン ‥‥‥ 180
ヴォーン, ブライアン・K. ‥ 61,63
ウッドソン ‥‥‥‥‥‥‥‥‥ 8
ウッドハウス, P.G. ‥‥‥‥‥ 216
ウリツカヤ, リュドミラ ‥‥‥ 212
ウリベ, キルメン ‥‥‥‥‥‥ 153
ウルフマン, マーブ ‥‥‥‥‥ 62
ウンガレッティ ‥‥‥‥‥‥ 187

【え】

エイキン, ジョーン ‥‥‥‥ 9,99
エイジャ, デイビッド ‥‥‥‥ 59
エウリピデス ‥‥‥‥‥‥‥ 169
エガーズ, デイヴ ‥‥‥‥‥ 214
エーコ, ウンベルト ‥‥‥‥
　　　　122, 143, 160, 179, 211
エシュバッハ, アンドレアス ‥‥ 12
榎田 尤利 ‥‥‥‥‥‥‥‥ 207
エッシェンバハ, W. ‥‥‥‥ 156
江戸川 乱歩 ‥‥‥‥‥‥ 90,91
エニス, ガース ‥‥‥ 58, 59, 64
エフィーモフ ‥‥‥‥‥‥‥ 194
エルヴィン, パムレーニ ‥‥‥ 140
エルナンデス, ホセ ‥‥‥‥ 170
エルロイ ‥‥‥‥‥‥‥‥‥ 185
円地 文子 ‥‥‥‥‥‥‥‥ 86
エンデ, ミヒャエル ‥‥‥‥ 159
遠藤 周作 ‥‥‥‥‥‥‥‥ 176

遠藤 淑子 ……………………… 208

【お】

オヴィディウス ……………… 135
オウジェドニーク, パトリク ‥ 152
欧陽 燗 ………………………… 166
大江 健三郎 …………………… 179
おかざき 真理 ………………… 207
小川 糸 ………………………… 90
奥泉 光 ………………………… 177
小倉 和夫 ……………………… 151
大仏 次郎 ……………………… 88
オースター …………………183,212
オースター, ポール …………… 218
オズボーン, ジョン …………… 46
乙武 洋匡 ……………………… 22
オブライエン, T. ……………… 181
オブレヒト, テア ……………… 201
オマツ, マリカ ………………… 67
オム・ソンバット ……………… 148
オラム, ハーウィン …………… 42
オリアリー, パトリック ……… 14
オリュー, ジャン ……………… 143

オールズバーグ, C.V. ………… 42
オルディネ, ヌッチョ ………… 188
オルテガ ………………………… 4
オールビー, エドワード …216,219
恩田 陸 ………………………… 178
オンダーチェ, マイケル ……… 213

【か】

過 士行 ………………………… 217
開高 健 ………………………… 177
カヴァフィス ………………… 223
カークマン, ロバート ………… 57
カサートキン, ニコライ ……… 148
カザミヤン, ルイ ……………… 171
カサーレス, A.ビオイ ………… 180
梶井 基次郎 …………………… 107
カーシル, カール ……………… 63
ガタリ, フェリックス ……159,183
加藤 豊男 ……………………… 194
金坂 清則 ……………………… 151
カナレス, ファン・ディアス
 ……………………………… 61,63
ガーニー, A.R. ………………… 216

ガーバー, ステファニー ……… 203	北 杜夫 ……………………… 176
ガーフィールド ………………… 44	キーツ, J. ……………………… 157
カフカ, フランツ ……………… 162	キットラー, フリードリヒ …… 226
カプロ, グレッグ ………………… 58	ギッフェン, キース ……………… 63
神尾 葉子 ……………………… 207	木戸 孝允 ……………………… 171
カミュ, アルベール ……… 89,219	キドウェル ……………………… 184
カムンコリ, ジュゼッペ ………… 63	ギベール, エマニュエル ……… 56
鴨 長明 …………………………… 90	キム ヨンハ …………………… 153
カリノスキー, リチャード …… 46	ギャディス, ウィリアム ……… 153
カール, エリック ……………… 131	ギャロウェイ, スコット ……… 193
ガルシア・マルケス ……………… 3	キャロル, ジョナサン …………… 11
ガルシア・ロルカ ……………… 3,4	キューバート, アンディ ……… 57
ガルニド, ファンホ ………… 61,63	ギュンディ, ハカン …………… 215
カルペンティエル, アレホ …… 210	ギルモア ………………………… 185
ガロ, カーマイン ……………… 190	キング, S. ……… 180, 185, 199, 201
カロル, K.S. …………………… 135	キング, トム …………………… 62
カワード, ノエル ………………… 45	ギンズブルグ, ナタリア ……… 187
川端 康成 ……………………… 155	
カント …………………………… 134	【 く 】
	グアルニエーリ, パオロ ……… 131
【 き 】	グイディ, グイド ……………… 61
	クシュナー, レイチェル ……… 215
キイス, D. …………………… 181	クセノポン ……………………… 223
岸田 劉生 ……………………… 89	

クック, トマス・H. ……………… 186
クック, ラムゼイ ………………… 68
工藤 直太郎 …………………… 195
クノー, レーモン ………………… 90
クーパー, フロイド ……………… 94
玖保 キリコ …………………… 207
クラーク, グレゴリー …………… 194
クラーク, ケネス ………………… 136
グラス, アダム …………………… 60
グラットン, リンダ ……… 191,192
クリアリー ………………………… 8
クリスタル, ショーン …………… 60
クリスティ, R.グレゴリー……… 99
クリスティヴァ, ジュリア …… 112
クリストフ, アゴタ …………… 181
グリーソン, パトリック ………… 65
クリック, バーナード ………… 142
クリフォード, テリー ………… 174
グリーペ, マリア ………………… 43
グリム, ヴィルヘルム ………… 151
グリム, ヤーコプ ……………… 151
クリューガー, ミハエル ……… 212
クリュス, ジェームス ………… 156
グリル, ウィリアム …………… 132

グリーン, ジョナサン ………… 146
クルティー,J-J. ………………… 149
クルーナン, ベッキー …………… 63
グルニエ, ロジェ ………………… 85
クルムス, ヨハン・アダム …… 142
クレイグ, ウェス ………………… 62
グレイニェク, ミヒャエル …… 131
クレシー, ニコラ・ド …………… 55
クロウズ, ダニエル ……………… 59
グロスマン, デイヴィッド …… 214
グロスマン, ワシーリー ……… 163
クローチェ, ベネデット ……… 188
グロッセ, ピーター …………… 174
クローデル, ポール ‥ 83, 87, 162
クロン, リサ …………………… 217
クワイトリー, フランク …… 57,63
クンデラ, ミラン ……………… 209

【け】

ゲオルゲ ………………………… 161
ケストナー ………………………… 7
ゲーテ …………………………… 221
ケナン, ジョージ ……………… 161

ケプラー, ヨハネス ……… 149,163
ケベード ……………………… 4
ケラスコエット ………………… 59
ケラーマン …………………… 182
ケリー, ジョー ………………… 58
ゲルツェン, アレクサンドル ‥ 146
ケレーニィ, カール …………… 156

【こ】

呉 承恩 ………………………… 168
呉 明益 ………………………… 202
コーイ, ラヘル・ファン ………… 95
小泉 八雲 ……………………… 155
コガワ, ジョイ ………………… 195
コクトー, ジャン … 46, 142, 172
ゴーゴリ, ニコライ・ワシー
　クエヴィチ ………………… 218
ゴーシュ, アミタヴ …………… 211
コステキ=ショー, ジェニー・
　スー …………………………… 94
ゴトリーブ, アラン ……………… 68
コニェッティ, パオロ ………… 215
コパード, オードリィ ………… 142
小林 一茶 ……………………… 88

コバヤシ, カサンドラ ………… 68
後深草院二条 …………………… 87
コリン, マクノートン ………… 132
コルタサル, フリオ …………… 210
ゴルドーニ, カルロ …………… 217
コルバン, A. …………………… 149
コルバン, H. …………………… 157
コルホネン, カロリーナ ……… 64
コレット ……………………… 139
コワペル, オリビア ……………… 63
コーンウェル, P. ……………… 181
ゴンクール, エドモン・ド …… 85
コンフィアン, ラファエル ‥ 86,112

【さ】

サイクス, ジュリー …………… 53
サヴァン, グレン ……………… 180
サヴォナローラ, G. …………… 187
酒井 義浩 ……………………… 195
坂口 安吾 ……………………… 177
サクライ タケシ ……………… 207
さそう あきら ………………… 206
サトクリフ ……………………… 7

サートン, G. 155
サバティエ, ロラン 112
ザビエル, フランシスコ 159
サメマチオ 207
サリンジャー, J.D. 186
サルダ, F. 172
サルドゥイ, セベロ 209
サンタヤーナ 154,165
サンチェス＝シルバ 3,195
サンラヴィル, ミカエル 62

【し】

シェイクスピア, ウィリアム
　.......................... 47,
　　133〜135, 155, 157, 216, 221
ジェソップ, ボブ 174
シェパード, サム 45
シェーラー, カトリーン 132
ジェントル, メアリー 13
ジオノ, ジャン 42
シオラン, エミール 88,162
志賀 直哉 89,158
シートン 146

司馬 遼太郎 150
ジーファート, ハリエット 52
島尾 敏雄 89
シモンズ 11,184
シャケット, アンドリュー 130
ジャストロウ, ロバート 141
シャハル, ダヴィッド 210
シャーマン, ジョナサン・
　マーク 216
ジャーメイン, マーク・セント .. 46
シャモワゾー, パトリッ
　ク 153,163
シュウォーツ, ジョアン 95
シュタイン, ローレンツ 143
シュトラーズブルク, G.V. 137
シュナイダー, ロベルト 212
シュペングラー, O. 156
シュミット, アルノ 66
シュミット, エリック 192
シュルヴィッツ, ユリ 131
シュルツ, ブルーノ 224
シュルツ, ワルター 158
ジョイス, グレアム 12,13
ジョイス, ジェイムズ

.... 161, 180, 184, 225	スコット, アンドリュー 192
ジョイス, レイチェル 202	スタインベック 146
ショースキー, カール・E. 159	スタニスラフスキー 149
ジョナス, アン 43	スタン, R.A. 166
ジョーンズ, ジェフ ‥ 57, 61, 62, 64	スターン, ロレンス 134, 221
ジョーンズ, トム 217	スタンダール 144
ジョンストン, W.M. 172	ステイプルズ, フィオナ 61, 63
ジョンソン, デイブ 57	ステファン, ジョン・J. 167
シーラッハ, フェルディナン ト・フォン 200, 201	ステープルトン, O. 180
シーリー, ティム 62	須藤 佑実 208
シーリグ, ティナ 190	ストッパード, トム 45, 216
シルヴァーバーグ, ロバート 10	ストール, C. 180
ジルシャー, パトリック 64	スナイダー, スコット 58
城山 三郎 138	スペンサー, エドマンド 135, 164, 166
沈 虹光 217	スミス, シドニー 95
	スミス, ミッチェル 182
【す】	スモレット, T. 167
	スレード, バーナード 216
スウィフト, ジョナサン 143	スロット, ダン 63
スヴェーヴォ, イタロ 188	スローン, ロビン 202
スエイン, D.L. 140	スワンウィック, マイケル 12
スカルメタ, アントニオ 213	
スクイテン, フランソワ 56, 59	

【せ】

セイル, ティム 58
ゼヴィン, ガブリエル 202
セガレン, ヴィクトール 86
セギュール 166
ゼッツ, クレメンス・J. 66
ゼーバルト, W.G. 186, 227
セム＝サンドベルグ, スティーヴ 215
セリーヌ, ルイ＝フェルディナン 85, 162
セール, ミッシェル 144
ゼルケ, ユルゲン 151
セルバンテス 148

【そ】

ソーヴィ, マルサス・マッケンロート 172
ソポクレス 169, 218
ソボル, ジョシュア 216
ゾラ, エミール 216
ソーンズ, ロビン 219
ソーンヒル, ジャン 93

【た】

ダイソン, ジョージ 150
高浜 寬 207
ダックワース, アンジェラ 193
タナー, トニー 158
ダニエレブスキー, マーク・Z. 186
谷崎 潤一郎 85
ダニング 184
タヌーヒー 164
タブッキ, アントニオ 211
タレック, オリヴィエ 94
タレブ, ナシーム・ニコラス .. 189
多和田 葉子 126
タン, ショーン 56
ダン, ジョン 161
ダン, チャールズ・J. 166
ダンテ 122, 172, 222
ダンネマン, フリードリッヒ .. 169

【ち】

チェ ヒャンラン 34
チェスタトン 139,196
チェーホフ, アントン 217,218
チェン, ジャンホン 93
陳 千武 196
チタティ, ピエトロ 212
チャペック, カレル 148
チャペック, ヨゼフ 148
チャン ジン 46
チョ ウンヨン 132
チョウ, レイ 186
陳 浩基 203
陳 文傑 175

【つ】

ツァツィクホーフェン, ウルリヒ・フォン 149
ツェーフェルト, ジーグリット .. 94
ツェラン, パウル 160
辻 惟雄 164

【て】

デイヴィーズ, D.J. 94
ディケール, ジョエル 202
ディッキー, ジェイムズ 209
テイト, ティム 186
ディニ, ポール 56
デイビス, アラン 59
ティム, ブルース 56
ティール, ピーター 192
ディレイニー, S. 181
ティワリー, ヴィヴェック・J. .. 61
テーヴェライト, クラウス 227
デミル 183
デュビー, ジョルジュ 107
デュマ, アレクサンドル (ペール) 155
デ・ラ・ペーニャ, マット 95
テラン, ボストン 203
テレヘン, トーン 203

【と】

ドーア, アンソニー ‥ 153, 201, 203
ドイル, コナン 197
トインビー, A.J. 136
ドゥコフスキ, デヤン 217
ドゥルーズ, ジル ‥ 144, 159, 183
トゥールミン, S. 166
トゥロー, スコット 199
トゥンベリ, ステファン 203
ド・ゴール, シャルル 82
ドストエフスキー 216
戸田 誠二 208
トッピ, セルジオ 58
ドネリー 43
ド・フリース 141
トマシ, ピーター・J. 65
トマス, キース 144
トライアス, ピーター 203
トールキン 7,157
ドルス 4
トルストイ 169
トルドー, ピエール 67
トロワイヤ, アンリ 87,107
トンプソン, クレイグ 58

【な】

ナイチンゲール 157
ナイト, フィル 193
ナオウラ, ザラー 94
永井 荷風 136,177
中上 健次 178
中原 中也 88
夏目 漱石 136,177

【に】

ニイムラ, ケン 58
ニイル, A.S. 165
ニコリスキー, N.M. 143
ニシーザ, ファビアン 64
ニーダム, ジョーゼフ 144

【ぬ】

沼 正三 88
ヌーン, ジェフ 15

【ね】

ネストリンガー 8
ネスボ, ジョー 199
ネーマン, シルヴィ 94
ネルソン 9, 99

【の】

ノイハウス, ネレ 201
野田 サトル 92
ノレーン, ラーシュ 45

【は】

バー, ガブリエル 60
ハイフナー, ジャック 216
パイル 7
バイロン 224
ハーヴィー, ジェームズ 60
パヴィチ 182
パウラ, C.M. 135
パウル, ジャン 154, 161, 165
パク クニョン 46
パク ジョヨル 219
バース 184
バース, ジョン 183
パスカル 107, 226
バストス, ロア 4
長谷川 泉 175
ハダス, M. 135
バターフィールド, フォックス 141
バチガルピ, パオロ 15
ハーディ, トマス 140, 161
バード, イザベラ・L. 150
バトラー, ドロシー 141
バトル, エリック 60
バートン, J. 175
バートン, ジョン・ヒル 174
バートン, スザンヌ 95

バーニィ, ベティ・G. 94
バーニンガム, ジョン 132
バハオーフェン, J.J. 160
ハーバート, ザビア 141
パムク, オルハン 213
ハラウェイ, D. 181
バラック 62
ハラリ, ユヴァル・ノア 192
ハリス 8
ハリソン, ジェーン 218
バリッコ, アレッサンドロ 212
バリバール 185
バルガス・リョサ 3,4
ハル吉 58
バルザック, オノレ・ド 88
春田 なな 206
バルト, ロラン 225
バルトルシャイティス, J. 181
ハルフォン, エドゥアルド 153
バルベリー, カルロ 60
パレイゾン, ルイジ 188
パロ, アンドレ 134
バーン, ジョン 216
バンクス, イアン 10,14

パンゲ, モーリス 107
バンシュ, H. 94
バーンズ, J. 180
パンス, アルチュール・ド 57
.... 58
バーンスタイン, レナード 169
ハンデルマン, スーザン・A. .. 160
坂東 眞砂子 26
ハンドラー, デイヴィッド 181
バンナーマン, R. 175

【ひ】

ビアンショッティ, エクトール 210
東野 圭吾 179
樋口 和憲 151
ビーグル, ピーター・S. 12
久松 潜一 138
ビズレー, サイモン 63
ピータースン, キース 181
ピーターセン, デイビッド 61
ヒーニー, シェイマス 145
ビネ, ローラン 201

ヒメーソス ……………………… 3
ヒメネス, ファン ………………… 57
ビュトール ……………………… 82,89
ヒョン ジェフン ………………… 152
平野 啓一郎 …………………… 29,178
ビラ＝マタス, エンリーケ …… 213
ビラル, エンキ …………………… 57
ピランデッロ, ルイジ ………… 121
ヒルディック, E.W. …………… 139
ピンチョン, トマス ……… 163,182

【ふ】

ファイユ, ガエル ………………… 91
ファイルズ ……………………… 183
ファトゥーフ …………………… 94
フイネガン, ジャック ………… 165
フィフィテ ……………………… 185
フィンチ, デイビッド …………… 62
フェダマン ……………………… 185
フォー, ダリオ ………………… 217
フォイエルバッハ ……………… 168
フォークナー, ウィリアム …… 135
フォード, ジャスパー …………… 14

フォード, ジョン ……………… 216
フォレスト, フィリップ ………… 88
福沢 諭吉 ………………… 195,196
藤原 資房 ……………………… 87
藤原 道長 ……………………… 87
ブズルク・ブン・シャフリ
　ヤール ……………………… 149
プーミターウォン, ニミット ‥ 159
フライ, ノースロップ ………… 140
フライシュマ …………………… 184
ブライト, ポピー・Z. …………… 11
ブラウン, ジェフリー ……… 57,59
ブラウン, マーシャ …………… 131
フラクション, マット …………… 59
プラセンシア, サルバドール ‥ 201
プラチェット, テリー …………… 11
ブラッドリー, キンバリー・
　ブルベイカー ………………… 95
プラムディヤ・アナンタ・
　トゥール …………………… 225
ブラメルド, セオドア …… 155,165
プラモート, ククリット ……… 159
フランク, ゲイリー ………… 61,64
フランクリン, ジェームズ …… 164
プランケット, キリアン ………… 57

ブリッシェン 44
ブリット, ファニー 62
プリード, ハビエル 59
フリードリック 183
プリニウス 160
フリュシェール, アンリ 83
ブリンク, アンドレ 210
古井 由吉 86,176
ブルガーコフ, ミハイル 46
フルゴーニ, キアーラ 188
プルス, ボレスワフ 153,226
プルスキ, アルナルド 188
プルースト, マルセル 162,224
プルターク 220
ブルックス, ジェラルディン .. 198
ブルックス, ロン 131
ブレイク 160,172
ブレグマン, ルトガー 193
フレーゲ 147
フレッチャー, ブレンデン 63
ブレット, リリー 214
ブレヒト 162, 217, 226
フロイス, ルイス 139,158
フロイト 147

ブロッホ, エルンスト 170
ブローデル, F. 161
フローベール, ギュスターヴ.. 109
フンボルト, ヴィルヘルム・
　フォン 141

【ヘ】

ベアフース, ルーカス 46
ベイカー, カイル 61
ペイジ, ラリー 192
ペイショット, ジョゼ・ルイ
　ス 153
ペイトン 8
ペイン, ニック 46
ベクダル, アリソン 56
ペク・ヒナ 132
ベグリイ, ルイス 212
ヘーゲル, G.W.F. 186,226
ヘシオドス 225
ペータース, ブノワ 56,59
ペータース, フレデリック 58
ベック, イアン 54
ペック, リチャード 9,99

ベック, ルードウィヒ ………… 158
ベッケル ………………… 3,112
ヘッシェル, A.J. ……………… 148
ヘッセ, ヘルマン ………… 148,220
ヘードチャーン, ヨナタン …… 60
ペトラルカ, フランチェスコ ‥ 160
ペニントン, ケイト …………… 94
ヘラー, ジョセフ …………… 211
ベール, ピエール ………… 85,161
ベルウッド, ピーター ………… 173
ヘルダーリン …………… 155,166
ベルヌ, ジュール ……………… 43
ベルメホ, リー ………………… 56
ヘルンドルフ, ヴォルフガング ‥ 47
ベルンハルト, トーマス ……… 211
ペレス, ジョージ ……………… 62
ペレック, ジョルジュ ………… 85
ベロウ, ソール ……………… 180
ベンソン, マイク ……………… 60
ペンホール, ジョー …………… 218
ベンヤミン ……………… 182,183
ペンローズ …………………… 184

【ほ】

ボアズ, フランツ …………… 149
ボアロー ……………………… 160
ホイットモア, エドワード …… 13
ボイル, T.コラゲッサン …… 212
ボーヴ, エマニュエル ………… 88
法然 …………………………… 88
ホークス, ジョン …………… 211
ボージェーザ, E.M. ………… 138
ホスパース, J. ……………… 167
ポター, ビアトリクス ……… 167
ポーティス, アントワネット ‥ 132
ボーデイン, アンソニー ……… 65
ボードレール ……………… 84,222
ホドロフスキー, アレハンド
　ロ ……………………… 55,57
ホートン, クリス ……………… 95
ホフスタッター, ダグラス・
　R. ……………………… 159
ホーフマンスタール, H. …… 137
ポムピュイ, マリー …………… 59
ホメーロス …………………… 220
ボラーニョ, ロベルト ………… 201

ボルヘス ……………………… 3
ボレッツ, アレン …………… 218
ホロヴィッツ, アンソ
　ニー ………………… 199,203
ホロウィッツ, ベン ………… 192
ホワイト, T.H. ……………… 140
ホワイト, ケネス …………… 211
ボンヌフォワ, イヴ ………… 146

【ま】

マイエンブルク, マリウス・
　フォン ……………………… 45
マカファーティ, オーウェン …. 45
マキァヴェッリ ……………… 188
マキーヌ, アンドレイ ………… 86
マキャフリイ …………… 11,184
マキューン, グレッグ ……… 192
マクゴニガル, ケリー ……… 191
マクドゥーガル, リー ……… 218
マクドナー, マーティン …… 218
マクドナルド, イアン ……… 185
マクドネル, パトリック …… 132
マクニーブン, スティーブ … 55,64

マクファーソン, コナー …… 217
マクレア, キョウ …………… 95
マグワイア, リチャード ……… 64
正岡 子規 …………………… 90
マスターズ, ブレイク ……… 192
町屋 はとこ ………………… 207
マチュー, マルク=アントワー
　ヌ …………………………… 57
マッカーサー, イアン ……… 196
マッカーシー, シェーン …… 61
マッケイ, ウィンザー ……… 59
マツケリー, デビッド ………… 56
マネア, ノーマン …………… 213
マビヨン, ジャン …………… 146
マフフーズ, ナギーブ ……… 150
ママレー, ジャーネージョー .. 195
マメット, デイヴィッド …… 219
マラルメ, ステファヌ ……… 89
マルコ・ポーロ …………… 163
丸谷 才一 …………………… 177
マルロー, アンドレ ………… 134
マレー, ジョン ……………… 218
マレースミス, ジョアンナ … 218
マレルバ, ルイージ ………… 209

マン, ジャン・ド 224
マン, トーマス 150
マーンキ, ダグ 60
マンゾーニ 143, 187, 223
マンチェスター, W. 139
マンデラ, ネルソン 175

【み】

ミウォシュ, チェスワフ 147
ミエヴィル, チャイナ 13
ミキ, ロイ 68
ミケランジェロ 197
ミジェリンスカ, アレクサンドラ 95
ミジェリンスキ, ダニエル 95
三島 由紀夫 .... 176〜178
ミストラル, フレデリック 159
ミチェルスカ, マウゴジャタ 95
宮沢 賢治 108, 177, 178
ミューラー, ラヴォン 216
ミラー, フランク 56
ミラー, マーク .... 55〜57, 64
ミルトン, J. 158
ミルハウザー, スティーヴン 186, 210
ミンスキー, M. 180

【む】

ムーア, アラン 60
ムティス, アルバロ 211
ムーニー, スティーブン 62
村上 春樹 87, 176, 178, 179
ムワワド, ワジディ 46
ムーン, ファビオ 60

【め】

メアス, ヴァルター 227
メイ, エリザベス 69
メイソン, マーガレット・H. 94
メスナー, ケイト 94
メトカーフ, ポーラ 95
メビウス 55, 57
メリエ, ジャン 148
メリット, ロバート・J. 45
メルヴィル 170

めれち　　　　　　　原著者名索引

メレチンスキー, エレアザール ………… 148
メレディス, G. ………… 158
メンデルソーン, ダニエル ….. 214

【も】

モースタッド, ジュリー ………… 95
望月 麻衣 ………… 208
モートン, ケイト ………… 199,201
モムゼン ………… 162,227
モラエス ………… 155
モランテ, エルサ ………… 211
森 鷗外 ………… 173
モリエール ……… 87, 167, 222
モリソン, グラント ………… 57,63
盛田 昭夫 ………… 142
モンゴメリ, L.M. ………… 218
モンゴメリー, サイ ………… 95
モンロー, クリス ………… 131

【や】

ヤヴォーロフ ………… 194

ヤゲーロ, マリナ ………… 111
ヤスパース, カール ………… 162
柳 宗悦 ………… 107
ヤーニッシュ, H. ………… 94
山岡 荘八 ………… 178
山本 武彦 ………… 196
ヤンソン, トーベ ………… 63
ヤンソン, ラルス ………… 63
ヤン・ドゥ・フリース ………… 171

【ゆ】

ユゴー, ヴィクトル ………… 171
ユゴー, ロマン ………… 57
ユン ソクチュン ………… 93
ユン チアン ………… 182
尹 興吉 ………… 170

【よ】

姚 雪垠 ………… 171
吉川 英治 ………… 177
吉田 修一 ………… 178
吉田 喜重 ………… 90

ヨナス, ハンス 163
ヨナソン, ヨナス 202
ヨンソン, F. 139

ランズマン 184
ランドマン, ビンバ 131
ランドルフィ, トンマーゾ 188
ランボー, アルチュール ... 108,144

【ら】

ライヒ=ラニツキ, マルセル ... 226
ライプニッツ 146
羅川 真里茂 208
ラクーザ, イルマ 66
ラクロ, コデルロス・ド 216
ラーション, ビョーン 213
ラス・カサス 3
ラーチャトン, プラヤー・アヌマーン 139
ラット 59,61
ラドニック, ポール 216
ラビ・バドラ 175
ラブレー 89, 122, 221, 225
ラボフ, E. 136
ラルー, フレデリック 193
ラングランド, W. 157
ラングレ 83
ランサム, アーサー 9,99

【り】

李 賀 161
李 光来 34
李 汝珍 170
リー, ポール 60
陸 秋槎 203
リコッティ, E.サルツァ・プリーナ 187
リシャール, ジャン=ピエール .. 87
リシュタンベルジェ, アンドレ 170
リーチ, B. 137
リーチ, ジェームス 217
リチャードソン, S. 134
リッチョッティ, ジョゼッペ ... 156
リテル, ジョナサン 149
リドリー, フィリップ 218
リヒター, ファルク 45
リメンダー, リック 62

リュウ, ケン ……………… 202
リュケン, ミカエル ………… 114
リリー・フランキー ………… 89
リルケ ……………………… 143
リン, シャオペイ …………… 96
リンク, ケリー ……………… 14

【る】

ル=グウィン, アーシュラ・
　K. ……………………… 8,162
ルクセンブルク, ローザ ……… 168
ル・クレジオ ……………… 83,89
ルース, バンダー・ジー …… 131
ルスティケッロ・ダ・ピーサ .. 163
ルースルンド, アンデシュ …… 203
ルソー, ジャン・ジャッ
　ク ……………………… 108,130
ルナン ……………………… 185
ルパージュ, エマニュエル …… 57
ルブラン, モーリス ………… 201
ルーポ, S. ………………… 187
ルーマン, ニクラス ……… 147,227
ルメートル, ピエール ……… 202

ルルー, ガストン …………… 90

【れ】

レイン, ニーナ …………… 46
レヴィ, ジャニス ………… 131
レヴィ, ベルナール=アンリ … 147
レッシング, ドリス ……… 210
レッツ, トレーシー ………… 45
レデコップ, ジョン ………… 67
レブリャーヌ, リビウ ……… 196
レマルク, エーリヒ・マリア .. 217
レームツマ, ヤン=フィリップ .. 66

【ろ】

ローエル, パーシヴァル …… 169
ロカ, パコ ………………… 55
ロケット, リズ …………… 217
ロシェル, ドリュ・ラ ……… 172
ロス, フィリップ …………… 213
ローズ, レジナルド ………… 218
ローゼン, マイケル ………… 42

ローゼンツヴァイ, フランツ ‥ 227
ローゼンバーグ, ジョナサン ‥ 192
ロック, ジョン ……………… 166,168
ロッジ ……………………………… 185
ロートレアモン …………… 86,146
ロネガン, ケネス ………………… 217
ローハス, フェルナンド・デ‥ 157
ロバーツ, チャールズ・G.D.… 67
ロバートソン, ダリック ………… 64
ロビンソン, アンドルー・C.… 61
ロビンソン, クリスチャン ……… 95
ローブ, ジェフ ………………… 58
ロベルト, インノチェンティ ‥ 131
ロマン ……………………………… 185
ロミータ, ジョン ………………… 56
ロメーオ, R. ……………………… 187
ロリス, ギヨーム・ド ………… 224
ロレンス, D.H. ………………… 156
ロレンス, T.E. ………………… 156
ロンギ, R. ……………………… 188
ロンサール, ピエール・ド …… 159
ロンドン, ジョナサン …………… 54

【わ】

ワイア, レイ …………………… 186
ワイルダー, L. ………………… 136
ワイルド, オスカー …………… 172
ワイルド, マーガレット ……… 131
ワインバーグ, ロバート・A.‥ 149
若竹 アビシ …………………… 207
和辻 哲郎 ……………………… 29
ワッツ, ピーター ……………… 14

【ん】

ンディアイ, マリー …………… 89

【英数】

Coe, Jonathan ………………… 213
Heijmans, Toine ……………… 214
Sulzer, Alain Claude ………… 214
Yoss……………………………… 14
Zinoviev, Alexandre ………… 210

翻訳の賞事典

2019年12月25日　第1刷発行

発 行 者／大高利夫
編集・発行／日外アソシエーツ株式会社
　　　　　　〒140-0013 東京都品川区南大井6-16-16 鈴中ビル大森アネックス
　　　　　　電話 (03)3763-5241（代表）　FAX(03)3764-0845
　　　　　　URL　http://www.nichigai.co.jp/
発 売 元／株式会社紀伊國屋書店
　　　　　　〒163-8636 東京都新宿区新宿 3-17-7
　　　　　　電話 (03)3354-0131（代表）
　　　　　　ホールセール部（営業）電話 (03)6910-0519

　　　　　　電算漢字処理／日外アソシエーツ株式会社
　　　　　　印刷・製本／株式会社平河工業社

　　　　　　不許複製・禁無断転載　　　　　《中性紙北越淡クリームラフ書籍使用》
　　　　　　〈落丁・乱丁本はお取り替えいたします〉
　　　　　　ISBN978-4-8169-2807-9　　Printed in Japan, 2019

本書はディジタルデータでご利用いただくことができます。詳細はお問い合わせください。

文学賞受賞作品総覧 海外篇
A5・610頁　定価(本体18,000円+税)　2019.5刊
20世紀初頭から現在までに実施された海外の主要な文学賞52賞の受賞作品6,400点の目録。小説、ミステリー、SF、ファンタジーから児童書・絵本まで幅広く収録。受賞作品の邦訳が収録されている書籍4,300点の書誌データも併載。

文学賞受賞作品総覧 児童文学・絵本篇
A5・490頁　定価(本体16,000円+税)　2017.12刊
戦後から2017年までに実施された主要な児童文学・絵本に関する賞98賞の受賞作品5,200点の目録。受賞作品が収録されている図書3,800点の書誌データも併載。

原題邦題事典シリーズ

日本国内で翻訳出版された図書の原題とその邦題を対照できる事典シリーズ。原著者ごとに原題、邦題、翻訳者、出版社、刊行年を一覧でき、同一書籍について時代による出版状況や邦題の変遷もわかる。

翻訳書原題邦題事典
B5・1,850頁　定価(本体18,000円+税)　2014.12刊
小説を除く古今の名著から最近の書籍まで、原題12万件とその邦題を一覧できる。

英米小説原題邦題事典 追補版2003-2013
A5・700頁　定価(本体12,000円+税)　2015.4刊
英語圏の文芸作品14,500点について、原題と邦題を一覧できる。

英米小説原題邦題事典 新訂増補版
A5・1,050頁　定価(本体5,700円+税)　2003.8刊
英語圏の文芸作品26,600点について、原題と邦題を一覧できる。

海外小説(非英語圏)原題邦題事典
A5・710頁　定価(本体13,800円+税)　2015.7刊
フランス・ドイツ・イタリア・ロシア・スペイン・ポルトガル・中国・朝鮮・アジアなどの文芸作品18,400点について、原題と邦題を一覧できる。

データベースカンパニー
日外アソシエーツ

〒140-0013　東京都品川区南大井6-16-16
TEL.(03)3763-5241　FAX.(03)3764-0845　http://www.nichigai.co.jp/